编 辑 委 员 会

——"当代儒学创新发展"专题

尼山圣源书院／编

人民出版社

尼山圣源书院院训院规

一、书院院训

明德弘道　博学笃行

二、书院宗旨

继承书院优良传统，弘扬儒学和中华文化精华，促进当代文化教育事业繁荣发展；扎根尼山，胸怀全国，面向世界。

三、书院精神

总体要求是用儒家的精神办儒学的事业。

1. 仁爱精神：天下一家，万物一体；
2. 尚德精神：诚信为本，文明礼貌；
3. 弘毅精神：刚健中正，威武不屈；
4. 中和精神：温和包容，平等互尊；
5. 济世精神：明体达用，修己安人。

四、书院院规

1.志同道合，以义相聚；2.以身作则，言行一致；
3.相互信任，相互纠正；4.各尽所能，商量办事；
5.理想指引，实处着手；6.开门办学，广交朋友；
7.勤俭办院，杜绝铺张；8.不拘一格，努力开拓。

五、书院体制

民办公助，书院所有，独立运作，世代传承。

六、书院功能

学术论坛，会讲学宫，培训基地，游学营地，对话平台。

七、书院运作

政府部门支持，社会贤达赞助，学者群体办学。

目　录

写在前面的话　　年钟鉴　/1

当代儒学理论创构

新仁学构想　　年钟鉴　/7
——仁爱的追寻

论民主仁学的基本理论架构与发展前景　　吴　光　/19

以仁义为体，以自由民主为用　　颜炳罡　/28
——兼谈"普适价值"与"普世价值"

仁者宇宙心　　高予远　/38

儒家哲学的理论重建及其五项实践　　[美] 成中英　/51

百年学术话语转换与儒学的命运　　林安梧　/77
——兼论"后新儒学"与21世纪多元文化的可能向度

生活、情感与正义　　黄玉顺　/ 94
——我的儒学研究

道统·经典·哲学　　郭　沂　/ 108
——当代儒学范式初探

儒学复兴之路

儒学与人生　　张立文　/ 133

关于儒学复兴的几点想法　　钱　逊　/ 147

儒学现代化　　周桂钿　/ 151

儒家王道精神及其当代意义　　李景林　/ 161

现代视域中的儒学　　杨国荣　/ 180

中西文化交融下的儒学发展

儒学与杜威实用主义关于"人"概念的对话　　［美］安乐哲　/ 193

"文明冲突"、华尔街崩溃与全球金融秩序震荡之际
看西方文化没落及中华文化复兴之必要　　［美］熊　玠　/ 222

儒家的崛起和柏拉图的衰落　　　[澳] 李瑞智　/ 245

中西文明比照视野的 21 世纪尼山新儒学　　　田辰山　/ 263

书院与当代教育

书院再兴与中华文化复兴　　　王殿卿　/　293

新亚书院的创校简史及其文化教育理想　　　刘国强　/ 306
　　——本中国传统书院之优越以融合西方大学导师制

当代学校教育的困境与书院教育的机遇　　　张　践　/ 317

特　稿

尼山圣源书院创建回顾与未来展望　　　王殿卿　陈洪夫　/ 327

痛悼冠之兄　　　牟钟鉴　/ 339

写在前面的话

牟钟鉴

　　本书在书院建院五周年之际正式出版发行，它标志着书院有了属于自己的信息平台、交流窗口和文化园地，得以在尼山夫子洞圣源之地定期向社会传递来往于书院的当代海内外学人弘扬中华文化的最新动态和成果，具有特殊的意义和效果。当人们阅读这本散发着尼山芳香的图书时，自然而然地会在心理上拉近与孔子的距离，也能更真切地体验到伟大孔子"寂然不动，感而遂通天下"的巨大精神力量，从而增加对孔子的敬意、增强对中华文明的自信心。

　　孔子上承三皇五帝以来的远古文明，集夏、商、周三代文化之大成，创建仁学，将周公制礼作乐的礼乐制度文化提升为礼义思想文化，建立起我国古典文明第一个理论体系，提炼出"仁义"、"忠恕"、"孝悌"、"中和"、"诚信"、"弘毅"等核心价值，促使中华民族在世界上较早地成为文明之族、礼义之邦，中华儿女莫不受其滋润。在历史上，孔子的学说从这里走向全国，在儒家学者世代努力下，儒学成为两千多年间中国社会政治、经济、伦理、教育、学术、外交、民俗和人生观上的导向性思想，铸造了中华重德、尚礼、自强、人本、贵和的民族气质与性格，奠定了整个民族发展的精神方向。如政治上，讲求"为政以德"、"民惟邦本"、"选贤与能"；经济上，讲求"节用爱人"、"博施济众"、"民生为本"；伦理上，讲求"仁爱忠孝"、"礼义廉耻"、"尚义重信"；教育上，讲求"有教无类"、"因材施教"、"修身养性"；学术上，讲求"因革损益"、

"学以致用"、"和而不同";外交上,讲求"天下一家"、"四海兄弟"、"协和万邦";民俗上,讲求"慎终追远"、"神道设教"、"移风易俗";人生观上,讲求"修己安人"、"当仁不让"、"刚健中正"。虽然实际生活往往偏离这些规则,但孔子儒学始终是人们心中的主要评价标准,是社会上下追求的理想境界,因而也成为批判现实、纠偏正谬的思想武器。中国社会这艘行驶在惊涛骇浪中的大船,由此有了前进的主航道。在中华文明发展史上,孔子居功至伟,其光彩可与日月同辉。与此同时,孔子儒学和平传向东亚,形成儒学文明圈;后来又传到欧洲,推动了启蒙运动的发展。

近百年来,孔子儒学与中华民族同命运、共荣辱。由于中国及其文化在内部需要转型而未能顺利进行,在外部遭遇西方智性文化与霸道主义相结合而形成的巨大冲击,而后又有苏联革命模式的驱动,领路的中国人在追求政治上独立解放和经济上繁荣富强的同时,一度在精神上丧失了文化自信,截取西方文化之片断教条,掀起去中国化的反孔狂飙,于是孔子儒学经历了一场生死考验和空前磨难,中华民族在走向复兴的路上却面临滑向文化殖民地的危险。幸好儒家文化深厚,蕴含着永恒的文明智慧,在经历了欧风美雨苏霜的洗礼之后,非但没有趋于消亡,却由于荡涤了身上的陈腐形态与糟粕,其精华反而更加显露出来,在新的时代主题转换之中,在西方文化强权主义、科学主义的负能量给世界带来灾难加重的衬托下,以孔子儒学为主干的中华文化日益展示其可贵的价值和对人类未来的意义,中国人开始找回文化自信、实现文化自觉。更多的人终于明白,没有儒学的复兴,便不会有中华文化的复兴;而没有中华文化的复兴,也不会实现中华民族的最终复兴。同时,他山之石可以攻玉,不吸收人类文明的优秀成果,儒学也不能实现自身的转型与复兴。

在当代,孔子的思想以崭新的姿态重新走回中国大地,受到越来越多的人的敬重,改变着中国崇洋忘祖、重利轻义、浮华不实的风气。与此同时,孔子以中华文化代表者的身份走向世界,获得普遍欢迎。孔子的仁和思想能够穿越国家、民族和文化的界域,协调各种复杂社会关系，有益于化解文明冲突，促进世界和平。孔子思想是在全球化和地球村时代和多元文化互动中走回中国并走向世界的，因此它自身也在不断地丰富化、现代化，在综合创新中发展，理论形态多种多样，传播方式日新月异，与社会的互动立体多维。中华思想文化不断地回归圣源，又不断地开拓前行，孔子学说的生命力是无穷无尽的。

尼山圣源书院的院训是：明德弘道、博学笃行。它秉承孔子的精神，力求体现儒家的气象，使书院成为一座以文会友、讲论中华文化、推动文明对话的基地。"天将以夫子为木铎"，尼山铎声久已销匿，书院要使尼山铎声重新响起，把圣源发出的铎声播向四方，给人们送去儒家的智慧和温暖。

当代儒学理论创构

尼山铎声

新仁学构想

——仁爱的追寻

牟钟鉴 *

内容提要：仁学是孔子儒学的精华所在，然先秦之后不断出现的新儒家学派里，多数学者并不把自己的理论体系直接建立在仁学的根基上。有鉴于此，新仁学试图直接连通孔子仁学的源头活水，使儒学发展回归仁学本位。新仁学在吸收儒、道、墨、释等中国传统学说，以及西方的理性精神、科学方法、人权至上、个性解放等思想的基础上，提出仁体和用、生本诚魂、道归通路三大命题，弘扩仁学内涵，以期重建东方人文主义，参与世界文明对话。

关键词：新仁学；新人文主义；仁爱；文明对话

一、儒学的当代转型要抓住它的核心和精华：仁学

孔子在集夏、商、周三代礼文化之大成基础上，提出仁学，把礼乐制度文化上升为礼义精神文化，以仁导礼，仁内礼外，使礼文化具有了鲜活的内在人学生命，昭示了中华文化发展的人本主义方向，这是孔子

* 牟钟鉴，中央民族大学教授，尼山圣源书院院长。

对中华文明的最大贡献。在孔子之前已有"仁"的词语，但孔子把"仁"理论化了。他指出仁之本为孝悌，仁之义为爱人，仁之方为忠恕，仁之行为安百姓，仁之象为恭、宽、信、敏、惠，仁之制为礼乐教化。孔子发现了人性中普遍存在的仁爱之心，倡导人们经由忠恕之道推己及人，将这种爱心去爱亲友，爱他人，爱社会，爱万物，使天下走向太平。仁学是孔子儒学的精华所在，也是儒学中最具长久普遍性的内核并在当今时代实现理论转型过程中最有价值的思想资源。回溯中国思想史，历代儒学思想家中，不乏对仁学作创新性解释者。然而令人遗憾的是，先秦之后不断出现的新儒家学派里，多数学者并不把自己的理论体系直接建立在仁学的根基上，总是对仁学这条主脉有所偏离，而另立一核心理念，使孔子仁学不能以浩大气势直贯而下，却常常隐没在众多新理念之中，如宋明理学以"理"为核心概念，把仁学边缘化，导致近代儒学变成偏礼之学，有礼无仁，有理无情，成为束缚人性的礼教，被世人诟病。在长达两千多年的儒学史上，植根于孔子仁学开出自己思想学说的，屈指只有两家：先秦孟子的仁义之说和近代谭嗣同的《仁学》。孟子提出"性善"说支持仁学；以仁安顿心灵（居仁），以义规范行为（由义）；将仁学用于民生，提出仁政之说。谭嗣同《仁学》开宗明义，提出"仁以通为第一义"、"通之象为平等"，主张通政、通商、通教、通学，实现仁爱富民的目标；他把仁学带入开放的工商时代，使仁学面貌焕然一新，从而证明仁学能够与现代化事业相衔接。

今天的世界，一方面经济全球化和"地球村"要求普遍伦理，另一方面以对抗哲学为特色的一神教原教旨主义、物质功利主义和社会达尔文主义却横行天下，因而族群冲突空前加剧，社会危机、道德危机、生态危机空前严重，人类处在方向迷失和困境之中。时代在呼唤新人文主义出来推动文明对话，而孔子仁学最具有博爱精神与协调智慧，可以经过创造性阐释充实新人文主义内涵，发挥引导世界潮流的重要作用。让仁学的理念在世界上流布，使更多的人焕发爱心以抑制恶欲，学会互爱交利、和谐共赢，则世界和平才有希望。中华民族正在和平崛起，民族的伟大复兴必然伴随着文化的复兴，作为中华文化主干和代表中华身份的儒家文化将在民族文化复兴舞台上扮演主要角色，这是毋庸置疑的。然而，儒学必须在时代精神照耀下进一步展现其精华所在并实现新的理论转型，才能与时代同行，为儒家文化的更新与普及提供学术支撑。这是当代中国学者的历史使命。在求利的声浪鼓噪不已、人心趋冷、世风日衰的情势下，多发出一些仁爱的呼唤，有益于道德文明的回归和礼义之邦的再造。

二、新仁学的基本思路与特色

（一）接续孔子仁学的主脉，突出其人生哲学的特色

孔子仁学是生命的学问，教人如何做人、如何立身行事、如何推广爱心、怎样做君子并向圣贤看齐，它不是宗教神学，也不是知识体系和概念演义，而是人生体悟和智慧的理性表述。孔子仁学是对人的本质的伟大发现，在思想史上第一次找到了人之异于、高于禽兽的道德本质，也找到了人类社会高于动物世界丛林规则的人道"普世价值"。新仁学直接上承孔子仁学的源头活水，多角度层层展开"仁"的丰富内涵，广引诸家之精要，开渠疏道，务使仁学如一江春水，沛然而流淌，用以灌育今世诸多生命，使之健康成长。它的口号是：热爱生命，尊重生命，护养生命，提升生命。

（二）以孔子仁学为主，吸收诸子百家之长而综合创新

新仁学不等于旧仁学，没有门户之成见，广纳儒、道、墨之经典而奉之，此其为新仁学之由也。老庄道家尊道贵德、清静逍遥，以返朴归真弥补儒家人文化成之不足，有益于防止人性异化。墨家兼爱之说比儒家爱有差等更具平等精神，而其"兼相爱，交相利"之说更能与现代社会相衔接。佛家属宗教范畴，其慈悲情怀、平等精神、中道哲学，亦能

够拓展仁爱意蕴，皆足以成为新仁学营养。

（三）以孔子仁学为主，吸收西学之长，使新仁学具有世界胸怀、现代气息

西方文化的优长是科学理性日益发达、个人权益普受尊重、自由竞争呈现活力；其弊病是强权政治主导、一神信仰排他、功利主义流行。取其所长、避其所短，是中西文化交会中必须解决的问题。从构建新仁学而言，重点吸收西学以下优长。第一，学习其理性精神与科学方法，改变儒家学说中"智"依附于"仁"的状态，使智性有独立的开展。第二，吸收其人权至上、个性解放的理念，改变儒家学说中重社会轻个人、重义务轻权利的倾向，清除宗法等级制度的影响，认同自由、平等、民主等价值和理念。

三、新仁学的主要内涵：三大命题

（一）以仁为体，以和为用

这是新仁学的体用论。仁是其体，和是其用。作为体质的仁，其内涵就是"爱心"，它是人性所特有的（与动物相比）又是人性普遍存在的（在人类内部）本性。互相关爱与人类一起出现，同类相关，同群相爱，乃是自然而然、顺理成章的天性，爱心与生俱来，生活所赋，不学而能，不教而知，古人称之为恻隐之心，又称之为良知良能。孩童爱父母亲属，成长过程爱老师妻子，进入社会爱朋友同道，进而爱民族国家，再进而爱天下人类，以至于爱自然万物，如孟子所说："亲亲而仁民，仁民而爱物"（《孟子·尽心上》），这是人性爱心正常发育过程。哪里有爱心哪里就有美好的生活，人类文明的进步实有赖于此。爱心表现于日常生活与人际关系便是"和"。在家庭，便是"家

和万事兴";在社会，便是"政通人和";在世界，便是"协和万邦";在自然，便是"天人一体";在文明，便是"和而不同"。"和"指向和平、和谐、互助、合作、团结、协调、公正、有序，它们都需要爱心来支撑。仁体和用，没有仁爱便没有真正的和谐，即使相关方不发生冲突，也不过是功利性的力量均衡，是不会持久的。同时，没有和谐也体现不出仁爱，仁爱要在互帮和好中表达，漠不关心和彼此争斗都是爱心丧失的表现。

仁爱之心"发乎情而止乎礼义"。做人有情有义、合情合理，爱心便能保持。仅有自发爱心是不够的，必须加上后天的教育、修身，才能在人性里形成情欲与德性的平衡，实现仁爱的自觉。仁爱须知行合一，在生活实践中体现。故仁爱有三要素：情、理、行。仁爱还必须是互尊的爱，绝不是强迫的爱。当代人们讲用仁爱有一种偏向，即单向性："己所欲，施于人"，其效果往往与好的动机相反，爱变成怨，甚而变成恨，爱心完全被扭曲了。真正的爱必须是平等互尊的爱，在感动中使对方自愿接受。因此，仁爱必须实行忠恕之道，即一方面关心人、帮助人，另一方面体谅人、尊重人，这是仁和之道的精髓。

（二）以生为本，以诚为魂

这是新仁学的生命论，说明生命的价值和关爱生命的重要性。人是万物之灵，是地球上最美丽的花朵。自然和先辈赐予的唯一性的生命是珍贵无比的，任何力量（包括自己）都没有权力伤害它，只有责任保护它、养育它。一切社会事业都要把每个人的生命与健康放在至高无上的地位，以此作为衡量社会正义文明的首要标准，这就是以生为本的含义。仁爱之心必须表现为对生命的关注、爱护、扶助、尊重上，不仅护养本族本国的生命，也爱护他族他国的生命。以人为本就是以生为本。任何人不得以任何借口摧残生命。儒家仁学的人类观是天下一家，其自然观是天人一体，它视人类为一大生命体，视宇宙为一超大生命体。人与人、人与自然皆血脉相连，痛痒相关，仁者与天下众人、天地万物为一体，"莫非己也"。按张载《西铭》的说法："民吾同胞，物吾与也"，民众都是我的兄弟，万物都是我的伙伴，共生共荣，相依为命，在爱心的温暖中都是可以感通的。若是彼此隔膜或冷落，就像人体神经瘫痪，得了"麻木不仁"的疾病。若是彼此仇恨与厮杀，就像人体自残自虐，则整体生命危矣。民胞物与不是对未来的空想，而是"地球村"急需的人文精神和道德理念，是需要加以践行的当代文明情感与通则，是应当飘扬在 21 世纪地球上空的一面旗帜。

以诚为魂关乎生命的真实性，这是人类特有的问题。诚的含义是真实无妄。儒家认为天地万物是真实无妄的，人要向它学习，这就是孟子说的"诚者天之道也，思诚者人之道也"（《孟子·离娄上》）。但是，人类的本性是善恶混的，可以为善，亦可以为恶，自从有了自我意识和智能以后，一些人为了自私的目的，便采取伪善和欺诈的手段，制造假象，使人上当，故老子说："智慧出，有大伪"（《老子》第十八章），这是人类社会特有而自然界所无的现象。于是人类生命的成长就面临去伪存真的任务。如果失去真诚，口是心非，不讲真话，不做实事，便失去生命的灵魂，同时会失去自身的尊严。社会上信仰各异、学说众多，只要目标为善，认真践行，就会有信众追随、舆论认同，自然有其存在的空间；如果失诚转伪，言行相背，即使昔日辉煌，也会很快丧失感召力，为大众抛弃。政无诚不信，商无诚不久，德无诚不感，文无诚不化，人无诚不真。人应当随时显示自己的本色，做一个性情中的真人，说真话，做实事，以诚待人，在人与人之间多保留一些纯真的情意，拒绝虚假的人生，享受真实的人生，使人间变得更美好。

（三）以道为归，以通为路

这是新仁学的真理观，又是它的社会观。"道"是中国人心中最高真理的简称，"有道之世"是中国人心中最美好的理想社会，《易传》有两句话很重要："天下同归而殊涂，一致而百虑"，前一句说的是人类社会发展的最后归宿是天下普遍进入有道之世，而各国各族通向有道之世的过程中都走着自己特殊发展道路；后一句说的是人类的思想文化都向往着真善美的目标，而不同国家、不同民族、不同地区的人们在信仰、哲学、道德、观念、文学、艺术、习俗上又千差万别，形成多姿多彩的文化样式。

大同社会仍然有它的不足和弊端，真善美与假恶丑相比较而存在，相斗争而发展，矛盾是无物不在、无时不有的。但有道之世，社会矛盾与斗争的性质、方式与今日社会不同，没有阶级和阶层的对抗，没有战争和暴力，社会矛盾能够用文明的方式不断加以解决。

"以通为路"，是指国家民族之间、社会阶层行业之间、思想文化之间，建立起畅顺无阻的沟通、交流、合作的渠道，使人类摆脱彼此冷漠、隔阂、歧视、防范、仇恨的困境，迈向天下一家的坦途，使仁爱之道成为生活现实。然而"通"与"塞"的矛盾，仍然是推行仁爱之道的主要矛盾。与几十年前相比，今天是一个高度畅通的时代：经济上形成全球化的共同市场，政治上联合国的作用日益加强，交往上陆海空交通空前发达，文化上交流频繁深广，尤其信息技术突飞猛进，互联网使人类息息相通。可是情形并不使人乐观，在许多重要领域仍然塞而不通、仇而难解，"强凌弱"与"独尊己"的痼疾难除，于今为烈。一曰政治不通：国际关系上，强权横行，流血不断。二曰民族不通：宿怨难消，利益相左，势同水火。三曰宗教不通：极端排它，宁斗不和，不惜害生。有识之士大力倡导民族和解、宗教和睦、文明对话，都是在运用仁通的精神医治人类的弊病，使人类的生命得到健康发育。阐扬"通学"和践行"通学"，乃是人类文明发展的当务之急。

"以通为路"，必须做到"心通"。人类之间真正的沟通不能只停留在物质和技术层面，也不能只表现在一系列实际活动上，而要深入到人的内心，做到彼此间心灵相通。如果心灵阻塞，即使有路，也会变成泥泞之路、断裂之路，甚至变成烽火之路、苦难之路。如果心灵通达，各种路障都会随之解除，路成为拉近人们距离的通道，没有路的地方也会筑起新路，使人间的路四通八达。心灵相通的标志就是把仁爱之心普及于全人类，让爱心充满人间。

四、新仁学与当代新人文主义的兴起

当代新人文主义必须真正体现以人为本，把人的生命、幸福、尊严、全面发展（包括个体的与群体的）放在至上的位置，成为最高的价值取向，能打破物质主义、极端主义、民族歧视的偏执与迷误，具有中和、理性的精神，给地球村提供普遍伦理和新文明规则，使其逐渐成为21世纪人类的共识。新仁学可以为新人文主义的兴起作出重要的贡献。

（一）新仁学与当代人生困境的出路

当代社会生活的市场化、网络化、竞争化，使得人性中德性与欲求、德性与才智之间失衡，欲求与才智膨胀，德性萎缩，人际关系以利害为纽带，造就了越来越多的经济人、智能人、孤独人、野性人、两面人。与此同时，道德人、性情人、自在人、文明人大大减少。新仁学向人们提供一种情理兼具的人生信仰，其核心是成己成物（成就个人价值与社会事业），在成物中成己。荀子说："传曰：君子役物，小人役于物。"（《荀子·修身》）他提出了"己"（人）与"物"（权位、名利、财宝等）之间谁为主谁为辅的关系问题，他的结论是要"重己役物"，学君子，役使身外之物为人（包括自己和他人）服务，而不是相反，不能让自己成为外物役使的工具或者用外物役使他人。新仁学认为，在人性发育与人格养成中，理想状态是以养德为主，兼养情欲、才智与勇力，德性足以制约情欲使之适度，德性能够主导才智与勇力使之发挥正功能，这是摆脱人生困境、发展文明人性唯一的出路。人类若不在人性养德上下大功夫，现代高度文明是难以实现的。

当然，仁人仅有德性是不够的，还须有常情、智勇加以辅佐，才能践行仁德。古人强调"仁且智"、"仁兼勇"是对的。仁者要有洞察力，不被假象迷惑；要有丰富的知识和专业能力，做好自身的事业；要不怕挫折，勇于担当，身体力行。

（二）新仁学与当代市场经济的健康化

市场经济带来生产力的解放和经济的快速发展。然而它也带来功利主义的流行，对道德文明造成巨大的冲击。如何将"利"与"义"结合起来，儒家仁学有其传统智慧。中国自古就有"扶商惠工"之说，很早就形成儒商文化传统，陶朱公范蠡和孔子的弟子子贡就是早期的儒商。后来的徽商、晋商，都能把文化与商业相结合而两得之。近代儒商张謇、胡雪岩，当代儒商陈嘉庚、李嘉诚、荣毅仁、王光英、汤恩佳、杨钊、蒋震等，能够把西方企业管理文化与儒家智慧结合起来，并获得成功。儒商各有特色，而其共同点在于：第一，以义取利、诚信为本，企业享誉社会，创出知名品牌，由此而能长远发展；第二，敬业乐群、内部和谐，员工爱企如家，形成合力；第三，领导人有文化理想和社会责任，取之于社会用之于社会，热心于民族振兴、社会公益慈善事业。儒商彼此习称"同仁"，他们的共同点是有一颗仁爱之心。儒商队伍壮大成为工商界主体之日，便是市场经济健康化实现之时。

（三）新仁学与当代公民道德的重建

我国公民道德在社会转型时期局部有所进步（如平等意识、生态伦理等），而总体上是在滑坡，与20世纪50年代比是在退步，这是不争的事实，如诚信严重缺失，见利忘义普遍存在，食品安全受到侵害，贪污腐败日趋加重。

新仁学认为，以仁爱为核心的儒家伦理是中华民族文化生命的底色，是新道德建设的主要资源，必须重新评价、解释和广泛加以运用，使其成为新时期道德重建的深厚基石。第一，"三纲"不能留，"五常"不能丢，"八德"都要有。第二，对"五常"、"八德"要明其共相，变其殊相，使其合情、合理、合时。第三，切实加强廉政建设，是改善社会道德风尚的关键。第四，加强地方和社区道德建设，形成一大批道德高地。第五，用新道德理念与规范不断充实中华传统美德，使道德建设更好地体现时代精神。我国已经颁布的公民基本道德二十字规范：爱国守法、明礼诚信、团结友善、勤俭自强、敬业奉献，已经包含了传统美德和新时期道德（如守法、团结）。第六，发挥各种宗教的"神道设教"、劝善抑恶的优良传统和道德功能，运用信仰的力量，共同致力于爱心的推广、民风的改良。

（四）新仁学与当代国民教育的改革

当代学校教育培养了大批现代建设事业专门人才，系统传承世界上各国科学家积累的科技知识成果，在城乡有广大覆盖率，对于提高国民素质、使中国由落后国家变为先进国家，作出了巨大贡献。然而它对西方教育的精华未能充分吸收，自身存在很多弊端，并且日益凸显其负面作用。其一，中小学教育更深地陷于应试教育泥潭，不利于青少年的身心健康；大学教育日益变成职业训练，由市场指挥，只重知识技能传授，忽略道德人格养成，不少学生丧失人生理想，学习只为求取功利。其二，重普世科学教学，轻中华经典陶冶，重英语水平提高，轻母语读写运用，许多学生对中华文化无知，对祖国缺乏深厚感情和责任心。其结果是培养出相当数量的学生，一无道德魂，二无中国心，三无创造力。

当代国民教育改革的重要工作，是在借鉴西方成功经验（如重视博雅和通识教育）的同时，认真继承和发扬中华教育优良传统，大力吸纳儒学元素，参照新仁学的理念，使教育回归生命培植这个总根上来，把生命的健硕成长、全面发展放在首位，扭转教育市场化的趋势，使教育真正成为生命教育。为此，要把中华经典特别是儒道经典正式纳入教学核心课程，让大中小学生接受经典系统训练，从中吸取哲学、伦理、历史、语言、文学的智慧，传承中华文化的基因，养成"仁、智、勇"兼具的健全人格，促进文化生命的健康成长。大学必须承担起传承中华文化的责任，还要运用仁学精神重建家庭教育。新仁学主张父母与子女在平等互爱中共同成长，儿童在感受父母深爱的同时，也能爱父母和他人，并学会用行动感恩；保护儿童的一片天然纯真，尊重他们的兴趣、感受和交往，给他们自由成长的空间。如果千千万万个家庭都能成为小的学校，儿童教育就有了根基，社会的未来就充满了希望。

（五）新仁学与当代文明对话的开展

在"地球村"时代，文明对话是化解民族宗教冲突、实现世界和平与发展的重要途径。然而有识之士提倡文明对话数十年来，文明对话步履维艰，阻力重重，成效甚微，它对国际政治生活中连续不断的争斗、对抗、流血，似乎发挥不了多少化解的作用。于是有人认为还是亨廷顿的"文明冲突论"比较现实，而"文明对话论"不过是一种难以实现的空想而已。然而，现实的未必是合理的，合理的早晚会成为现实的。民族、国家、集团、文化之间的激烈纷争已有数千年的历史，形成强大惯性。而"地球村"的真正形成，若从两大阵营对峙消失算起，不过二十余年，多数人尚未能清醒意识到"天下一家"、"同舟共济"的时代已经来临，人类事实上已经成为利益共同体。孟子提出"仁者无敌"，其真理性长期得不到认可。然而事实已经并将继续证明，以德行仁者才可以服天下，因为有德者多助，强暴者寡助。

新仁学能够在对治极端主义和推动文明对话中发挥积极作用。它的中和之道是一种最合乎情理的温和主义，不偏不党，无过不及，善于折中、妥协、兼顾、包容，在它的影响下能使各种主义都温和起来，从而彼此渐行渐近。让温和主义在世界上流行起来，那么文明的多样性和差异性便不会造成人类的分裂，只会使人类的文化百花争艳，多姿多彩。

（六）新仁学与当代生态文明的建设

中国是发展中的大国，经济社会的连续快速发展是以资源的过度损耗和环境的巨大破坏为代价的，生态危机比发达国家要严重得多，可持续发展面临严峻的挑战。为了使发展与环境相协调，我们提出建设"资源节约型"和"环境友好型"社会，转变发展方式，大力发展绿色经济，建设生态文明。

新仁学可以为生态文明建设提供宝贵的思想资源。它的生态观称之为"天人之学","天"代表自然环境,"人"代表社会人生。天人之学的基本理念是"天人一体",其可贵之处在于它不是生态危机下被迫的应对,而是发自人性内部的真情和体认,具有人类童年率性之美德。第一,它主张人对天要有敬畏之心。孔子说:"畏天命"(《论语·季氏》),"唯天为大,唯尧则之"(《论语·泰伯》)。第二,它主张人对天要有报恩之情。《礼记·郊特牲》说:"万物本乎天,人本乎祖,此所以配上帝也,郊之祭也,大报本返始也。"古人祭天祀祖,其用意在报天祖之恩,使人不忘本初。第三,它主张一种大生命观,宇宙是一个大生命,人是宇宙生命的组成部分,迷失者人为阻断了人与天地万物的有机联系,而仁者感受到与物同体,万物不在身外,即天人一体。第四,它主张人在自然面前应当有所作为,其作为不是"胜天",而是"补天",即"赞天地之化育"。第五,它把"天人一体"的生态观落实到人与自然交往的行为上,提出许多切实可行的生态文明规则。例如"钓而不纲,弋不射宿"(《论语·述而》),"数罟不入洿池"、"斧斤以时入山林"(《孟子·梁惠王上》),皆反对杀鸡取卵、竭泽而渔,体现对生态和资源的保护。生态文明建设是全社会的事,我们应当在会通中西生态哲学观的基础上,逐步建设生态经济学(论述经济发展与环境的关系)、生态政治学(论述国家管理、国际政治与生态的关系)、生态伦理学(论述道德向生态的拓展)、生态美学(论述审美与生态的关系)、生态教育学(论述国民生态意识和生态学人才的培养)等。新仁学认为,在工业文明之后兴起的更高级的文明将是生态文明,它借助并超越现有文明的成果,向大自然回归,其基本特征是经济社会发展与人性的提升、环境的优化同步进行,并形成良性互动,这真正是人类的福音。

新仁学的目标,要使仁爱成为一种普遍的信仰和最高的价值追求。

论民主仁学的基本理论架构与发展前景

吴　光[*]

内容提要：本文系统论述了"民主仁学"的基本理论架构，探讨了"民主仁学"的体用论、文化观与核心价值观，进而探讨了"民主仁学"的基本特性与发展前景。本文认为，"民主仁学"的基本思想模式即其体用论是"民主仁爱为体，礼法科技为用"，其文化观是多元和谐文化观，其核心价值观是以"仁"为根本之道，以"义、礼、信、和、敬"为常用大德的"一道五德"价值观。"民主仁学"的基本特性是道德理性、人文性与兼容性，它在全球化、民主化的世界潮流以及中国和平崛起、儒学复兴的大趋势下，提出了一种既重视道德人文精神又兼融现代民主价值的新儒学思想模式，提供了一个能够深入社会生活与大众理性的儒学发展新方向。

关键词：民主仁学；体用论；多元和谐；一道五德；仁本法用。

我在 1999 年 7 月提交台北举行的第十一届国际中国哲学会"跨世纪的中国哲学：总结与展望"学术研讨会的论文《从仁学到新仁学：走

---

*　吴光，浙江省社会科学院研究员、文史研究馆馆员，兼任中国人民大学国学院特聘教授暨博士生导师、浙江省儒学学会执行会长等职。著有《儒家哲学片论》、《儒道论述》、《儒学百问录》等儒学专著与文集。

向新世纪的中国儒学》① 中首次提出了"民主仁学"的概念。其后，又在一些国际儒学研讨会和《哲学研究》、《社会科学战线》等报刊发表论文，比较系统地论述了"民主仁学"的思想模式及其文化观与核心价值观，逐步充实和完善了作为当代儒学新形态之一的"民主仁学"的基本理论架构。本文将系统论述作者独创的"民主仁学"的体用论、文化观、核心价值观以及民主仁学的基本特性与发展前景，以求教于读者。

一、"民主仁学"的体用论

我在提出"民主仁学"概念的同时，将其基本思想模式概括为"民主仁爱为体，礼法科技为用"的新体新用新儒学。我的基本看法是，21世纪的新儒学，将以"道德人文主义"的形态在世界多元文化格局中保持其一元的存在，而这种新儒学的内容，是既包含了传统儒学的"道德人文主义"思想资源，又吸收了非儒家文化的思想养料的。而面向21世纪的新儒学的基本形态，既非"新心学"，也非"新理学"，而可能是"新仁学"。这个"新仁学"，既源于古典儒学的孔子仁学，也继承和包含了孔子以及历代大儒论"仁"的基本道理，又是对古典仁学的批判性的扬弃与改造；既吸收融合了原本是非儒家文化特别是现代西方文明的思想养料与精神资源（如民主、自由、平等、博爱、人权、法治等人文精神），又拒绝并且批判西方文化中反人性、反人文的思想与制度（如个人权利至上、征服主义、斗争哲学等）。这个"新仁学"的基本思想模式，是一种新型的"内圣外王"之学，即确立道德的主体地位而以关心人生的意义与价值、以安顿人的生命为第一要务的"道德人文主义"哲学。其实践方向，并非是走"（旧）内圣开出新外王"的道路，而是

---

① 该文已收入沈清松主编的《跨世纪的中国哲学》（[台北] 五南图书出版公司 2001年版）一书，并以《从孔孟仁学到民主仁学——儒学的回顾与展望》为题发表于《杭州师范学院学报》2001 年第 6 期。

新"内圣"与新"外王"的统一，是由新"内圣"指导新"外王"的落实。其"内圣"者，道德之体也，仁也；其"外王"者，道体之用也，制度也，事功也。其"新"者，即这个道德之体的仁，已经不仅是传统儒学意义上的"爱人"之"仁"，而是融合了传统"仁爱"精神与西方"民主"精神而形成的新型道德主体了；这个道体之用，也不仅是传统意义上的礼制了，而是融合了传统的仁政、礼仪与新型的民主、法制、科技文明的制度、事功了。如果我们要从体用关系上来理解这个"内圣外王"新儒学的话，则可以将它定位为"民主仁爱为体，礼法科技为用"的民主仁学。这个民主仁学是既重道德实践又重社会实践与历史进步的新儒学。这个民主仁学，在个人修身实践上坚持道德理性，以道德仁爱为体，礼仪伦理为用，在社会政治实践上坚持民主仁政，以民主仁爱为体，科技法制为用。这就是民主仁学的体用论，也是民主仁学的基本思想模式。如果我们要用最简洁的文字来表述这个民主仁学"体用论"的思想模式，则可以概括为"仁本法用"，"仁"为形而上的道之体，是最核心的价值理念，"法"为形而下的道之器，是"仁道"的制度体现。

二、民主仁学的文化观与核心价值观

民主仁学是既重道德实践又重社会实践与历史进步的新儒学。它要求个体确立起民主仁爱的君子人格，竭诚为群体服务，在社会上建功立业；要求群体及代表群体意志的国家机构确立并尊重民主仁爱的公共道德、文明礼仪和现代政治法律制度，推行民主仁政，并最大限度地开发和利用科技的力量造福于人类。

"民主仁学"中"民主"和"仁爱"的关系究竟如何摆？在我的"民主仁学"论述中，"民主仁爱"是融合了东西价值观而合二而一的东西，是属于道体层面的东西，这个"道体"，既是民主的，也是仁爱的，是承认人民起主宰作用而具有"亲亲而仁民"的道德理性的价值观，既非用民主来改良仁爱，也非用仁爱解释民主。因此不能将"民主"和"仁爱"割裂开来而当作两个东西去看。所以我强调,我的民主仁学论是"民主仁爱为体,礼法科技为用"的新体新用新儒学。

在提出"民主仁学"概念的基础上,我进一步探讨了"民主仁学"的文化观,明确提出了"多元和谐"的文化观并加以论述①。

关于"多元和谐"文化观,我的基本见解可以归纳为以下五点:

第一,在中华文明思想库中,有着非常丰富的"和谐"思想资源。儒家倡导以"仁爱"为核心的道德和谐观,墨家坚持以"兼爱"为中心的社会和谐观,道家崇尚"道法自然"的自然和谐观,佛教推崇"众生平等"的平等和谐观,它们形成了有别于法家专制主义、西方征服主义及斗争哲学传统的中华和谐文化传统。

第二,儒家和谐文化的特点:一是道德理性,即强调道德对于人生与社会的指导性意义;二是人文关怀,即关注人生意义与道德价值的实现,成就完美人格;三是和而不同,即以承认不同为前提而以"太和"为最高境界的"和",是兼顾多方利益崇尚协调的"和",是兼容多元的和谐观。

第三,在现代化、全球化的大趋势下,东西方文化关系也发生着质的变化,出现了多元文化互相沟通、从对立冲突走向和谐兼容的新趋势。在价值观方面,原本植根于西方文化的民主、自由、人权、法治等价值观念,已不再是西方的"专利"而被全人类所认同,而根植于儒家文化的仁爱、正义、和谐、诚信、中庸等价值观念,也被公认为有利于人类生存发展和社会进步并具有普遍性的核心价值观念。

第四,在建设和谐社会、和谐世界的实践中,我们既要摒弃西方文明中心论,也要拒绝东方文明中心论,应该坚持多元文化兼容并蓄、交流互补、共存并进的"多元和谐"文化观与"多元和谐"发展观。

第五,所谓"多元和谐"文化观可以具体表述为"一元主导,多元

---

① 参见吴光:《中华和谐文化的思想资源及其现代意义——兼论当代文化发展战略》(《哲学研究》2007 年第 5 期)、《多元和谐:树立面向全球化时代的文化发展观》(《探索与争鸣》2008 年第 8 期)。

辅补；会通古今，兼融中西"十六个字。因为在任何一种民族文化传统中，都存在一个主导性的文化形态，同时又存在多元文化对主流文化的辅助补充、共存并进的关系。当代中国的文化生态，更是存在主流文化与非主流文化的复杂关系，要贯彻这个十六字方针，很有必要摆正主流与非主流、竞争与和谐、道义与功利、德治与法治、中学与西学的关系。

显然，在民主仁学观照下的文化观与发展观，是以承认文化形态的多元存在为前提并且最具包容性的文化观与发展观，是以建设和谐社会、和谐世界为目标的文化观与发展观。

那么，"民主仁学"的核心价值观是什么呢？对此，我提出了以"仁"为根本之道，以"义、礼、信、和、敬"为常用大德的"一道五德"价值观的论述。我的论述要点是：

第一，历代儒家关于核心价值观的论述，是因时制宜、与时俱进的。孔子虽然提出了诸如仁、义、礼、知、圣、孝、悌、忠、信、中、和、恭、敬、宽、敏、惠、勇、温、良、俭、让等二十多个价值观念，但其核心价值观可概括为"仁本礼用"四个字。孟子的核心价值观是"仁、义、礼、智根于心"。自汉至清，儒学核心价值观被定位为"三纲五常"。此外还有"四维"（礼，义，廉，耻），"五行"（仁，义，礼，智，圣），"六德"（圣，智，仁，义，忠，信），"八德"（礼，义，廉，耻，孝，悌，忠，信）之说，是不同时期的儒家根据时代急需而对核心价值观所作的概括。

第二，历代儒家关于"道"、"德"关系的论述，实际上是讲体用关系："道"是根本之德，是体；"德"是所得之道，是用。历代大儒关于核心价值的论述，实际上是以"仁"为根本之道，以"义、礼、智、信"为道体之用的，诚如孔子所说"修身以道，修道以仁"①，二程所谓"仁者全体，（义、礼、智、信）四者四支（肢）"②。

---

① 朱熹：《四书章句集注·中庸章句》，中华书局1983年版。

② 程颢、程颐：《元丰己未吕与叔东见二先生语》，载朱熹编：《二程遗书》卷二上。

第三，在现代社会，传统儒家所讲的"三纲"伦理，已经被时代淘汰。但过去百年对儒学的批判否定导致社会价值观的混乱与道德伦理的沦丧，复兴儒学的首要任务便是重建儒学核心价值观。这项重建工作并非对传统儒家价值系统的全面恢复，而是根据时代需要对儒学价值体系中那些具有普遍性、现代性、人文性的价值观念进行选择、重组与诠释，以建立适应新时代需要的新儒学核心价值体系。

第四，在全球化、现代化的当代世界潮流下，传统儒学价值系统中历久弥新而且最具普遍性的价值观念是仁、义、礼、信、和、敬这六大观念。这六大观念中，"仁"是具有主宰地位的核心观念，是兼融"民主仁爱"核心价值的根本之道。坚守"仁"道，就必须坚持"以人为本"，就必须承认人民在国家政治生活中的主宰权利，就必然实行"民主仁政"。其他五德——义、礼、信、和、敬都是"仁"的体现，是"仁"道之用。五德的基本内涵是公平正义、遵礼守法、诚实守信、和谐合作、敬畏人事。因此，我将民主仁学的核心价值观概括为"一道五德"价值观。[①]

三、民主仁学的基本特性

我们从对民主仁学的体用论、文化观、价值观的认识中可以概括出民主仁学的基本特性。在我看来，这些基本特性可以从三个方面去思考：

首先，民主仁学的根本特性在于其道德理性。在"民主仁学"的理论架构中，"民主仁爱"是道之本体，礼法科技是道体之用，即道的实践与应用。我们必须清楚地认识到，"民主仁爱"并非仅仅是一种工具、一种"外王之用"的制度，而首先是一种人生的、社会的核心价值观，

---

① 参见吴光：《重塑儒学核心价值观——"一道五德"论纲》，《哲学研究》2010年第6期；《"一道五德"：儒学核心价值观的新表述》，《北京日报》2010年5月10日。

一种普遍的道德理性。这是人之所以为人、"人之异于禽兽者几希"的那点东西。如果不确立起这一道德理性,那么所谓"民主仁学"云云,就是无根之木、无源之水,是不能长成参天大树、汇聚成澎湃潮流的。

其次,以人为本的人文性,即人文关怀的特性。儒学与宗教都有终极关怀,所不同的是,宗教的终极关怀是人死后能否进入天国,而儒学的终极关怀是人生道德价值的实现,是君子人格的完成,是死后文化生命与人文精神的代代相传。所以儒家始终是以人为中心而非以上帝或神、佛为中心展开其价值论述的。民主仁学尤其重视人文关怀。坚持社会以人为本,国家以民为本的理念,其逻辑归宿,必然是对人民民主权利的肯定与实践。民主仁学这种"以人为本,民为主宰"的人文精神,无疑包含着从传统民本走向现代民主的人文基因。

最后,重视开放日新、多元和谐的兼容性。儒家历来重视开放日新精神,《周易·大畜·象》曰"日新其德",《大学》则引汤之《盘铭》曰:"苟日新,日日新,又日新。"强调的是不断求新的精神。求新必然是对他者的开放学习,开放学习的前提是对客观世界多元化存在的承认与接纳,所以孔子要求君子要有"和而不同"的胸怀。中华文明的开放日新精神在本质上乃是一种追求"多元和谐"的文化观与发展观。民主仁学继承与发展了这种"多元和谐"的文化观与发展观,承认世界各大文明体系的多元化存在与多样性特点,主张通过文明的交流与对话加深相互的了解,化解文明的对立与冲突,保持各大文明的竞争性共存与战略性和谐。尤其是在国际关系中,当发生利益的冲突与对立时,民主仁学主张通过和平对话加深彼此的了解,找出达致国际和平的方法与途径。

总之我认为,全球化时代的儒学应当是继承传统、服务现实、面向未来的新儒学,是坚持多元和谐文化观的民主仁学。

四、民主仁学的发展前景

在当今时代,全球化、民主化的潮流已经席卷世界,当代中国在经历三十多年的改革开放阶段以后，已经跨入和平崛起新阶段，并且深深卷入了全球化、民主化的世界潮流之中。伴随着中国的和平崛起，昔日被批判贬斥的儒学也逐步恢复生机，出现了全面复兴的新形势。这个儒学复兴虽未形成汹涌澎湃的思想巨涛，但已成为受到世界关注的时代新潮。

当代中国儒学复兴的标志，最重要的有如下六点：一是以研究孔子与历代大儒的思想、阐扬儒学思想为主题的学术会议与高端论坛遍及国内外，连绵不断，影响深远。二是各种以儒学冠名的学会团体、研究院所、研究中心，如雨后春笋遍布全国。三是各种名目的儒学与国学讲堂、论坛风起云涌，蔚然成风，形形色色的尊孔读经活动普遍开展，各种童学馆、读经班、讲经会、国学馆在民间纷纷开张。四是孔子学院遍布全球，至今已在全球八十多个国家和地区建立了近 400 所孔子学院。这些孔子学院不仅是外国学子学习汉语的场所，更重要的是成为传播儒学与中华文化的平台，为创建多元和谐的未来世界新秩序提供了良好机缘。五是大量论述与研究儒学的论文、专著、系列丛书、杂志期刊、电子报刊出版发行，标志着儒学理论的普及与提升。六是特别引人关注的一点，自 20 世纪 90 年代起，从中央到地方的各级政府开始对儒学研究课题、祭孔活动、弘道活动从原来的消极反对转变为有限支持甚至积极参与的态度。例如，山东曲阜每年一度的祭孔大典都有全国人大副委员长和省部级官员参与或主祭，每年的国家社科基金课题，都有相当比重的儒学研究课题得以立项、得到官方的资助。官方意识形态的儒学元素也日益增多。例如，中国进入改革开放新时期以后，大力提倡"实事求是"的思想路线，以及提倡以人为本、以德治国、廉洁奉公、仁者无敌等价值观念，提出全面建成"小康社会"与"和谐社会"目标，都可以从儒学思想库里找到依据，甚至中共中央总书记胡锦涛倡导的以"八荣八耻"为核心的"社会主义荣辱观"，也可以解读为儒家"仁、义、礼、智、信"加"忠、勤、廉"等传统价值观念的现代版。最近召开的中共十八大报告中概括的"富强、民主、文明、和谐，自由、平等、公正、法治，爱国、敬业、诚信、友善"这 24 字社会主义核心价值体系，其中"富强、文明、和谐，公正、爱国、敬业、诚信、友善"16字就来自于中华传统文化的价值体系。这说明，中国现阶段的主流意识形态，已经融合了许多儒学元素，换言之，马克思主义的社会主义意识形态正经历着中国化、儒家化的转型历程。这对中国未来发展是具有十分重要的意义的。

在全球化、民主化的世界潮流以及中国和平崛起、儒学复兴的大趋势下，"民主仁学"论提出了一种既重视道德人文精神又兼融现代民主价值的新儒学思想模式，提供了一个能够深入社会生活与大众理性的儒学发展新方向。在当今时代，人们越来越感受到民主价值观的现代性与普遍性，也越来越认识到儒家仁爱观与民主价值观的兼容互通性，认识到儒学不讲民主就不能走向现代、民主缺乏道德理性也可能成为混乱无序的暴民政治的道理。总之，时代在呼唤民主仁爱价值观，儒学也必须适应时代的迫切需要变革其理论形态。我相信，如果新时代的新儒学能够真正成为人民大众的精神指导，则儒学的复兴必然成为21世纪"沛然莫之能御"的新文化运动，其发展前景将是无限光明的。

以仁义为体，以自由民主为用

——兼谈"普适价值"与"普世价值"

颜炳罡 *

内容提要：本文认为"普适价值"与"普世价值"分开，一切根源于具体的社会形态和特殊的经济样式而抽绎出来并与之相应的价值就是具体的、相对的、暂时的价值，而根源于人之所以为人的本质的价值则是普遍的、永恒的、绝对的价值。学术界所讨论的"普世价值"大多是根源于具体的社会形态和特殊的经济结构而抽绎出的价值，如自由、民主、平等等，而仁义是根源于人之所以为人的本质规定的价值或者它就是人性本身，这种价值是普遍的、超时空、绝对价值，我们称它为"普适价值"。仁义是价值之本体、价值之源，而自由、民主、人权、法制等是价值之用，是仁义的显用，"以仁义为体，以自由民主为用"实现中西文化的有机融合，是当今世界建构人类价值体系的选项之一。

关键词：仁义；自由；民主；"普世价值"；普适价值；体用

一切价值都是人的价值，没有人，世界就无所谓价值。中国古人所说的人是"天地之心"，是"宇宙之灯"，就是从这个意义上讲的。人既是价值主体，又是价值客体；既是价值之源，又是价值的最终依归。价值源于人对自我类本质的一种觉识、反思。自人类脱离动物界而成为人

---

* 颜炳罡，山东大学儒学高等研究院教授、副院长，尼山圣源书院副院长。

的那刻起，价值也随之产生了。随着人类社会的每一步进展和人类对自身的每一步提升，人的价值就得到进一步扩充、显现。依照儒家大宗思孟学派的说法，价值就是人的本质，就是人之所以为人的本性。步入文明社会之后，人类为维护族群的自身生存与发展创造了一系列的价值规范，东西各国形成了种种不同的核心价值观和价值规范体系，诸如仁义、智慧、勇敢、敬畏、慈悲、爱人若己、和平、平等、不许杀生、不偷盗、不奸淫、不说假话、诚实、自由、民主、法治、人权、向长上叩头、礼拜某一神灵、不准朝着太阳小便、禁食某种动物、素食，等等。这些价值规范和核心价值有些是相对的，有些是绝对的；有些是区域性，有些是世界性；有些是具体的，有些是普遍的；有些是暂时的，有些是永恒的；有些是主观的，有些是客观的；有些是宗教的禁忌，有些是风俗习惯。我们认为，一切根源于具体的社会形态和特殊的经济样式而抽绎出来并与之相应的价值就是具体的、相对的、暂时的价值，而根源于人之所以为人的本质的价值则是普遍的、永恒的、绝对的价值。由此，我们认为，学术界、社会上所讨论的所谓"普世价值"大多是根源于具体的社会形态和特殊的经济结构而抽绎出的价值，如自由、民主、平等，而仁义是根源于人之所以为人的本质规定的价值或者它就是人性本身，这种价值是普遍的、超时空的绝对价值，我们称它为"普适价值"。仁义是价值之本体、价值之源，而自由、民主、人权、法制等是价值之用，是仁义的显用，"以仁义为体，以自由民主为用"实现中西文化的有机融合，是当今世界建构人类价值体系的选项之一。

一、概念的厘定

英文 Universal value 有人翻译为"普世价值"，也有人翻译为"普适价值"。但我们认为，Universal value 一词只有空间上的普遍，没有时间上的永恒，可谓"普世"而不"普适"。翻林连祥主编《新世纪英汉辞典》Universal 一词之下，罗列了 7 种含义：1. 一般性的，普遍的；2. 大众（共同）的，全体的，普遍的；3. 万国的，全世界的；4.（人）万能的、博学的；5. 宇宙的，万物的，万有的；6.（机械）万能的，自在的；7.（逻辑）全称的 ①。将 Universal value 译为"普世价值"非常准确。然而，"普世价值"最多是"普世"的，但不是"普时"的，也就是说无论是英文 Universal value，还是译为中文的"普世价值"，都指向普遍的、全世界的、全体的，都没有贯通古今的永恒意义，这就意味着当代世界许多人所宣扬的"普世价值"皆一时之价值，不是永久之价值或绝对之价值。我们认为无论是英文 Universal value 表述，还是中文"普世价值"表述，都不能准确表达既普遍又永恒的价值，"普世价值"这一观念本身没有绝对性、必然性的含义。

我们所说的"普适价值"，不是指 Universal value，在英文里还没有与之相应的词来表达其含义。"普适价值"的含义有三：既有 Universal value（普世价值）意，也有 Eternal value（永恒价值）之意，还有 Absolute value（绝对价值）之意，由此，"普适价值"具有普遍性、永恒性和绝对性。

既"放之四海而皆准"，又"贯通古今而皆准"可谓既普遍又永恒，或者说是超时空的。这种超时空的价值是否存在呢？如果说"普世价值"讲的是"天下无二道，圣贤无两心"（《荀子·解蔽》）的话，那么"普适价值"所说就是"东海有圣人出焉，此心同也，此理同也；西海有圣人出焉，此心同也，此理同也；南海、北海有圣人出焉，此心同也，此理同也。千百世之上有圣人出焉，此心同也，此理同也；千百世之下有圣人出焉，此心同也，此理同也。"（杨简《慈湖书》卷五《象山先生行状》）这里所同的道、所同的理、圣贤所同的心是什么？说到底就是仁义。仁义既是人之本心，也是人之本性，本性源于天，本性即天性，仁义可谓是心、性、天合一。

---

① 参见林连祥主编：《新世纪英汉辞典》，（台北）黄帝图书公司出版 1993 年版，第 1512 页。

二、仁义何以为体

我们所说的"体"是本根、本原、本质，"用"是作用、显用、功效、形式。体是用之体，无用则无体，以用显体；用是体之用，无体之用则不能成其用，甚至会成其害。用是体的显发，体是用之本原。在价值谱系中，仁义何以可为体？

仁义是人之所以为人的本质属性。人是什么？千百年无数哲学家、文学家、生物学家殚精竭虑，苦苦寻找着答案。但纵观东西万国，哲学家们大都从人的生理结构、功能等方面去理解人、分析人，寻找人之所以为人的本质。而其得出的结论或答案往往又将人划入动物之属、动物之类，"人是什么什么样的动物"几乎成为解说人的语法。然而这一语法最大的问题是将人装入"动物"之类，从而不可能从真正意义上将人与动物区别开来。在人类一切学术流派中，儒家将人禽之辨视为重要的理论话题，视为建构理论体系的重要基石，首开从价值的角度去辨析人与动物区别的先河。儒家认为，不能从动物的种属关系中去寻找人是什么的答案，而应从人的本质意义上即超越动物种属范围去寻找人之所以为人的答案。儒家的答案告诉我们：人是人，禽兽是禽兽，二者不容混同，由此所得出的答案，人就不再是什么什么样的动物，而是壁立千仞地挺立起人的特有意义与价值。

自孔子提出"仁"这一概念，人的意义就得到贞定与确立。依照孔子学问大统思孟学派理解，仁就是人，也就是说仁是用来界定人的。仁是用来界定人的，仁就是人的内在本质。①孟子说："人之所以异禽兽者几希，庶民去之，君子存之"（《孟子·离娄下》），人与禽兽大都相同，这是人的生物学本质。然而，人与动物相同的那些东西并不是人所特有的，不能称之为人本质，从人与禽兽的相同中，人只能是动物，或者

---

① 《中庸》有"仁者，人也，亲亲为大；义者，宜也，尊贤为大。亲亲之杀，尊贤之等，礼所由生也。"孟子亦说："仁者，人也，合而言之，道也。"（《孟子·尽心下》）

是高级的动物而已。"几希"那点才是人的灵明、人的本质。这点灵明，这点本质是什么呢？"无恻隐之心，非人也；无羞恶之心，非人也；无辞让之心，非人也；无是非之心，非人也。恻隐之心，仁之端也；羞恶之心，义之端也；辞让之心，礼之端也；是非之心，智之端也。人之有是四端也，犹其有四体也。"（《孟子·公孙丑上》）"几希"者，恻隐、羞恶、辞让、是非之心而已，概括地说就是仁、义、礼、智四端。人与禽兽不仅在外形、技能上有区别，更重要的是在本质上就高于动物、不同于动物。孔子、孟子不是从自然的、生物的、技能的意义上去规范人，而是从价值上、本质上去规范人，这样人的意义、人的价值、人之所以为人本质得以清晰地显豁。

在孟子那里，仁、义、礼、智"四端"不是平行并列的，而是有区别的。"四端"的关键是仁义两端，仁义两端相比较而言，仁重于义。孟子说："仁，人之安宅也；义，人之正路也。旷安宅而弗居，舍正路而弗由，哀哉！"（《孟子·离娄上》）"仁，人心也；义，人路也。舍其路而弗由，放其心而不知求，哀哉！"（《孟子·告子上》）告子高度概括孟子的人性论的特点说他是"以仁义为人性"（《孟子·告子上》），这一概括大体不差。"以仁义为人性"是孟子"仁政"说、"王道"说、"求放心"等全部理论根据。

荀子在这问题上讲得更加清楚，他单刀直入地说："人之所以为人者，非特以其二足而无毛也，以其有辨也。夫禽兽有父子而无父子之亲，有牡牝而无男女之别，故人道莫不有辨，辨莫大于分，分莫大于礼……"（《荀子·非相》）荀子一眼看穿，不能从人的生理特点去规范人、界定人，如果仅仅从人的生理结构即"特以其二足无毛"的意义上去界定人，那么人与"拔去羽毛的公鸡"又有什么区别呢？人之所以为人，在于有"辨"。荀子认为人不同于禽兽、高于禽兽之处不能从知识论的角度去讲，而应从价值论上去说。"夫禽兽有父子而无父子之亲，有牡牝而无男女之别，故人道莫不有辨。"这里辨是人道之辨，不是事物之辨。辨人道就是辨人伦，辨是别异定分之意，即对人的伦理关系予以区别的能力，这是人所特有的，是禽兽所没有的。荀子进而说："水火有气而无生，草木有生而无知，禽兽有知而无义。人有气、有生、有知，亦且有义，故最为天下贵也。"（《荀子·王制》）在人禽之辨上，荀子与孔孟没有本质的区别。如果说孟子用减法，将人与禽兽相同的东西，一一减去，减之不能再减，人所剩下东西称之为人性的话，那么荀子是用加法，看人比禽兽在终极意义上多了什么，一加一减，二者异曲同功，并无区别。在孟子，人之所以为人者为仁义，在荀子，人之所以为人者在于义。

仁义将人与禽兽区别开来，有仁有义，人也；不仁不义，禽兽也。仁义根源于人的本质规定，它本身就是人性。这说明人是价值存在，是一切价值之源。人类从动物界每一步提升和人类社会每一次朝着良善的方向过转都是仁与义的扩充和实现。一部人类向文明迈进的历史就是仁义在人类每一个个体身上和人类集团的活动中呈现出来的历史。

在儒家看来，仁义是人之"天爵"，是天赋的，或者说任何人不可剥夺的"良贵"，是人之尊严。孟子认为，仁义不是外铄于我者，就像每一个人的"四体"是与生俱来的一样，仁义是天赋的，是任何人都无法剥夺的。"有天爵者，有人爵者。仁义忠信，乐善不倦，此天爵也；公卿大夫，此人爵也。天爵者，德义可尊，自然之贵也。古之人修其天爵，而人爵从之。今之人修其天爵，以要人爵；既得人爵，而弃其天爵，则惑之甚者也，终亦必亡而已矣。"（《孟子·告子上》）"欲贵者，人之同心也。人人有贵于己者，弗思耳矣。人之所贵者，非良贵也。赵孟之所贵，赵孟能贱之。《诗》云："'既醉以酒，既饱以德。'言饱乎仁义也，所以不愿人之膏粱之味也；令闻广誉施于身，所以不愿人之文绣也。"（《孟子·告子上》）仁义是"天爵"，天爵者，天所赋予人之尊严也，人人皆有之；公卿大夫是"人爵"，这些政治生活中位阶上的高低之分是或然的，不是必然的。天爵是必然的，不是或然的。公卿大夫之所以是或然的，因为它有待于外，是有条件的；天爵无待于外，我生而具足，是无条件的，与每一个个体的生命同在。仁义既是天爵，又是良贵，是天赋的不可剥夺的尊严。这种尊严甚或高于人的自然生命之本身，故而有"杀身成仁"、"舍生取义"之追求。

仁义代表了人类的理性、良心、良知，是通于古，贯于今，遍于东西万国的"普世价值"，因而，如果践踏仁义，就是摧残人类的良知，就是祸害人类的良心，就是公然挑战人类的理性，就背叛了天理，人人可得而诛之。"贼仁者谓之贼，贼义者谓之残，残贼之人谓之一夫。闻诛一夫纣矣，未闻弑君也。"（《孟子·梁惠王下》）贼仁贼义就是祸害人类的普适价值，就是公然挑战天理，就是对人的尊严、良知践踏，因而对这样的独夫民贼人人可得而诛之。顾炎武亡国与亡天下之分疏，很值得我们从价值层面予以深思。在他看来，亡国是政权的更迭，而亡天下是人类的尊严与价值——仁义发生了空前危机，对仁义这种普适价值人人有责任捍卫之。他说："亡国与亡天下奚辨？曰：易姓改号，谓之亡国。仁义充塞，而至于率兽食人，人将相食，谓之亡天下。……知保天下然后知保国。保国者，其君其臣，肉食者谋之；保天下者，匹夫之贱，与有责焉耳矣。"[①]国之亡不过政权刘姓、李氏等政权易手罢了，这是统治者的职责，这是部分人的、具体的、特殊的价值，而"亡天下"就是人类的尊严受到摧残、人类的良知受到践踏，从而使人类的普适价值陷入了空前的危急，因而捍卫人类的尊严、良知，是所有人的责任。

三、自由民主何以为用

黑格尔说过："哲学的历史就是发现关于'绝对'的思想的历史。绝对就是哲学研究的对象。"[②]就价值而言，仁义对人之所以为人而言就是绝对的价值。西方古老的传统思想认为，人之所以异于禽兽者在于人能思维，当然对人而言也有绝对意义，但这种绝对不是价值上的绝对，而是知识论上的绝对；当说人之所以异于禽兽者在于会使用或制造工具时，这是功能上的绝对，同样不是价值上的绝对。只有儒家哲学是从价

---

① 顾炎武：《日知录》卷十三，上海古籍出版社 2012 年版。

② 黑格尔：《小逻辑》，贺麟译，商务印书馆 1980 年版，"第二版序言"第 11 页。

值意义或道德意义上说明人之本质，因而仁义对儒家言具有绝对意义。

依黑格尔的说法，人类的历史过程就是绝对理念的不断展开、不断实现的过程，就儒家而言，人类文明不断进步的过程就是仁义这一绝对价值不断展开和不断自我实现的过程。人类由野蛮进入文明既是仁义作为人性光辉的闪现，又是仁义这一绝对价值的初步展露与呈现。在人类的典范时代或轴心时代，从东方到西方，人类不同文化系统都各自形成了自己的道德规范、礼仪方式或宗教戒律等。这些道德规范、礼仪习俗、宗教戒律等是人类过去两千多年拥有不同文化系统的民族鉴别是非、善恶的标准，甚至是他们的信仰。如不许杀人、不许偷盗、不可奸淫、不许说假话、忠、信、礼、让以及爱人若己、己所不欲，勿施于人等，至今仍然是人类共同遵守的价值规范。19世纪以来，随着西方启蒙理性的深入，自由、民主、人权、法制等成为二百多年来人类的共同诉求，成为人类的共同价值或"普世价值"。自由、民主、人权、法制等这些价值虽然不是在东方或在中国产生的，但它与儒家的仁义并不矛盾，相反，自尊尊他的自由、真正的民主、切实的人权、良性的法制是仁义这一绝对价值的呈现，真实的呈现。

以仁义为体，以自由民主为用，体是本体、是根源，用是发用、显用、作用。仁义是体，随着人类历史的每一步进展仁义都有不同的呈现方式或具体表现，在当今世界，自由、民主、人权是仁义的具体呈现方式。

近代以来，东西万国对自由、民主、人权、法制等内涵的理解尽管各有不同，但没有人否认自由的重要、民主的重要、人权的重要、法制的重要，这是人类的启蒙理性贡献给人类的最大成果。自由、民主、人权、法制等这些当今人类普遍肯定的价值是人类社会辩证发展的结果，是对人的自然性存在即动物性的抑制和对人之所以为人的仁义之性的进一步显扬。自由、民主、人权、法制这些近代观念旨在保证仁义的流行而不是充塞仁义，是人类本性之爱（仁）进一步扩大和社会公道（义）的进一步伸展。在西方文化背景下，自由、民主、人权、法制等初始义是限制恶，而在中国文化的背景下，自由、民主、人权、法制等可视为张扬善。限制恶是消极的，张扬善则是积极的；限制恶是仁义实现的支撑力量，而张扬善则是仁义实现的牵引力，或者说，它本身就是仁义的流行。支撑力与牵引力相互配合即中西文化的有机融合能更好地解决人类当前面临的种种问题。

严复是中国自由主义的鼻祖，对自由与民主有着独特的理解。在他看来，西方之所以富强，"苟求其故，则彼以自由为体，以民主为用"①。严复在翻译穆勒的 ON Liberty 意译为《群己权界论》，穆勒的名著今人直译为《论自由》。严复区别"Liberty"与"Freedom"的不同，他指出"里勃而达，乃自繇之神号，其字与常用之 freedom 伏利当同义。伏利当者，无挂碍也，又与 slavery 奴隶、subjection 臣服、bondage 约束、necessity 必须等字为对义"②。在他看来，自由并不意味着放诞、恣睢、无忌惮，而是我之自由以不侵犯他人自由为界或者必以他人之自由为界，这是自由的真意。由此，严复将自由直接类比为《大学》的"絜矩之道"。这就明明白白地告诉我们：自由是有限的，不是无限的。有限的东西何以为体？"以自由为体，以民主为用"对近代中国有启蒙意义，自由与民主是相辅为用的关系，不是体用关系。

无论是自由，还是民主，都是自工业以来、资本主义市场经济形成之后出现的价值观。由于工业化、市场化成为全球性浪潮，自由、民主、人权等成为人类普遍追求的价值。自由、民主等价值从消极的意义上说是为了应对人性之恶，而从积极的意义上讲是人性之善的进一步实现。仁义是无限的、绝对的，我之仁义并不妨碍他者仁义甚至会激发他者的仁义。仁义作为人天赋的良知良能，代表着人类的良心、爱心、慈悲心和社会的公道与正义，如果自由、民主、人权、法制等近代价值是人类良心、爱心、慈悲心的呈现和社会公道与正义的体现的话，那么自由、民主、人权、法制等就是仁义的显用、发用或作用。

仁义作为价值与人的本质存在相关联。如果人类追求向上提升，而不是向下沉沦的话，自由与民主背后的支撑必须是仁义。由仁义为体而

---

① 严复：《原强修订稿》，《严复集》第 1 册，中华书局 1986 年版，第 22 页。
② 约翰·穆勒：《君己权界论》，严复译，商务印书馆 1981 年版，"译凡例"。

呈现的自由是自尊尊他的自由，民主是公道、正义的民主而不是相互抹黑、贿选、栽赃、陷害。无论是自由意义的提升，还是民主品质的改善，都有赖于国民仁义的成长。没有高尚道德培养出来的国民，就不可能出现自尊尊他的自由和"其争也君子"的选举。相对于自由民主而言，仁义是一种更本质、更根源的价值。

人类社会的文明史是天理良知不断展现的历史，也是仁义不断实现的历史。仁义在不同的国家、不同的民族、不同时代有不同的表现方式，然而无论人类如何追求，仁无止境，义无穷期，人类永远只能在追求仁义的过程中，就人类社会发展目标而言，追求仁至义尽，但就仁的全幅实现、义的全幅实现而言，永远处在既济而未济的过程中。仁义实现或呈现的"当下即是"与"永无穷期"，看起来矛盾，其实是圆融无碍。自由、民主是近代形成的、在当代世界依然发挥作用的仁与义的实现方式，可能在人类的历史进程中长期发挥作用，但我们相信，自由不是仁义最完全的表现方式，民主也不是仁义最完美的展现方式，同时，自由不是仁义的最后呈现，民主也不是仁义的最终呈现。众所周知，自由也好，民主也罢，一开始就染上了民族国家的色彩，与民族国家密切相连，甚至在不同的民族国家中又表现为不同的样式。21 世纪，人类所面临的问题不再是民族国家的问题，而是全球化的问题。不管你是什么国家，也不管你是什么民族，更不问你是什么肤色，在"地球村"的时代里，头顶同一片蓝天，脚踏同一块大地，臭氧层破坏、全球气候变化、资源枯竭、环境污染、恐怖袭击、核子武器等，是对全人类的共同挑战。应对这些挑战只停留在民族国家层面上显然是不够的。儒家的"和而不同"、"天下一家"、"民胞物与"、"理一分殊"等原则与方法对解决当今人类共同面临的问题可能比自由与民主更有助益。

仁者宇宙心 ①

高予远 *

内容提要：宇宙经过千万亿年的流化，在地球上出现人，这个生命现象可谓是宇宙中最大的奇迹。这个人开始有了反思能力，这个反思既是吾人之反思，也可以说是流行大化的自我反思。流行大化有了自我反思的能力，自此宇宙有了"心"的特征。这个心即是宇宙心。这个宇宙心是一种超思维、超逻辑的大中大正的宇宙生命直觉。宇宙心"万象森然"的"逻辑创生和美"是吾人最高、最真的真，吾人一切真源于这个真。这个"真"是宇宙生命最真实的真。这个"真"不能用语言、逻辑或任何形化的具象表达，但这个"真"却是一切真实的、有意义的语言、逻辑即形式化的源泉。

关键词：流行大化；自我反思；宇宙心；宇宙生命直觉

---

* 高予远，深圳职业技术学院人文学院教授。

① 宇宙心乃吾国固有思想，如吾国哲学有"天地心"之说。此部分受法国古生物学家、天主教神学家德日进启发，将吾国"天地心"改为"宇宙心"重新论述，以便于思考人类全球化趋势出现的种种问题。此文非以西方思想诠释中国思想，而是秉陆九渊东方圣人、西方圣人心同理同思想，如其本源地揭示人类类心——宇宙心。熊十力有"心物不可分割"，（熊十力：《体用论》，中华书局1994年版，第161页）之语宇宙心正是取此"心物不可分割"之意，即大化流行到了心的阶段，心之理即是大化流行循己、观己、明己的自我完善的生命力量，心之理者，大化流行自己察己、观己、明己也。《庄严经论》云："心外无有物，物无心亦无。"（吕澂：《吕澂佛学论著选集》，齐鲁书社1991年版，第70页）其所要明者，即大化流行自我察己、观己、明己也。

一、宇宙心之界定

陆九渊提出"吾心便是宇宙,宇宙即是吾心"①,何谓也?

当宇宙经过千亿年的演化,在地球上出现人,这个生命现象可谓是宇宙中最大的奇迹。这个人,这个大化流行中的人与其他物种不同,她既遵循大化流行之"法则",同时又能超越时空观法则,观此时空中的法则,并以"法则"思考万物。这意味着什么?因有人的出现,"法则"自身可以思考,法则自身思考自身,"法则"有了独立自由、自我完善的生命意识。

"法则"是大化流行的"法则",大化流行的"法则"有了生命意识,岂不意味着大化流行有了自我意识。大化流行有了自我意识意味着大化流行有了自己的"心"。当陆九渊仰望深邃流转之宇宙星河,思千古生命之生生流灭,大化流行的生生"法则"深深浸入到他生命的深处,宇宙渊默生生之力通过这个"法则"将其全部静寂直觉的力量赋予吾人,这样吾人既有大化流行之"法则",又具宇宙渊默生生静寂直觉之力。②吾人心岂不就是宇宙、岂不就是宇宙的心?宇宙经过千亿年流化至吾人开始有了自己的心,这个心就是大化流行的自我意识,是宇宙的自我灵魂。

"吾心便是宇宙,宇宙即是吾心",意味着大化流行开始自我反思自己、自我条理自己。同时,作为大化流行生物物种之一的吾人之思,因是大化流行"法则"的自我之思,故吾人之思即是大化流行法则之思,大化流行把其自身全部力量(逻辑与静寂直觉的宇宙生生之力)赋予吾人。自此大化流行中产生了一个独立自由、自我完善的"法则"的自我

① 陆九渊:《杂说》,《陆九渊集》卷二十二,中华书局1980年版。
② 吾人乃大化流行之产物,吾人内心若不先天地具有与大化流行同质之法则,吾人岂能认识大化流行之法则,岂能观大化流行之法则。如我们以数学、逻辑"型物",数学、逻辑即是大化流行之法则,同时也是吾人先天具有之法则。数学、逻辑非吾人发明,而是随着吾人浸入大化流行的展开中,自己出离自己。

生长体系。

这个独立自由、自我完善"法则"的自我生长体系，是一个有生命的"法则"体系。"有生命的法则体系"意义有二：一是法则；一是法则之上的生命。法则之上的生命又意味着什么？即这个"有生命的法则体系"是有静寂直觉的宇宙生生之力，这个静寂直觉的宇宙生生之力即是吾人的灵魂，同时也是宇宙的灵魂。由于这个"有生命的法则体系"是千亿年大化流行所化，故这个"有生命的法则体系"的灵魂是静寂直觉的宇宙生生之力，此为宇宙的灵魂。吾人的生命便是这个"有生命的法则体系"，这意味着吾人的灵魂即是这个宇宙的灵魂，有着静寂直觉的宇宙生生之力。

这样，陆九渊提出："吾心便是宇宙，宇宙即是吾心"，就意味着吾心是个有生命的法则体系，这个有生命的法则体系源于大化流行千亿年流化，其独立自由，宇宙万象森然生生和美的静寂直觉即是吾人的灵魂。当吾人循法则思考问题时，法则常常有不能越过之障碍，这时宇宙的灵魂，会用"静寂直觉"的"苹果"砸吾人大脑的"法则体系"，给吾人"真句子"，促吾人达理事无碍之界。哥德尔所说的灵魂之窗的真实意指是：当吾人用法则思考问题到极致时，宇宙的"静寂直觉的灵魂"会给我们思考的法则体系开一个窗口，法则体系会在静寂直觉的宇宙生生之力的流贯下，打破原有的逻辑义理的均衡，重新找到自己演绎的起点，再重新建立一个新的、大化流行自身的逻辑义理均衡。

这样吾人之思或大化流行的自我意识就可以分为两层存有：一是有生命的大化流行法则的自我整理、条理自己，即逻辑的、义理的思维；一是超越逻辑义理思维之上的宇宙静寂的强有力的直觉。这个宇宙静寂强有力的直觉，使吾人之思或大化流行的自我意识处在空明静寂、纤毫立察的警觉中。

大化流行的自我意识或宇宙心是在这两层存有上获得"法则"的生命力与灵魂，并不断完善自己。当这两层存有汇聚到"万物森然于方寸之间"的强力时，宇宙心满心而发，随即归于静寂的喜悦中。宇宙心又开始在大化流行的微妙创化中自我运行自己的灵魂。

二、大化流行、宇宙心与吾人

大化流行，气也理也。无物不有气、无物不有理。一物之为一物，理与气相合也。理气相合即此物之性。水之气，氢与氧也；水之理，二氢一氧结构也。此气此理成为水之性也。水有性而无心，故水不能尽心，自然就不能知己之性。不能尽心知性，水之为水也。

朱子今日格一物、明日格一物乃是要知水这一类物的性与理也，从而明"天之理"与"己心之理"。朱子"性即理"、"心含理不是理"，朱子之理是从大化流行自身而言，心有认识物之条理而自身不是理。阳明"心即理"，不仅指心有认识物之条理之理，而且认为"心即理"。若结合阳明"良知乾坤万有基"、陆九渊"东方圣人西方圣人心同理同"及孟子"尽心知性乃知天"之论，则陆王之理不仅是指心有认识万物之逻辑能力，"心即理"同时即指此心之理或为大化流行自身之理。故陆九渊秉天之所命提出："宇宙便是吾心、吾心即是宇宙"。

现在的问题是：吾心乃大化流行所化，吾心之理是大化流行"化"出的理，这个理等同于大化流行之理吗？

从心的逻辑无限可能性与大化流行的逻辑无限可能性关系，论吾心之理是否是大化流行之理。①

吾心之理，乃千亿年大化流行所化，作为生理大脑，吾心有着和万物一样稳定之理，但吾人这个理是个能动的可对自己、万物进行逻辑无限可能性反思、自我创化之理。无有一具体物可与吾心之理相比。② 大化流行具有逻辑无限可能性与吾心具有的逻辑无限可能性，在逻辑无限

---

① 从逻辑上讲，吾心之所以是宇宙心，是因为吾心的逻辑无限可能性与大化流行的逻辑可能性是同质的，皆是生生和美的逻辑创生。

② 若结合吾人大脑有百亿个脑细胞、百亿个神经突触，这个大脑不仅有感受、情感、欲望，同时还有一个由符号系统组成的逻辑系统，这个逻辑系统无限可能性的复杂程度超过了至今地球上任何一个物种、任何一个具体的物质形成。唯有整个地球的生态系统的逻辑无限可能性的复杂程度可与吾人大脑逻辑无限可能性的复杂程度相比。

可能性问题上具有同质性，但若从无限可能性上而言，两个"无限"关系如可在逻辑上理解？

若说大化流行的逻辑无限可能性包括了吾心的逻辑无限可能性，则吾心的逻辑可能性就不是无限的，而是有限的逻辑可能性。反过来也成立。

大化流行与吾心皆具有逻辑的无限可能性而又不能包括对方，则这两个逻辑的无限可能性各自成为一个独立体系又交叉。同时，鉴于吾心的逻辑无限可能性是大化流行的逻辑无限可能性经千亿年流行大化而成，大化流行的逻辑无限可能性是吾心逻辑无限可能性的前提与条件，即吾心逻辑无限可能性的源泉是一种生命直觉，一种吾称之为神圣深沉的宇宙生命直觉，大化流行的逻辑无限可能性正是通过吾人这一宇宙生命直觉"引发"① 吾人进行逻辑无限可能性的创化。这种神圣深沉的宇宙生命直觉是吾人于天地间获得的最真的真，吾人一切真源于这个真。这个真是吾人神圣深沉宇宙生命最真实的真。这个真即是吾人的宇宙心。

宇宙心是吾人生命最真实的真，这个"真"不能用语言、逻辑或任何形化的具象表达，但这个"真"却是一切真实的、有意义的语言、逻辑即形式化的源泉。

故吾心之理不等同于大化流行之理，同时也不悖大化流行之理，是大化流行千亿年流化而出，大化流行之理或大化流行的逻辑无限可能性是吾心逻辑无限可能性的源泉，万象森然的宇宙逻辑生生和美成为吾人最真实的生命直觉，这种生命直觉是一种神圣深沉的宇宙生命直觉，这个宇宙生命直觉成为吾人最真实的真，吾人一切有意义的本真的言语、行为及逻辑化的行为皆源于这个最高的真。这个最高的真虽是吾人最高的真，但由于其是大化流行给予吾人最高的真，故这个最高的真与大化流行无限可能性有着高度的一致性。

---

① "引发"而不是强行规定，强行规定吾人思维的只是逻辑约束性。

三、从宇宙心论"德福一致"

大化流行到了人，天地间有了一个心，一个宇宙心。这个宇宙心是吾人灵魂同时也是天地万物之灵魂。

吾人之反思是大化流行的自我反思，是宇宙心的自我反思、自我入精微致广大的宇宙生命直觉。这个宇宙心——这个天地灵魂开始会自我欣赏、自我约束。或曰：大化流行开始有了欣赏自己、约束自己的能力。这个欣赏是宇宙心万象森然逻辑创生和美的自我欣赏，在这种意义的自我欣赏中，循万象森然逻辑创生和美，即自觉地约束自己于这个万象森然的逻辑创生和美中是宇宙心内在之悦，这个自觉约束自己于万象森然的逻辑创生和美即是内在的道德律令。这个道德律令无疑是理性的，但这个道德律令的生命源泉乃是吾人大中大正的宇宙生命直觉。

宇宙心的自我欣赏即是吾人所谓审美，这个审美即是宇宙心对自己神圣、丰富、甘美、细腻的自我欣赏、自我确认。这个审美不仅是外在之审，更是宇宙心对自己内在万象森然逻辑创生和美的自我惊叹，这种惊叹——惊叹自己内在万象森然的逻辑创生和美，同时会在惊叹中敬畏——敬畏宇宙星空及源于宇宙星空逻辑创生和美的道德律令。这种惊叹、这种敬畏使道德律令不再仅是一种外在约束，而是吾人对自我万象森然宇宙心的自我惊叹、自我敬畏。至此，道德律令与吾人大中大正宇宙生命直觉合二为一，吾人生命独立、自由、完整地与宇宙万象森然的逻辑创生和美高度统一。

宇宙心的自我约束，即吾人所谓的道德律令，"仁者，浑然与万物同体"。仁者心乃宇宙心，故"民胞物与"之道德律令乃其"性"也。即道德律令乃吾人之本性也。

审美与道德律令皆是吾人宇宙心的自我本性，即宇宙心在自我欣赏中本然地自我约束也就是先在地以道德律令约束自己，这种意义上先在的道德律令约束源于宇宙心内在的生命本性使然，同时又在源于宇宙生命直觉的自我约束中自我欣赏（审美），这样道德律令与自我欣赏——自我认同的心福甘美即为身福——合二为一。

宇宙心是先在于万物具象的宇宙生命直觉，这个心、这个宇宙心是大化流行所化，这就决定了宇宙心先在地、有着高度的与大化流行的合目的性。故宇宙心会在与大化流行、万象森然的逻辑创生和美中获得身心的高度美感，过此大化流行逻辑创生和美法则，非身福而是身祸也，这是宇宙心意义上的身福。中国儒学的身福是在这个意义上的身福。①

康德哲学，吾思与自然相对。故在认识问题上，人为自然立法；在道德上，人之为人在于吾人有一绝对的超越感性、喜好的道德法则，这是人为自己立法。超越吾人感性之"道德法则"乃形上法则，无条件遵循此形上道德法则为吾人之为人前提也，这是道德上的"应该"。此道德形上之"应该"又要有身福，而身福是吾人身处形下物物相循因果链条中的"事实"。这样，康德"德福一致"就是一个综合命题，故有康德对斯多亚学派之批判。②问题是从形下"事实"吾人得不出形上"应该"，同样，吾人也不能从"形上"道德法则"应该"得出"形下"身福事实。故在现实生活中，作为"综合命题"之"德福一致"是不能成立的，因为"形上"与"形下"在逻辑上是两个层面，事实与应该也不

① 当吾人有一个宇宙心时，会审美、会自我欣赏时，这岂不是最大身福。夫子曰：乐以忘忧，不知老之将至。老之将至，身体皆有许多不适，夫子未感到，或感到，也未觉得有多么不好，生命仍是乐以忘忧，这因夫子之心是宇宙心，这个宇宙心纳天万逻辑创生和美于己心，这即审美也。有此审美，何忧能乱吾内心万象森然之逻辑创生和美？当吾人内心有万象森然的逻辑创生和美时，吾人观花，吾人内在的逻辑创生和美即是这花，这花即是吾人内心逻辑创生和美。吾人生命与宇宙万象森然的逻辑创生和美无内无外，这岂不是吾人最大身福。庄生梦蝶，无内无外，有内有外。我即是万象森然的逻辑创生和美，宇宙万象森然的逻辑创生和美即是我。夫子之生命即是那逝而返、返而逝的江河，江河即是夫子之生命。庄生梦蝶是梦蝶，夫子在川上静寂清明地曰是最真实的宇宙生命直觉。无内无外。我即是那日月繁星、流风回雪，日月繁星、流风回雪即是我。贤哉，回也！回在陋巷不失其乐，回有宇宙心，乐是宇宙心的本质特征。

② 参见康德：《实践理性批判》，韩水法译，商务印书馆1999年版，第122—125页。

可互通。康德察此，特设灵魂不朽与上帝存在。

如康德认为："意志与道德法则的完全切合是神圣性，是一种没有哪一个感觉世界的理性存在者在其此在的某一个时刻能够达到的完满性。"因是之故，吾人之灵魂必在无限完善进程中方可实现此目的，"至善只以有以灵魂不朽为先决条件才在实践上是可能的。"①故康德特设灵魂不朽。有此灵魂不朽，还要德性与幸福切合，即完全切合道德法则的自由意志（灵魂不朽意义上的切合）还要与自然因果切合出幸福，即自由意志与因果自然的完全切合的幸福，这种切合只有在上帝身上可达统一。康德至善乃是上帝意义上的至善，这种至善是超越时空之至善，这个至善只有在上帝处可以找到。故康德之至善是一"纯粹理性"的信仰而非理性的综合命题。②

康德至善非今生之至善，而是吾人类无限历史进程中之至善，至善是吾人类历史进程之目的而非吾人之现实。故康德之至善或曰德福一致之意义在于为吾人类历史立一公正、道德的起点与目的，以促吾人类历史渐趋于完善。③虽若此，康德至善是一超时空的形上信仰。

宇宙心乃大化流行所化，先在地与大化流行万象森然的逻辑创生和美高度一致，当吾人可与大化流行的万象森然的逻辑创生和美高度一致

---

① 康德：《实践理性批判》，韩水法译，商务印书馆1999年版，第134页。

② 参见康德：《实践理性批判》，韩水法译，商务印书馆1999年版，第138页。

③ 康德之至善虽是一综合命题，但实是一将形上界与形下界综合在一起之命题。这一命题的困难在于吾人何以从形上道德之"应该"实现康德哲学意义上的形下"身福"，即这样一种形上与形下的综合是如何可能的。这个困难无论从逻辑上，还是从实在意义上论都是不可能的。吾人只有超越自然之事实，才可不坠入物物相循的因果必然链条中。这又如何可能？故康德至善只是从形上界到形上界之至善，吾人在任何意义上都不可能实现康德这种意义上的形下"身福"，这意味着康德的至善只能是一从形上到形上的期望，而不可能是一从形上到形下的综合命题。康德只好设灵魂不朽与上帝，以实现这一从形上到形下的综合命题。但即使是上帝也不能违背自己创造的形上界与形下界不可混同的逻辑！故康德至善思想除有促吾人类历史渐趋于完善这种宗教希望意义外，在现实界乃是一虚妄。康德自己灵魂不朽与上帝存在的公设也明此现实界、有限理性存在者对此奢求之虚妄。故康德至善只是信仰意义的至善，一个理性的时空内有限存在者不可能用理性去追求这种至善客体。

时，吾人自含心德与身福于己。故若言德福一致必要落在宇宙心。圣人无心，以宇宙心为吾人之心。此为吾人最大身福，为吾人之至善。当然这一身福、至善已非康德意义的身福、至善，而是吾人在现实界能够要求到的至善。

四、宇宙心是吾人最高的真

计算机无疑是对人脑的最好模拟。计算机之所以能正常进行思维模拟在于逻辑的一致性，即计算机的内部系统，不可能出现逻辑的不一致性。之所以如此，计算机运行之前提需要一些基本的逻辑元素，这些基本的逻辑元素是逻辑一致性之前提，对这些导致逻辑一致性的基本逻辑元素，我们称之为真句子。

这些真句子不是计算机自己产生，而是吾人赋予。不仅如此，计算机不能证明这些真句子为何是真句子，而人能证明。这是人脑与电脑的本质区别。[1] 虽然人脑能证明真句子为何是真句子，但是至今为止，人只能证明部分真句子为何是真，而不能证明全部真句子为何为真。这即所谓哥德尔"'真'要大于我们的证明"[2]。

人脑的思维无疑是遵循逻辑的，吾人在进行正确逻辑思维时，总会有一些真句子出现，尽管这真句子吾人知其为真，但吾人不能证明为何

---

[1] "哥德尔不可穷尽定理蕴涵了：对每台生成定理的计算机来说，总有某个真句子，我们可以看出它是真的，但这台计算机不能生成它。因此，就证明定理而言，我们心智的力量看起来超过任何计算机。"[美] 王浩：《逻辑之旅》，浙江大学出版社 2009 年版，第 232—233 页。

[2] "证明每一个真理是可能的吗？或者换个说法，存在一个陈述为真和陈述可证之间的区别吗？"（[美] 约翰·L.卡斯蒂、[奥] 维尔纳·德波利：《逻辑人生——哥德尔传》，刘晓力、叶闯译，上海世纪出版集团 2008 年版，第 11 页）"或者人心胜过所有机器（说得确切一些，他比任何机器都能判定更多的数论问题），或者存在一些人心不能判定的数论问题。"（[美] 王浩：《逻辑之旅》，浙江大学出版社 2009 年版，第 233 页）即哥德尔认为，我们能证明的"真"要远远小于我们知道的"真"。

这个真句子为真。这个真句子吾人虽不能证明，但吾人却将其运用在吾人逻辑思维的推理过程中。

现在我们要问，我们在进行逻辑思维时，为什么总会有作为逻辑思维前提的真句子出现，显然真句子是逻辑思维的前提，这些真句子为什么会在人脑出现，而不会在计算机中出现。这即所谓吾人有超逻辑的直觉。① 如牛顿由苹果落地而引出的万有引力定律，绝不是逻辑推理的结果，而是一种思维极致时的宇宙生命直觉。

计算机只有逻辑而无生命直觉，故计算机只能由吾人赋予真句子进行逻辑一致性的推理，而自身不能产生真句子，也不能证明真句子。但吾人大脑在思考时，是两层存有：一是逻辑的严密一致性；一是超越逻辑的宇宙生命直觉。超逻辑的宇宙生命直觉不断给予吾人以新的真句子，这些真句子会成为新逻辑体系的起点。②

当吾人独自伫立于静寂的宇宙逻辑创生和美的星空下，吾人有一种超思维、超逻辑的生命和美直觉。在这种超理性思维的宇宙生命直觉中，吾人一切的思维纠结、逻辑混乱皆暂时隐退，静候宇宙生生的逻辑创生和美给予吾人真句子，解开思维缠绕、消除逻辑混乱。吾人这种与宇宙逻辑创生和美无言静寂的默契，乃吾人最真实的人性也。吾人乃千亿年大化流行所化，大化流行将其逻辑创生和美的无言静寂赋予吾人，这即是吾人最真实的生命，大中大正的宇宙生命直觉是吾人最真实的生命本性，牛马之性不同于吾人之性在此也。大化流行赋予吾人的宇宙生命直觉，此乃天命吾人之性也，即陆王所言的宇宙心也。"宇宙便是吾

---

① 哥德尔认为："人为精神是不可能形式化（或机械化）所有数学直觉。即如果我们能够成功地形式化它的一部分，这个事实就恰恰好需要的一生中新直觉知识，例如，这种形式主义的一致性知识。"（[美] 约翰·L.卡斯蒂、[奥] 维尔纳·德波利：《逻辑人生——哥德尔传》，刘晓力、叶闯译，上海世纪出版集团 2008 年版，第 134 页）

② "所谓心灵，我指一种无生命期限的个体心灵。……想象一个人致力于解决整个一组问题；这很接近实际；人们不断地引进新的公理。"（[美] 王浩：《逻辑之旅》，浙江大学出版社 2009 年版，第 240 页）

心、吾心即是宇宙"。吾人之性也。①

"民之质矣，日用饮食。"（《诗经·小雅·天保》）此生理大脑也。大化流行到了人，其大脑可以说是最复杂的生理机器，这个具生理大脑的庶民处于动物系列的最高顶端。这个庶民每日处于日用饮食的因果链条中而无自由的真句子。

人人皆有佛性，人人皆是上帝之子，人人皆可为尧舜。这个庶民往前再一跃，便产生了大中大正的宇宙生命直觉，即宇宙心。人人皆有佛性，人人皆是上帝之子，人人皆可为尧舜，其实质是大化流行赋予我们每个人一个大中大正宇宙生命直觉，赋予我们每个人一个宇宙心。阳明曰：圣人之道，吾性固足。孟子曰：尧为何人，吾为何人。圣人之为圣人乃扩充其大中大正之宇宙心，并先觉觉后觉。孔子为至圣先师即此意也。

先觉觉后觉，"学而知之"、"困而后学"，庶民吾人往前一跃，宇宙心也。宇宙心的逻辑创生和美，元享利贞、仁义礼智流贯吾心，吾人不再仅是处于因果利益链条中的日用饮食者，吾人有了形上的逻辑创生和美之自由，有了"元享利贞、仁义礼智"这样自由的真句子。吾人的"思与行"在这些真句子的无限可能性中获得了形上的自由依据，这种形上依据乃吾人大中大正的宇宙生命直觉也。

儒家工夫是在此宇宙心——宇宙生命直觉基础上用力。阳明曰：要在心上用力，此心是宇宙心且含物或事于其中。唯在此意义之宇宙心上

---

① "道家观念重于虚，虚而后能合天。儒家则反身而求，天即在人之中，……更不必舍人求天。……（中庸之）'中'，人心之内在，即是人之'性'，致'中'即是'尽性'，致'和'则是穷理。何以说'致中和'即能'天地位，万物育'呢？《易传》曰：'天地大德曰生。'"（钱穆：《中国思想史》，九州出版社2011年版，第82—83页）结合钱穆"天即在人之中"，而天地大德曰生，吾人之心岂不就是万象森然的逻辑创生和美的宇宙心吗？在中国儒家思想中，天即在吾人性中，故有孟子尽心、知性、知天之论。至陆王，则明确讲"吾心便是宇宙，宇宙即是吾心"。"宇宙内事，是己分内事，己分内事，是宇宙内事。"（陆九渊：《杂说》，《陆九渊集》卷二十二，中华书局1980年版）这些皆是定吾人之"性"为宇宙万象森然的逻辑创生和美也，或曰：宇宙万象森然的逻辑创生和美即吾人之性也。

用力，吾人之格物致知方能止于至善。

圣人恒无心，以百姓心为心。陆王恒无心，以宇宙为心。

"宇宙便是吾心、吾心即是宇宙"。吾人有一颗宇宙心。吾人的宇宙心如星空一样有着万象森然的逻辑生生和美。这个万象森然的生生和美是吾人最高的真，吾人一切真源于这个真。这个宇宙心的"真"是千亿年大化流行所"化"之真，这个"真"是形上的，能觉而不能言，即不能用语言、逻辑或任何形式化的具象表达，但这个"真"却是一切真实的、有意义的语言、逻辑及一切具象的源泉。天地间人为贵，贵在吾人有一颗大中大正的宇宙生命直觉——宇宙心。

地球是圆的，东方人、西方人无论如何行走，终会相遇。吾东方人行走于天地间，走至何处，吾人仰望头顶，看到的皆是宇宙星空万象森然的逻辑创生和美。彼西方人行走于天地间，走至何处，仰望头顶，看到的也是宇宙星空万象森然的逻辑创生和美。东方圣人、西方圣人，心同理同，同的是东方仁人、西方仁人皆有一颗宇宙心。

有宇宙心的儒生，走到西方，看到古希腊哲学、看到基督教教义、看到德国哲学，他会说：这是吾兄弟之思想。有宇宙心之传教士，走到东方，看到儒学仁义、佛家悲慈，他会说：这是吾兄弟之思想。有宇宙心的东西方仁人，皆会在对方的义理言语、逻辑推论中看到自己的宇宙心。

"仁者，浑然与万物同体。"东方事、西方事皆宇宙内事，"宇宙内事，是己之份内事"。"四海之内皆兄弟"，这是吾国先贤早已有之的天下意识，今日称之为全球意识之觉醒[①]。宇宙心是吾人类之类心，是宇宙中最真实的生命之心。

儒学的核心概念"仁"也！宇宙心源于仁、源于爱，归于仁、归于爱。东方圣人、西方圣人相互凝视、相互握手时，需要万象森然的宇宙心视对方为"己"，向"神圣的他者"——这个兄弟，惟精惟一地表达仁与爱。此是"仁"之极至，"中庸"也！

---

① 全球意识觉醒，杜维明语。

宇宙心，万象森然生生和美的最真实的宇宙生命直觉也！"中庸"须臾不可离也！"宇宙心"须臾不可离也！

宇宙心：宇宙的灵魂！吾人的灵魂！

结　语

宇宙心是中国儒学最高、最真的神圣深沉的宇宙生命直觉，是中国儒学最神圣的核心概念。

大化流行中的吾人之所以有善的、神圣的自我完善的能力，在于吾人有这颗宇宙心。如果说大化流行是有目的的，宇宙心则是大化流行的灵魂、大化流行的目的。宇宙心把自己作为最高目的，同时这个最高目的又是大化流行的灵魂，宇宙心是大化流行自我完善的灵魂。

宇宙心"万象森然"的"逻辑创生和美"是吾人最真的真，吾人一切真源于这个真。这个真是宇宙生命最真实的真。这个"真"不能用语言、逻辑或任何形化的具象表达，但这个"真"却是一切真实的、有意义的语言、逻辑即形式化的源泉。

宇宙心为静默，即宇宙心为吾人无法言达的"万象森然"的先在形上；宇宙心发即为形下，为言语，为逻辑，为行动，为具体生命，为仁义礼智、典章制度、山川日月、繁星飞鸟、细雨炽花。大化流行之种种具象，莫不是宇宙心之外发。天地间人为贵，贵在吾人有一颗静寂先在的形上宇宙心。

宇宙心是一种"事实"，这种事实不是经验的"事实"，而是吾人先在的形上"事实"，吾人宇宙星空般和和生美的、自由的"事实"。

儒家哲学的理论重建及其五项实践

成中英 *

内容提要：面对时代的急剧变化，儒家哲学的生命力何在，这是一个亟待回答的时代课题。是保守的恢复旧观？还是进行改造，甚且用其资源另造信体，扬弃其本真？抑或掘其灵泉以充实其主体之价值使其成为现代化社会之基石与动力？本文论儒家哲学理论重建的重要以及重建之道，显示五项现代化的实践的功夫与本体何在：本体方法意识的实践、本体学的科学与伦理的实践、人类整体伦理的建构与实践、政治哲学的民主化与管理化的实践、一贯之道的自我批判的实践与实现。问题不在当位不当位，而在正位居体、黄中通理，发挥效果历史的引导、影响与教化作用以转化时代。

关键词：方法；本体；伦理；政治；一贯之道

一、重新认识儒学理论重建的意义与重要性

必须承认，儒学的传统已丧失其整体精神，而其价值体系则散落在现代生活的平台之上，往往无关于现实的生活方式与社会习俗，成为个

---

* 成中英，美国夏威夷大学哲学系教授。

别的少数人的理念或信念而无法发挥其转化社会与教育下一代的有效力量。儒家哲学中天人合一、知行合一、言行一致、内外表里如一、择善固执、与人为善的自我与他我要求，已非当今社会的"普世价值"的期待。这个社会不但没有了君子、大人与圣贤，也没有了单纯的小人，更多的是小人化的君子与君子似的小人。代之而起的是利益导向、权谋手段的功利主义思想与行为规则，配置以一种邪理与似是而非的矫情。这是反儒学的潮流，但在其根源上却也是同时发挥了现代化加上后现代的个人主义兼理性与反理性主义精神。理性纯粹成为工具被利用。纵然如此，我们为什么还要积极地追求儒学的价值与规范呢？为什么我们仍能为儒家的古典经典所激励与感召呢？难道只因它是我们历史人格的一部分，而对之有深厚的情感认同吗？或是它含有精微宏大的生命智慧让我们难以舍弃吗？明显的，我们在生活中不能采用德性的儒家的性情伦理，行仁为义，难道是为环境所迫吗？我们不能实现儒家治国平天下的理想，难道是我们无法进行自由的选择吗？从这些提出的问题所面对可能的回应中，我们显然可以感到儒学在中国现代化中的失落是有其客观与现实原因的。其中最大的原因是传统（非原始）儒学的气质已无法适应世界的文化潮流，也就是无法抵御现代化与西方化的组织文化与科学技术的影响，无法满足现代国家发展与社会生活的需要，无力面对国际的竞争和对抗世界强国的暴行及其经济与文化的侵蚀性。

因此，我们也必须以现代化来武装我们自己，来发展我们求生存与独立自强的力量，建立一个现代化的国家、一个现代化的社会、一个现代化的经济、一个现代化的治理之道、一套维持生计与保护自我权益的现代化策略。于此，我必须说儒学并不必然反对这些求生存、有竞争力的生活模式，或一个自然演进的知识社会与现代文明。当然我们可以追究何以人类发展到这样一个现代化生活模式，而我们作为人到底能做些什么。在此我无法作出详尽的说明，只能简单地指出：人类历史的进程有其不同的遭遇，东西方文化的差距及其发展后果是人类全体必须共同承担的。现代化的发展并不是偶然的、任意的，但也不是完全为历史因素决定或支配的，而是一个有意或无意的情况带动了另一个有意或无意的情况的连锁，是一连串历史事件逐渐发展出来的可能性的实现。存在的不一定是合理的，合理的也不一定存在。这个反黑格尔的命题中，我们看到人类的历史必须向前发展的理由与动力，而人的意志与理性的参与也是必要的。有了这个现实性和理想性的分别，我们才能认识到何以人类有很多美好的价值往往未能实现，而已实现的美好价值却能在一定时空中被抹杀或销毁，代之以低下的、现实的、粗糙的生活元素。但也让我们相信，我们的意志与努力也能改变我们自己的命运与人类历史。

无疑，现代人类生活的一个特点是走向平民化，因之体现出来的是孔子所谓小人的、庸俗的、价值概念与行为。一些高贵的气质与生活信条早已在现代化的紧迫与纷扰中随风而去。这里说明了何以当代中国社会对儒家君子的敬意，对所谓大人、贤人与圣人的崇高情怀，会显得如此微弱与遥远了。这自然不是一个单一的个人因素所造成，而是现实社会在现代化的环境中形成的状态。但我们作为现代的儒者却不一定那样心甘情愿地放弃我们体验到的或知道的儒家情操与理想或者对人性的信念。

基于这样的理解，我们要认识的是儒家作为一套人的存在与生命的本体哲学，在中国历史上曾扮演何等重要的指导角色。我们必须面对的是，由于现实的文化与社会变迁以及经济与政治力量的强力发展，儒学的价值体系已无法驾驭现实与指导现实，而不得不让位于政经发展的意识形态，甚至接受其批判而面临消解的命运。如果儒学在鸦片战争以后，能够自行更化，找到一个最佳的整合现代化与儒家社会伦理的方案，主导或引进现代制度与工业化的进程，中国的社会显然将有不同的历史境遇。如此我们或可想象，中国作为现代国家当以某种方式构筑在儒家自觉的价值体系之上，与过去历史与文化传统或许就不必有猛烈撕扯与断裂的痛苦，如五四与"文化大革命"所呈现的。不幸的是，历史的进程往往走的是迂回的道路。在此迂回中我们还得承受诸多暴力与不义，几近覆灭。庆幸的是，我们毕竟发展到此一关头，我认为当代新儒学的发展已为儒学的生命哲学与价值体系创造出一个革新而独立的地位，且能发挥道德上与政治上的某种影响力量。当然，儒学能不能作为社会危机的解救者、文化价值的创新者与政治制度的改革者正面临着严峻的考验。

显然，在目前这样一个社会处境中，无论儒家的理想价值能否获得指导与规范社会发展的地位，我们仍可深信儒学有其蕴藏深处的活力与泉源。① 问题在于我们如何挖掘这块土地深处的灵泉。就我看来，儒学的再发展端在重建儒学的理论体系，可以作为社会发展与进步的力量与价值根据，还要同时扮演起转化社会、解决政经问题的基本资源。当然这不是把儒学变成宗教，完全用超越的信仰来发展儒学。而是把儒学变成一个论证者、抉择者、决策者、领导者，在一个知行合一的文化高处维护人类文化的价值发展，使现实社会多一份理想的色彩，也多一份发展的动力。

此处我想提示儒家发展的两个重要角色：一是把儒学看成文明与经济发展的必要工具，这是儒者必须认识的，所谓俯首甘为孺子牛，因为这是今天的企业管理与社会秩序维护者所需要的；一是肯定儒学的主体性，策略地运用社会进步的力量作为实现理想的工具，也就是用以追求一个兼容理性文化与德性文化的社会目的。我认为儒学角色这样的双重性是儒学能够起死回生的奥秘所在。但如何才能发挥这双重的角色力量呢？我的回答是：只有不断把儒学的理论说清楚，把它的理性原则与德性伦理的理想价值举出来，儒学才就能把历史文本的沉默转化为现代话语的说服力，再转化为现实的实践力。在此一理解下，儒学的理论重建成为必然，理论重建的理由就是把儒学建立为价值的标准，使它能成为社会发展的目标，也能成为人们行为的标准与崇高的价值理想。简言之，理论重建在建立可理解的话语，把精华的元素与精微的智能提炼出来为人们所体现与使用。

———————————

① 基于此一信念，我于 1988 年在日本的筑波大学国际李退溪学术研讨会上大声疾呼儒学的历史根源不但在中国，而且其生命活力也潜藏于中国的大地之中。此一坚持、建议与倡议导向 1993 年"国际儒学联合会"在中国的建立。

秉承儒学发展的历史使命，我们必须从多方面着手来理解儒学以及其实践的重大意义。首先，我们必须注意到对儒学的理解必须是上下左右贯通的，也就是贯通东西而不仅贯通古今。我们也要注意到儒学在与道、佛、耶等宗教思想竞逐中应如何辩证地发展，并说明儒学历经不同时代的发展与其坚忍不拔、锲而不舍的精神活力。就我个人而言，我对儒学的理解始于生活的体验与反思，然后贯穿了中外对照与中外互通的认知的。由于我对西方哲学传统深刻的认识，深知掌握西方哲学的本体特性及其所以然的发展，是提升中国哲学或儒学发展的不可或缺的方法途径。我们必须认识到，在全球化的世界格局中，中国哲学或儒学目前处于何等地位以及面临何等发展的困境。我们当然也要从人类发展的需要中认识到中国儒家哲学的复苏对人类社会与西方世界的重要性，而不仅是对中华民族的复兴与中国国家的崛起具有重大意义而已。在这个认识下，我们必须坚持在理论上与实践上充实儒学的活力，使其有能力在全球化的整体意识下建立一个正义与和谐的世界。

我自 20 世纪 70 年代就构思中国哲学的重建工作，目的在推动中国哲学的现代化与世界化，于 1972 年出版的《中国哲学的现代化与世界化》一书，说明如何重建及重建对中国哲学走向现代与世界的必要性。①事实上，在此重建的基础上，才有现代的西语世界中国哲学发展的可能。我说的重建在当时的西方哲学的语境中指的是哲学概念的意义澄清与论证推理前提的分析，是涉及语言的意义分析与语句的逻辑分析的。当时就有三个方法学的学术意见相互争胜，形成哲学方法论上的三足鼎立。一是以逻辑为基础的分析哲学，在 Quine 与 Carnap 的论辩中凸显出来。二是以 G. E. Moore 日常语言用法分析为中心的日常语言哲学派。三是基于 Noam Chomsky 的转型文法形成的语意与认知科学的语言心理学派。20 世纪 60 年代，我深入 Quine 教授的语言哲学体系，从事科学方法论与自然化知识论的研究，对于哲学问题首重逻辑的分析，再予以整体的概念的构建，同时展示逻辑的理论结构与经验的意涵结构，

---

① 台湾联经出版社出版。

是与科学理论建构方法接轨的。我认同一个理论代表对一个真实世界的肯认，用以说明与预测时空中变化中的事实与经验现象，甚至进行对经验世界的理论结构的规范。但我却从头质疑此一方法学涉及的约化主义（reductionism）形上学，把语言中所有的意义都推向物理世界或感觉世界。在我的观感中，物理世界之上有生命世界，感觉世界之上有心灵世界。但这两个两者如何统一或结合呢？显然我们不能不有一个整体的本体结构来进行此一统合的工作。

此一统合的功能在 Quine 是不存在的，但在康德却是用纯粹理性来完成。经过长期的思考，我悟到只有具有深刻含义的中国传统名词"本体"才能堪当此任。但要本体担当此一统合的任务，我们必须对本体一词的原义进行疏解，使其具有活生生的经验与体验意义，然后再加以概念的构建，使其具有自觉的多功能的理论含义。总之，我给予了"本体"一个结合了古今中外的义理，用它来担当一个融合东西哲学的重大任务。① 在此过程中我吸收了以 G. E. Moore 及后期 Wittgenstein 为圭臬的日用语言学派。透过我的语言哲学课程，发挥它对理解文化社群中人的相互的心灵认知，我定位它为语言用法的现象学，参考了 Husserl 的刮除法的现象学，强调了整体的观感现象学的重要。② 我也吸收了 Chomsky 的转型文法学的普遍认知结构的见解，认为人类经验语言包含了此一结构，并深化为本体的日常生活的存在结构。③ 在此同时，我开始重视 Gadamer 的"哲学诠释学"，因其更重视效果历史与诠释认知

---

① 从我的本体学与观感论中可看到我吸收西方哲学的资源，但却是以西方哲学为方法开拓中国理念的内在结构的。

② 关于日用语言学派，我的硕士论文就与 Moore 有关，在我的语言哲学课程中对 Moore 与 Wittgenstein 有十分的关注，20 世纪 80 年代我把此派定位为语言用法的现象学，认为它与自然理性的发展有密切的关系。此一学派对历史文本与生活世界的历史与文化传统的含义却未能涵盖。

③ 为基础的语言学文法学学派。后者在 20 世纪 90 年代后逐渐淡出，成为语言学中的研究对象，但此派后续的研究对哲学方法的影响不能说很大。当然此派对促进我们对语言深度结构的普遍性的认识是有功劳的，同时也在经验研究上促进了人类认知结构的认识，对心灵哲学也有重要的影响。

的关系，对促进跨文化理解与人的存在的理解有重大意义。再者，基于德国哲学的传统，所谓诠释并不必陷于理论建设，应该也展示（Auslegung）体验的含义，因而给予了非建构性的真实性的含义。然而"哲学诠释学"并未能解决人的本体的存在的根本意义问题，因而陷入在早期Haidegger 存有论的相对主义之中而不能自拔。

面对这样根本的问题，我发现我们对人的存在的真实的理解必须体验一个根源及其创造性的发展的重要性，因而把诠释学推向了本体诠释学，解决了根源问题以及超于语言而又发生语言的本体问题，为世界上所有的语言体系确定了一个根本的但却可以多元发展的本体基础，同时也化解了"化约主义"，在本体的概念与理论建构中不必局限在物质知识的层面，而否定了"发生而呈现的创造过程"（onto-generative/onto-creative emergence），因而也为 Quine 与 Davidson 的分析的诠释学或理论构建弥补了一个本体诠释学的基础。在此意义下，我说的儒家哲学的理论重建就自然地包含了两个部分：一部分是分析的概念与理论重建，一部分是基于存在根源意识的发展展开的本体诠释说明。在此一理解下，我进行了下列儒家哲学五大方面的理论诠释与重建：方法、本体、伦理、政治、一贯之道即儒学的方法论、儒学的本体学、儒学的德性体系、儒学的政治哲学、贯通之道与开放的自我实践与实现。

二、儒学的本体方法论：本体建立的方法化

自第一代新儒家开始提倡儒学以来，就对儒学的方法论较少着墨，对儒家如何发展成为儒学的方法基础缺失探讨。牟宗三崇尚王阳明传统，基本上以智的直觉作为认识世界真实的方法，但如何鉴定智的直觉的真实性与有效性呢？其实，中国哲学的开端就同时看重客观与主观经验的积累与思考，注重一个公共生活世界的建立与分享。从"三易"发展的历史以及中华文化的发展来看，中国古代先民对自然界的认识是整体的、系统的，但却是开放的，而并非把主观的情绪注入其中，因而并

未形成像希腊神话般的神话世界。然而，从《诗经》的风、雅、颂的篇章中，自然的美感却耀现着生命的活力，并体现在多元有序的变化之中。在此基础上，进而反思人的能力、感情与需要的定位，形成了对人性与人情的基本认识，并体验到人的创作活力与自我控制的社会需要，形成了深厚的社会意识与群分功能，建立以自然秩序为本，以人民大众为体，以贤明仁爱为用（主）的政治模型。这都可以看作一个开放的方法学的运用，潜藏在古典经籍的文字之内。

在此基础上，我们运用天赋的想象力与逻辑推理，仔细推敲《易经》与《尚书》的文本，不难发现观、感、学、思与体用合一的方法哲学：观是整体经验与知觉的认知，反映一个客观的世界；感则是反思自我的创意，引申出强而有力的自我意识，不断的反思形成了一个开放的心灵境界与自我整合的能力，有利于道德意识与行为的发展。有此基础，学在强化观察的能力，思则在拓深内在自我的空间。继此，建立一个整体的宇宙存在意识与一个整体存在的自我意识则成为顺理成章的事。这也是本体意识的来源。此一方法论的实践是自然发生的，其实其作为方法的认识是后期的，是在建立人的真实存在与宇宙存在的真实性的过程中发生的，并非是独立于经验的、抽象的方法意识。具体地说，它是一个本体意识发生的过程，体现了本体发生即是功夫所致，功夫所致即是本体发生的创造性的活动，此一过程到了宋明理学就发展为察识与涵养的功夫论了。所谓察识就是我说的观与学，而涵养则是基于感与思的内在蕴涵与持有，形成了一种状态与潜力。我名为本体的存有或本体（onto-generative being or rooted being）。

最后还需要指出的是：此一内外夹持而互动的本体化及功夫化的过程产生了天地大宇宙与人的小宇宙的相应效应。宇宙的有序与动态启发对人自身结构的理解，而人自身的理解也是在宇宙的理解中进行的，也自然折射出我作为人对天地大宇宙的理解。如此相互交感才能产生易学中象、传这样的天人相应以及人能从天道中学习到人道的当然与规范意识。孔子并以此为"人能弘道、非道弘人"（《论语·卫灵公》）的灼见。《易经》中就有"复见其天地之心乎"（《复卦·象辞》）的眼界，到了宋明也自然引申出以天地之心为心的宏通心怀。①《易传》所谓"会通"或孔子所谓"贯通"就自然成为终极的宇宙整体与本体的认识。

统合言之，我在此说的本体方法论，不外乎体现下列几个重要的思考与体验真实的命题：观以见整体，以见变化，以体验本而体的发生；感以认识自我的感动能力，以体认自我的本体整体机构的动态内涵；学则在认识此一观察与感受经验存在于事事物物，思则在反思的体验中组合此一感受的经验。学而思、思而学是建立自我的重要过程，以及体察本体发展的重要功夫。在此基础上，我们说的体验就是观感与学思，我们说的观感与学思就是体验与本体的认识可名为知的活动。基于此，我们可以建立本、体、知、用、行的活泼的心灵内涵，把潜在的理解提升到自我存在的本体。由此本体方能与物相应，形成一个感应与感通，以至贯通内外整体的道的思想，故而功夫所至，即是本体。在这一题解下，不但我们可以理解《论语》中一以贯之、智仁互依的知识论与方法论，我们也能进而理解自我之中心性的发生过程，从而再引申出《大学》与《中庸》的方法与功夫原理。我在下章将发挥此一方法、功夫发展的本体化过程，与此处本体的方法化息息相映。

在此理解下，牟宗三所说的"智的直觉"是一个未经分析的概念，乃是假借了西方的直接认知的说法，而不能彰显中国哲学或儒学中"学以致其道"的整体发展，贯通而开放的体验真实的生动形象。纯内在并不可只有直觉或知觉作为方法。所谓"君子学以致其道"的学就不是直觉，而是一个经验学习与思考交替形成的认知过程。就儒学的认知基础研究，我们应可掌握从广博的观察与深刻的反思之中的学习之道。学习的目的就在发现自我，也同时在认识世界。

我们要注意到方法意识是要抽象出来的，是理性在观感本体经验中经反思与实践提炼出来的策略方案，是一种思想工程的管理作用。我在讨论西方哲学的方法意识与中国哲学的本体意识时提到西方的哲学史方

---

① 参见朱熹论文《仁说》，开头即说："天地以生物为心者也，而人物之生，又各得夫天地之心以为心者也。"《朱子全集》第67卷，上海古籍出版社2002年版。

法如 logos 决定了其本体的形成，而中国的哲学则在本体中蕴融方法因而谓之为功夫，其特点是本体不离功夫，功夫不离本体，而与西方之方法超越本体而决定本体的基本思路形成强烈的对比。

三、儒学的本体学：学思实践方法的本体化

我曾就本体概念作出重要的澄清，说明"本体"一词不是用本来形容体而是有本以致体，具有整体发展意义的存有概念，因而与"存有"一词区分开。存有或为本体的存有或为本质的存有即抽象的存有。海德格说的存有则为非本质也非本体的存有，因为其存有为抛出的（gewor-fen）存有，不具有本发展为体的内在性与目的性，故非本体的存有。这一个分别是很重要的，因为这涉及人的本体的修持与发展的问题。在海德格早期的存有论里，人的存有 Dasein 处于焦虑之中无法建立与世界与他者的联系，必须在无根的基础上作出面对未来的决策，而后期的海德格则回归到天主教二元存有的上帝依托论，始终未能认识到人的本体存有的宇宙意义与生命意义。我们必须说在世界上诸大文化与哲学传统中，只有中国的哲学传统在其根源及其发展中充分地肯定了人的本体发展的重大意义，此一意义的来源在于：第一，人是宇宙本体活力的一个重要实现，因而具有体现与发扬宇宙创造存在的意义；第二，人能够自觉其生命内涵的价值与意义，因而能创建人类的文明而建立人类道德的社会；第三，在个人与自然与社会互动中能够体现终极的内在的根本价值，也是人的自身中可以体验与持续发展的；第四，面对其他文化传统能以一个包含的态度来调和冲突与解除矛盾，同时实现外在与内在，并用内在超越的方式体现外在超越；第五，不断地更新本体，从不断反思本原的创造力以更新我现存之体，以体现宇宙本体的生生不已创造力与我的自我创新，实现一个个体与群体存在的潜力。

若从一个存有论的现象学的观点而言，显然我们必须面对人的存在的意义问题，而不必先验地决定人的存在与宇宙的存在为本体的存在，

而人的存在则为宇宙存在的一个最重要部分，这是要透过自身体验与自我启发的过程来达到的，所谓"反身而诚"就具有这个含义，回归自我以体现真实。但必须理解体现自我的真实也包含了体现世界的真实的要求，因而必须面对世界，回到事物本身上去，这是胡塞"回归事物本身"的现象学的要求。结合此一要求与《中庸》与孟子对人的存在真实性的追求，我在上节提出的观感方法论（即观察天地、反思自我）就提供了一个可以认知人为本体的存在的方法基础。但另一方面，我们也不能不指出，此一方法的提出却是站在一个对人的本体的前解上面。当然，我们也不必漠视基于某些特殊的观察与反思产生的其他世界性的存有论的思想模式。对此等模式的探讨是世界主要文明相互理解所需要的，目的在建立世界上重大文明的系统理解，借以消除冲突与矛盾，实现一个和谐而正义的全球秩序。这也即是本体诠释学作为方法学提出的"相互诠释、反思真理"以沟通中西的看法。①

基于本体诠释学对世界重要的主要文化与哲学在本体论的基础上探讨，我们看到中西文化的差异显现在四个基本的核心存在范畴系统之中。②首先我们必须在形上学上看到四种思考方式，它们代表四种可能的价值方向的选择，最后导向四种文化存有的方式，即外在性的价值选择、思考与存有方式，内在性的价值选择、思考与存有方式，外在超越的价值选择、思考与存有方式，内在超越的价值选择、思考与存有的方式。我们可以把择"字代表价值选择"，思"字代表为思想方向"，存"字代表为存在方式"，如此我们可以把这个"择 —→ 思 —→ 存"看成为人的存在的本体化的过程，一方面表明了与宇宙自然的本体发展有所差异，一方面也显示了人的存在事实上是一个不断选择、不断创新的过程。我对此四者有如下的说明：

1. 外在性的"择 —→ 思 —→ 存"方式：从外在世界的认识与知识建

---

① 参见我与法国哲学家、汉学家 Francois Jullien"哲学对话"之论文《中西的本体差异与融通：本体互释、反思真理》，(北京师范大学中文系 2012 年 10 月 24 日至 26 日举办)。

② 参见我有关本体诠释学的四大核心范畴文，即将出版。

立价值行为。

2. 内在性的"择 —→ 思 —→ 存"方式：从内在心灵意识解构外在世界以肯定意识之真。

3. 外在超越的"择 —→ 思 —→ 存"方式：从超越的存在的信仰以解说内外在世界的依存性。

4. 内在超越的"择 —→ 思 —→ 存"方式：从人的内在性寻求对外在与内在世界的本体超融。

显然这四个存有的方式或模型是人类面对存有方式的选择，以及对选择进行后的安顿措施。我这里说的存有方式的选择，事实上，是在一定时空与生态环境的条件下自然发展出来的，显示了一定历史文明与文化的成就。不同的时空与环境生态自然影响了一个社群的文化发展的方向与方式，因而在其终极的形态上表现不同的方式，而此等方式又反过来影响以后的选择与决策，如此形成一个比较稳定的文化倾向与效果历史。但这并不是文化决定论，而是文化本体论，而且是一个开放的、渐发的文化形态论，因而允许创新的发展与改革，在一定条件下凸显出整体的改变。这样的改变也有科学革命新创典范的精神在。

就事实言之，外在性形态的典型代表是科学主义，以科学客观的知识为真理的依归。内在性的代表则为印度的瑜伽唯识文化，在个人心灵意识的深入开发中寻求终极的生命真理。佛学也可以看出这一个内在化的取向。至于外在超越形态，显然必须以阿伯拉罕宗教的超越上帝思想为代表，认为只有在超越的甚至不可知的上帝的存在中才能看到真理。最后说到超越内在性的代表，则非中国文化与儒学哲学传统莫属。在儒家哲学中最需要指出的是在观感的反思中看到内外上下存在的汇通，形成知识与价值的互基以及信仰与体验的结合。这是我说的"超融"的心态，也就是我说的内在超越，它既不局限于内在性或外在性，也不脱离心灵与世界，而是整合两者为一体，实现一个肯定生命存在、开发生命存在与不断提升生命存在的动态的发展的价值行为。

基于以上对选择、思考与存在方式的思考，我们看到了儒学对人的存在的定位，同时也看到了儒学发展的方向。此一方向乃是以内外合一之道来拓展与体现上下合一或天地合一之道。它并非不重视形而上的信仰，而是要把信仰建筑在知识与价值互动的基础上，以维护生命发展与实践的价值活动。其中涉及与科学、心灵哲学、神学等的对应与整合关系。这是需要不断认知与决策的，也是需要不断整合与融通的。这是一门自我修持的学问，是一个所谓博学、审问、慎思、明辨与笃行的功夫。这也就是《中庸》提出的中庸之道。孔子已经看到它是一个艰巨的实现过程，但孔子并未因此而放弃，反而更能锲而不舍地去追求，体现了尽性致曲的、致诚以至诚的学习而创新的精神，如此则能在实践中"虽愚必明，虽柔必强"（《中庸》）。

最后我要强调的是儒学就是人的本体存在的修持学，亦即在择、思、存的学习与创新的过程中，实现个人或群体的整体化的创新，与时并进，以应时需，也创造时需。此一过程与作为我称之为本体的修持学或本体学，以别于在思想认识上的本体论。本体学能导向本体论，而本体论的存在理由乃在笃行，亦即本体学的体现。基于本体学，这样我们对本体论也就有了一个新的认识，即本体学是要与实践联系在一起，而本体论则不一定要与身体力行的实践活动联系在一起。英语中以"logy"表示论，以"ics"表示学，故就 metaphysics 的本意应区分存在论"ontology"与存在学"ontoics"，因而区分本体论即"generative (creative) ontology"与本体学即"creativeontoics"。就"ics"之为学来说，物理学与伦理学都是学，而物理学中的相对论与伦理学中的责任论则是论了。

四、儒学的伦理哲学：德性、责任、权利与功利的整体化

我对儒家的伦理哲学有两个重要的表述：一是对基于对孔孟的认识所重建的德性体系，一是对整体人类伦理学（integrative ethics）的发展与儒家德性伦理的定位。就前者而言，我们都知道孔子以仁为人之本，以人为社会国家之本。但对仁的诠释与基于仁对诸德的诠释却可以有不

同的路径，在西方语言中仁之一字有不同意涵的翻译。我对仁的理解与认识是本体性的，仁为本，但仁也是仁本发展出来的仁体，故有子说"君子务本，本立而道生。孝弟也者，其为人之本与？"（《论语·学而》），其精神在体现仁为基于孝悌推展出来的体性。但另一方面，无疑的，仁作为人性的根源与异于禽兽的几希却是任何的德性的本，故本体地说仁是人的存在的本，而不仅是人的存在实现的体。事实上，以仁为本，以仁为体，其最高的境界、理想就是与天下万物混然一体、能参与天地的化育，此乃人的本体存在的最高体现。

从仁本到仁体的完成乃是一个道德与伦理实现的过程，也就是不同德性凸显与实现的过程，因为这一过程中必然涉及各种人生处境与各种人物关系。第一个涉及的在我看来乃是智的发展。学者对智的理解往往处在仿佛之中。此处我要指出：智者知也，必然涉及对世界万物与生活处境的知觉与认识，乃是具体的理性的认识与具体情性的感通。知而后能作出是非善恶的正确判断就是智。人有此一能力是必须肯定的，我们可以从常识上论证，也可以基于人的生命的目的性与意志选择的自由与学习反思的能力，来彰明是非善恶的原初分野与应然取向的自觉。总而言之，人的关切必然导向智的就具体处境与差别环境的判断，然后诉诸仁以为保全与持续。这是我的仁智互通的诠释。在仁智互动的情景下我们才能谈义与礼的兴起。

如果我们把仁看作等同原则，则义则可看为差异原则。仁者基于一己之仁，要自然而正确地对待他人，就不能不运用知来达到知人知物的目的，并基于仁的实践性，体会价值以对人与处世，此即是智，或名实践智慧。基于对差异的认识，予以适当的对待，以建立合理的分配与合乎条理的远近与差等原则此即是义的所以提出。义是适当地处理实践与对待他者，除适宜性的含义外，当然也有是非的分别与正义的坚持的含义。待人以仁是宽容，待人以义是尊敬。两者都是需要的。有了仁智下的义，我们才可以建立社会人与人间的行为规范，此等行为规范必然要顾全人与人之间的关系形成的情感，也要有保障社会人与人的沟通的能力。因之它不是死板的法，也非单纯的社会规约，而是合情合理的规范，这就是礼。礼是仁而至智的圣者制作出来的，必须应乎情、合乎理而又有教化的功能的。礼的运行是一个文明社会之为文明的标志，知礼也是一个文明人的标志。但必须注意的是礼的体系是可以应时而革新的，孔子对礼制的损益改革是十分看重的。因为礼制是要反映一个社会的道德品质的。有了礼自然可以引进法律。孔子并不一定反对法的重要性，因为对于不能自主的小人只有用礼以化之，用法或罚以范之。如此这个社会才有信。所谓信就是值得信托，值得信赖，所谓"民无信不立。"（《论语·颜渊》）

如要问人之为仁的基础为何？回答当然是人之为人的真实。如果一个人不能做到为人的真实，则他是无能启发初期内在的存在的感情的。这就是诚的重要。诚是人的真实，表现在人的表里一致、前后一贯的真实性的自觉之中。因为易于沦入虚妄与蒙蔽，追求真诚与保持真诚是随时需要的。孔子曰："仁远乎哉，我欲仁斯仁至矣。"（《论语·述而》）已预设了也表达了人的本性的真实性。自《中庸》而《孟子》，提出反身而诚，说明儒家理解到回归人的真实无妄的重要，如此方能发掘出仁义的道德感情与意志之所自。如此不但仁义成为可能，明智也成为可能。明智与真实相为表里，故《中庸》说"诚则明，明则诚矣"。此处必须注意的是诚不但是德性与能力，也是心智活动的根源，显示了自我认知的自觉。只有在此自我认知的自觉中才有道德的自我可言。"诚"之一字对道德的心性哲学的建立具有关键性的作用。更有近者，诚之为自我的真实更为自我的真实源于宇宙的真实的体验，显示了外在的宇宙经验与内在的自我体验的一致。在此一役上，儒家的伦理德性就有了一个宇宙本体的根源基础，也就成为了天地的道与生命的德。宋明儒家中周敦颐讲诚能感通，二程与朱子讲德性即天理，王阳明讲心之即理，都是以天人一本之诚为基础的。

基于以上所述，我对儒家伦理的深入诠释导向了下列的体系表述：

天地生生不已之道 ⟶ 为己 ⟶ 体之诚 ⟶ 仁智合 ⟶ 仁居义行 ⟶ 义质礼表 ⟶ 信达上下

这一儒家伦理德性的诠释也说明了孔子的伦理是以道德的一贯性作

为内在线索的。

现在我再就儒家伦理学的现代与世界定位进行简单扼要的阐述。这个定位是与儒家的仁的基本内涵与活动的认识密切相关的。首先，我们必须认识到孔子所谓仁应如何去理解。我们的体验显示它是一个超越差异的情感和知觉，一般我们都看到他人表面与我的异同，而无法看到他人的内心的真相，因为我无法进入他人心中。但仁却是一种在差异中对他者的移感（empathy）与同情（sympathy），事实上是用自己的情感投入他心之中，所谓"他人有心，予忖度之"（《孟子·梁惠王上》）。用想象与经验来感受他者。这是一个经验的事实，但也可以体会为先验的对人心的理解，即所谓"人同此心，心同此理"。孔子仁的提出就是对此一能力的自觉的发现。但对这一能力的分析应包含两部分，一是实际地感受他人，但这个感受也不纯然是情感，而是有知觉与认知的成分在内。或者这样说，这种情感是预设了差异的意识的。往往正因为差异——与他者的差异以及特殊的状态而引发我的移感同情的。这个差异的知觉很重要，因为我如基于我的情感而行动，必然是要把这个差异的知觉考虑在内的，我必须要问在何种情况下才能做到"己所不欲，勿施于人"（《论语·颜渊》）或"己欲立而立人，己欲达而达人"（《论语·雍也》）。仁因而是一个有知觉他者与我异同的感情，再进一步要把这种知觉的感情转化为一种考虑他者情况而予以有益于他者的行为或行为动机，也就是助人利人之心。

此一转化就把原有的同情转化为道德的感情了。这里我们又可以说此一仁的感情有一个引发实践理性的力量，使我在感情上去建立对行为或行动的要求，使感情转化为意志的要求与理性的规则。因而仁的感情也就可以体现为仁的理智与仁的意志，使感情转化为价值，转化为规范与行动，而且以实现他人的利益为目的。这里主在说明仁的性质是逐步表达的，也是逐步实现的。更重要的是指出事实的情感在人心中可以转换为一种德性或德行，又可以转换为一种责任或义务，甚至转化成一种根本的权利。最终仁也可以指向一个在权责满足的情况下的共同功利。当然，我们也可以说仁可以以义务与权利为满足导向善的目标。有此理解，我们可以看到义的重要，义是在仁的情感的自觉下对差异的他者作出公平与公正的行为。透过差异去认识人的共通的感情并用以同情他者是仁，从同情的共感再掌握差异以施行考虑差异在内的公正即是义。儒家的仁义哲学即是基于差异中的一同来回应差异他人获得应有的利益。仁是同情共感，但仁感预设差异，因差异导向义或正义。

基于以上分析，一个以仁为基础的道德与伦理具有动机与动力，可以导向责任与权利的意识，最后在责任与权利满足或实现的基础上导向对他者的功利。我如此分析，其目的在指出儒家的伦理虽是一套德性伦理，却涵摄着一套责任伦理与相应的权利伦理，最后实现为超越私利的对他者或群体的功利伦理。如此论证，则可以看到对仁的理解不但为德性伦理的基础也是责任伦理与权利伦理的基础，并不排除功利伦理的可能性。如此我们甚至可以界定仁为实现责任与权利的公共利益行为，它不但与西方自亚里士多德的德性论理相协和并包容，亦且涵盖了康德以来的责任伦理与权利意识（个人之应得）以及以全体与多数及长远利益为利益的功利主义。在此一深入的对仁的理解下，仁可以成为全球伦理、生态伦理与经济伦理的基础与行为动力，但对此一命题的论证，此处不予展开。

五、儒家的政治哲学：基于人性与仁德的国家治理与全球社会的和谐化

我对儒家的政治哲学基本上持有两个重要观点：我的第一个重要观点是儒家阐述的古代圣王的禅让制一方面显示了孔孟对理性政治的向往，但另一方面也反映了一个早期由社会走向政治权力的历史境遇。儒家理想的政治体制是以民为本的圣王治理。圣王之为圣王有三个要素：第一是有完美的道德情怀，无私地关心百姓的待拯处境；第二是有智能与能耐解决或帮助解决社群面临的公共问题或灾难；第三是百姓表示听从有能有德者的组织安排，接受领导以发挥解决公共问题的作用。此一

认识是重要的，即圣贤的君主是无私的有能力的并服务于民的，而无任何基于地位而非职务或任务的特权。鉴之五帝的传说，这三个条件都是适用的。自禹以后，王权流于家传，显示了君权的特权地位，为有权力野心者所角逐。最后君权沦为非常的特权，但仍有传统天命的约束。孟子引《尚书·皋陶谟》说天命即民命，也仍然反映了百姓民众的支持。三代以后王权不再从圣贤的要求来看待，而圣贤只是用来点缀王权的谀辞了。明代黄宗羲深深体会到君权独裁的恶果，在《明夷待访录》中论述君权的腐烂，造成国家的败亡，所谓"一人贪戾，一国作乱"。而历史上天下的兴亡，往往系之于一国之君的有为与无为了。显然，如果天下没有了圣王，百姓也选不出贤能有德之人以为国家社会的治理者，百姓至少要以天下事为己分内事，要关心、要参与、要监督，而不是只有等到革命为解决问题的唯一手段。

这一观点我认为就是儒家的观点。当然，儒家的观点更在提醒、教导、协助及督导为政者，使其趋向于正，居正位而行正道。所谓"正则"在以民为本，惠民与利民，提供一个发展、繁荣与教化的环境，使社会登入安和乐利的境地。当然，儒家也有教民化民的职志与抱负，孔子就是一个最好的榜样。但历史上的发展，儒家扮演的角色显然是以辅导君子以德从政为主要任务的，所谓"学而优则仕"。

我说禅让政治也可以是一段时间内的历史事实的原因是：中国地大物博，考古上看得出远古时代，各个族群分布辽阔，不必用战争来维护生存，反而靠通婚与交往来发展生计，形成了原始社会中九族敦睦的状态，才有《尧典》所谓的"平章百姓，协和万邦"的理想。在这一历史背景下，中国历史上的政治管理就不必雷同与西方的历史。西方 Hobbes 提出的神权说显然不适用于中国。但 Locke 与 Rousseou 之社会契约说又如何呢？我认为两者的政治学说有可能受到启蒙时代传入的儒家学说的影响。① 两说一方面体现了人民自然权利的重要，另一方面显示了贤能政治的必要，以及君主可以转化为集权专制的可能。我看到

---

① 关于此点我另有论文加以说明，这是一个启蒙时代儒学西渐在欧洲发生冲击的结果。

两者的理论认识可以用来说明中国从圣王走向专制君主的实际情况，以及孟子为何主张革命民权的政治哲学。当然西方在近代逐渐走上了民主法治的政治。这是一个制度性的发展，而中国虽经列强的侵略，历经战乱，仍能秉承着儒家传统的以民为本的精神，向民主法治的方向发展。

我对儒家政治哲学的第二个重要观点是：儒家看重人治，但也同等重视法治，但两者必须有效结合，方得以相得益彰。如不能有效结合，则适得其反，人以法犯法，法以人搁置。孟子说："徒善不足以为政，徒法不能以自行"（《孟子·离娄上》)，人与法两者如何调和与整合，孟子说的是很清楚的，为政者，必需要有良好的目标，有足够的聪明才智，力行仁政才能达到治理的目的。他说的仁政是包含了惠民的制度规章的，而不是空说的理想。既然涉及制度规章，当然也不能排除法律与惩罚制度，以为克制违法乱纪者之用。当然最大的问题是此一法律典章又如何产生呢？回答仍是回到先王之法，所谓"不衍不忘，率由旧章"（《中庸》），但时代是变化的、演进的，如何制作新的礼法仍是一个重要问题。荀子主张法后王，并不废弃先王，把问题导向在何种基础上建立良好的治理的礼法制度。显然，基于先王，有些制度可以继承下来，面对时代的改变与人民的需要，进行损益的改革，应是可行的。问题在如何选贤与能，有意志有能力地来进行改革。问题也在当权者有无改革的眼光与决心。

孔子在《论语》中提出了两个治理模式：一是"道之以政，齐之以刑，民免而无耻"，一是"道之以德，齐之以礼，民有耻且格"。(《论语·为正文》) 如上所示，此两模式不必是冲突矛盾的。事实上是可以兼容的，而且两者的并行是必要的。何以故？这是因为社会上有君子也有小人，也许小人更多。因之对接受教化的民可以发展为君子，可以自我管理自己。另一方面，更大多数的人必需用法律与规章来阻止其犯法，故不论其有耻或无耻。儒家的政治可说是先给予礼的制约，但如沦落为小人，则不得不受君子的惩罚了。

儒家的政治如何建立标准，此一问题到《中庸》已有比较清晰的回答。《中庸》提出了王天下的六个重要的考虑："故君子之道，本诸身，徵诸庶民。考诸三王而不缪，建诸天地而不悖。质诸鬼神而无疑。百世以俟圣人而不惑。"对此六项要求的诠释学者多未能细探其究竟，往往与《中庸》第 29 章提出的"三重之道"混淆起来。① 再者，这里明明说的是六项，绝不可能变成三项。我们对此六项的内涵也要有深刻的反思，找到它们最实际与合理的诠释。在此理解下，我们认为第一个考虑的是治理之道必须基于主政者或希冀主政者的信念与智慧，而非付予他人。第二，必须从考察中看到它获信或取信于普遍大众。第三，征引成功的历史作为例证，以见支持。第四，合乎天地之理而放诸四海而皆准，也就是符合自然与人道。第五，必须在一般宗教的鬼神信仰中不会引发质疑或对立。"鬼神"代表的是精神信仰或价值，而不必是超越的上帝，也许更应该是祖先与天道。② 第六，诉诸长远的实行以待圣王之出。如此理解，此一王道的建立乃在寻求合理合情的可持续发展的中和与中庸之道。因之任何符合这个意思的要求都不必排除在外。在时代的发展过程中，对人民大众的征信尤其显得重要，这也可说是一种民主化的趋势，以民众群体的参与来实现以民为本的精神。其次，从人类文明历史发展的精神来看，宗教的信仰应受到保护，但却不应成为立国为政的基础。如就内圣与外王各自的内涵来看，宗教信仰可以是个人内圣修养的一部分，但却不能也不必是建立政治制度进行有效管理的根据。后者有其自身的系统性的要求。这也就是我把政治的内在基础与外在基础分别开来的缘故。政治的内在基础最重要在道德的修持，体现在《大学》中的修身这一项要求上。但修身却必须以正心诚意为基础，而正心诚意则必须以格物致知为基础。其中并不包含涉及鬼神的宗教信仰。当然，这一宗教信仰对个别的人来说是重要的，可以看成内圣的一部分，其作用在可以提供个人生命的精神稳定性或道德修持的坚定性，是针对个别

① 蒋庆的政治儒学的说明中有此混淆，见蒋孝军文《复古与现代性的纠结——评蒋庆的政治儒学》，载陈炎、黄俊杰主编：《当代儒学》第一辑，广西大学出版社 2011 年版。
② 《中庸》本文也指明了鬼神之道实为天道，与人道并行，同为天下之道："质鬼神而无疑，知天也。百世以俟圣人而不惑，知人也。是故君子动而世为天下道，行而世为天下法。"

的个人精神需要而发展的，而非全体或公共的需求。再说，宗教信仰可以是多元的，而事实上，也是多元发展的，因而不必用政治力量强加一个宗教信仰于大众之上，这也是西方自启蒙运动以来政教必须分离的理由。西方强调的自由往往指的是免于宗教迫害的自由，其次才是免于政治迫害的宗教信仰的自由。在两种自由的意义下①都可以看出，即使在西方宗教信仰是内在个人的事，而非外在政治管理的元素。孔子事实上也看到此点，故而强调"敬鬼神而远之"（《论语·雍也》)，主张"祭如在，吾不与祭如不在"（《论语·八佾》)。

在如此的理解下，内圣外王的关系是什么呢？内圣的修养在完善个人的心智与道德情操，能克制私心与私欲而关注社会的秩序与群体的福祉，也就是培育自我管理的能力并建立管理社会的能力。后者是为了社会需要贤明的领导与管理者。因为有公共的事务必须有管理，而管理要能做到明辨是非善恶，主持合理的分配与正义的裁决，维护社会之是与善，涤除社会之非与恶。这都是能力与眼光问题，而非单纯的道德问题。显然，道德是保障从政者的基本出发点的正确性。在此基础上，为政者治理的能力却是内在修养的重大要求。从政的外在要求则在提出可行、可信以及符合群众整体长远利益与发展的规章制度和政策策略的建立方面，它反映了从政者的本体存在之用，而非其内在信仰的直接挪用。在此一理解下，孔子提出"正名"的思想作为行政的措施并非他的道德修养的直接挪用，却是他在仁与义的道德情怀基础上针对管理对象所提出的对策。由此理解，内圣不一定能够开出新外王，因后者乃知识、民意、社会需要与政策方针、法律规章之事，而非个人的道德的或宗教的修养之事。前者是必要的，但却非充足的条件，故内圣开不出新外王。内圣外王并举，指的是兼内圣与外王，而非内圣引发外王。如此，我把管理哲学提出来，以别于道德哲学，旨在说明管理之事除需要道德的修养外，也需要或更需要其他管理的能力，因之也不能在方法上局限于儒家。拙作《C理论：中国管理哲学》就明白地指陈管理之道

———————
① 有类于 Isaiah Berlin 所说的消极的自由与积极的自由。

应考察七家之言，以符合现代管理的需要。① 七家之言代表了七组现代管理要素：承诺与计划、组织与领导、竞争与合作、改造与创新、沟通与协调、整体化与循环改进、整体清理与新出发，相应于道、法、兵、墨、儒、易与禅。在此，儒家的仁义之道与生命的道德感情仍然是管理的主体与本体，而七家之言，包含了儒家自身，也都成为儒学本体之用与行。

儒家政治哲学的终极目标是治国而平天下。关于治国之道，孔子强调了"德而礼"之人治，但也不废除"政而刑"的法治。强调通过道德的修持以建立自我管理的能力，这是道德意义上的君子。但政治意义的君子除却有自我管理的道德修养外，还应有管理他者与群体社会的能力，这必须是仁智合一的更进一步的运用，必须有充足的认知能力，以及维护社会发展的智慧，而且能为庶民所征信的，所谓"无征不信，不信民不从"。为了达到贤明政治的目标，《大学》提出了为国九经的制度要求，《中庸》提出了三重之道与六点判准（如上所述），这些也都表明了儒家在原本的思考中是注重本，也重视体的，而所谓体却必须同时体现现实的需要与理想及客观的价值。因之政治的"政"是对社会客观价值标准的建立，也就是在众多的可能性中找寻一个"正"的标准。孔子早就提出了"正"的要求，而且是以真实作为"正名"的基础，显示"正"是离不开事实与仁义之道的。最后荀子提出"隆正"（正论，王霸）的概念，以正为隆。追溯历史，实际在《尚书》中已有《洪范》的提出，分析《洪范》的内涵，也可以看出当时对政治管理的标准的认识。

基于以上所述，我们在儒家的政治哲学中作出四个分别：一是为政者个人的道德修持，二是客观为政需要遵从的大原则大方向，三是在具体为政时为政的各项要求，包含民意的要求，四是实际为政的管理方案与行为。从儒家的文献与观点，我们可以看到从《尚书》以下到孔、曾、思、孟、荀都有一个基于人性与仁道的"以正为隆"的政治理想与目

---

① 参见拙作《C理论：中国管理哲学》（增订版），东方出版社2011年版。

标，因之可说已有一个政统的理念，非如牟宗三先生所未能认识者。至于治统，及如何实行仁政也有一致的方法与策略认知，此点牟先生是无异议的。但他却没有作出以上有关第三点与第四点的分析，因为他尚无管理哲学的概念。当然，儒家所说的"正"或"隆正"仍可看作为一个开放的概念。在今天，我们有了更深刻的民主意识、更深刻的经济发展意识、更深刻的社会分配正义、民意或社会意志以及其所要求显然可以考虑为政治之"正"的一个构成成分。

儒家政治哲学的一个重要的概念是平天下。但何为平天下？在《大学》与《中庸》的文本中并没有详细的论述。《大学》是把重点放在治国之道的延伸上，把治国的絜矩之道推引到人与人之间、国与国之间的关系上。也是建筑在仁义道德为文明的基石的信念上，故如孔子所说"言忠信，行笃敬，虽蛮貊之邦行矣""（《论语·卫灵公》）。但这并非平天下的意涵。实际上，平天下应该有两个意思：一是统一天下以管理之，二是协和万邦以实现天下太平与世界大同。可能在战国晚期平天下就有前一个意思，孟子甚至说天下定于一，但我看《大学》的平天下尚无此意，而是协和万邦的继承。至于《中庸》，虽有"经纶天下之大经，立天下之大本，之天地之化育"的天下一家的思想，但还非以一国平定天下的想法，而是天下的人民都能得到道德君子的管理而享受安乐与和平。因之也不必非一个多元的国家形成的协和与开放。也许可以看成一个最早期的全球化以社群思想为主的设想，对现代人类如何解决国家主权纷争与世界霸权争霸提供了一个超越国家利益的世界和平理想。

结论：贯通之道与批判的自我实践与实现

基于以上对儒家哲学理论重建的诠释，我们看到儒家哲学有非常丰富深邃的对人的生命及其内涵的透视。当然，我们必须说没有一个重视真实本原的诠释与一个分析义理的重建，我们是无法掌握儒学这个精微的系统的。总结我们论述儒家的四个方面，我们可以提出五个儒家哲学

的特点与基本性质:

第一,儒家哲学是对人性的开发、充实与体现进行的反思:人的存在是有意义与价值的,因为其呈现的人的存在是宇宙自然创造力的发展,因而人具有与生俱来的创造力,但人类必须自觉地开发这一个创造的力量,必须肯定生命而培育理解自然真实与人类真实的创造能力,必须成就一种自由而不违反自然,却能扩大自然。

第二,儒家哲学是一个自我实现的批判的实践过程:儒学从肯定人的存在于生命的价值开始,是一门透过自觉的思与学建立自我与实现自我的活动的学问。人之为人决定于人之生的潜能的发挥与实现,是与人的交往以及人与天地自然与自我之间的探索来界定自我,故能日新不已,逐渐形成了一个心灵生命的自由,如孔子对自己生命成长的描述。这一过程也是一个自我修持的过程,无论在人伦的关系或政治处境的关系上都要有独立自主的精神与尊严。只有在此修持中人才能超越自我而成就精神的完美。

第三,儒家哲学要求一个不断改革的政治制度:孔子说:"法语之言,能无从乎?改之为贵。巽与之言,能无说乎?绎之为贵。"(《论语·子罕》)儒家并没有预设当权者必须是一个圣贤,但却坚持他必须是一个君子,亦即一个能够自我管理以及有能力管理社会的人,因之他必须日日反思自身,有过能改,方能做到仁和正直,与民为善。所谓明明德,新民或亲民,以至趋于至善都必须有不断精进、不断自我检讨的精神。君子议礼、制度、考文都是为了适应新的环境与创新文化的需要。以《周易》的易道为基础的《周易》礼乐文化就是文、武、周公改革旧章而形成的新制,绵延数百年,由于不能继续创新与改革,周文疲敝而衰落而瓦解是历史上革而兴、不革而衰最好的例子。改革的政治是重视根本目标的管理的持续管理。

第四,儒家哲学是一个本体、知、用、行的学问:儒学基于对宇宙的观察,认识到存在的本原性与体系性,尤其强调本体的动态生成与发展。在人的本体的形成过程中,自觉的心性扮演了极为重要的角色,有了心性的知,才有了价值目标自觉的追求,把人的创造力用于自我的创新与文化或知识的创新，这就是用。有本有体不能没有用。因此用，人类文明的推陈出新形成了人类文明辉煌的历史。但更重要的是：本体的个人或集体的人更能进行彼此的理解与相互的关怀，逐渐形成相互沟通、相互学习的发展关系，不但以此可以互通有无，且能取长补短，相互补充，携手共进大同和谐之境。这是人类的本体的行的作用。不幸的是，在人的本体的道德的行的方面，人类离理想之境甚远。现代化最大的危机即在一旦有人掌握了国家权力就开始玩弄权力，称霸世界，图谋他国土地，发动侵略战争，或利用职权，私相授受，置正义于不顾。这是对儒学之行的最大的迫害，如何对治是儒学最大的挑战。在国家政治的发展中，儒家哲学可以发挥其融通与创新的精神，虽不当其位，却能致其用，也可以发挥其领导与管理的影响与作用。

第五，儒家哲学是一套贯通上下左右的体系：从观察自然事物到反思人的心性，孔子认识到人与自身，人与他人，人与天地的一贯之道。所谓一贯是指连贯各方面的生生而条理的原理，但却内涵于事物之中，并非外在于事物。因之是贯通人与天地的生命发展的原理，或可名之为天能生人、人能弘道的生命创造力，在此基础上乃有贯通人的心性的同情共感的仁爱原则，再进而形成具有道德意识的絜矩之道，具体表现为人与人之间交往的忠恕之道，再表现为实现自我的中和之道以及维护平衡的中庸之道。前已指出，大宇宙的天地与小宇宙的人的本体自我是可以相互沟通的，沟通之道即是本以成体的"体"以朔本的观、感、学、思体用过程。但人之个体与人之群体如何沟通以形成文化与和谐的相互理解的社会，却有待个人在理解他人以及推己及人的过程中，发挥天地创新与包含之道的精神，以解决社会不协调与国际之间的纷争问题。

这些都是孔子的都一贯之道，而它们之间也有相应的贯通，体现在我诠释的方法意识与本体意识之间，以及道德哲学与政治哲学之间。事实上，从方法到本体，从本体到道德的发用与政治的应用都是一种推广的创新与差异功能的融合。因其贯通故能理一分殊，一元多体，殊途而同归，百虑而一致，无形中实现了易道展现的变易、不易、简易、交易与和易的无疑结构与过程。①

　　基于以上我对儒家哲学（简称为儒学）融会贯通的理解、系统的诠释，并给予它一个理论性的架构，我名之为儒家哲学的理论重建。我深知儒家哲学的精神贯穿中国历史数千年，经过了我说的五个重大的发展阶段，涉及的典籍与著述不下几万种，可阐述的论点何止千百个。我在此并未详加征引，只用简易之道，强调它的精华之所在、精微之所示、精神之所至，但却与我们的世道人心密切相连，与我的个人生命、我所属的群体所在的世界血脉相通。它继承了一个传统，涵盖了一个过去，面对了一个现代，指向了一个未来，与时俱生，与时俱进，与时俱成，或名之为"新新儒学"，不亦宜乎？

---

① 　参见我的"五易说"，载拙作《易学本体论》中的第一章，北京大学出版社 2006 年版。

百年学术话语转换与儒学的命运

——兼论"后新儒学"与 21 世纪多元文化的可能向度

林安梧 *

内容提要： 本论文旨在对于"百年学术话语转换与儒学的命运"相关之问题做一反思，并前瞻其未来之可能发展。首先，本文指出儒学的三波革命，孔子为第一波，是在宗法亲情下，强调"君子修养"。第二波是在帝皇专制下，强调"三纲顺从"。第三波是在自由民主下，强调"公民正义"。随之，作者反思了自 1994 年提出"后新儒学"以来的思路脉络。大体说来，"老儒家的实践立足点是血缘的、宗法的社会，是专制的、咒术的社会；新儒家的实践立足点是市民的、契约的社会，是现代的、开放的社会；后新儒家的实践立足点是自由的、人类的社会，是后现代的、社会的人类。""由老儒家而新儒家，再而后新儒家，这是一批判的、继承的、创造的发展；它不是一断裂的、隔离的、推翻的发展。究其原因，则根本的仍是那内在的、根源的实践动力，此仍是儒学之法钥。""存有三态论"就在这样的思路下逐渐长成，他强调"场域"、"处所"、"天地"，并因之而说"人的觉醒"。由是，我们又省察了"良知学"在中国文化传统中所可能导生的问题，进一步呼吁"社会正义"的确立。从而，本文以为开发儒、道、佛的智慧，以开启"意义治疗学"之可能。这正是在"身心一如"的系统脉络下，从"外王"到"内圣"

---

* 林安梧，台湾慈济大学教授，尼山圣源书院副院长。

的思考。它正揭示着 21 世纪的新可能：解开"存有的遮蔽"，启动"多元文明的交谈"。

关键词：外王；内圣；存有三态；社会正义；良知；后新儒学

一、儒学的"三波"革命

这些年来每讲儒学总觉得该是再一波儒学"革命"的年代了。说是"再一波"，这便意味着以前也有过好几回的儒学革命，而现在又得到新的一个阶段。没错！以前最早的原始儒学先是诞生于"周代"，大行于"两汉"，又重复于"宋明"，再生于"现代"。周代重的是"宗法封建，人伦为亲"的"大一统"格局，到了汉代以后，一直到民国以前则是"帝皇专制，忠君为上"的"大统一"格局。民国以来，发展到现在，可应该是"民主宪政，公义为主"的"多元而一统"的格局。

孔子完成了第一波"革命"，使得原先所重"社会的阶层概念"的"君子"转成了"德性的位阶概念"的"君子"，使得"君子修养"成了"人格生命的自我完善过程"，当然这是在亲情人伦中长成的。用我这些年来所常用的学术用语来说，这是在"血缘性的自然联结"下长成的"人格性的道德联结"。语云"人人亲其亲，长其长，而天下平"，"书云：'孝乎惟孝，友于兄弟'，施于有政，是亦为政，奚其为为政"。就这样，孔子主张"为政以德"，强调"政治是要讲道德的"。孔子这一波革命，要成就的不只是"家天下"的"小康之治"；他要成就的更是"公天下"的"大同之治"，像《礼记》《礼运大同篇》讲"大道之行也，天下为公"，《易传·乾卦》讲"乾元用九，群龙无首，吉"，这说的是因为每个人生命自我完善了，人人都是"真龙天子"，人人都有"士君子之行"，当然就不需要"谁来领导谁"，这是"群龙无首"的真义。有趣的是，现在世俗反将"群蛇乱舞"说成"群龙无首"。不过，这倒也可见孔子的"道德理想"毕竟还只是"道德理想"，并没真正实现过。

第二波革命，则是相应于暴秦之后，汉帝国建立起来了，这时已经不再是"春秋大一统"的"王道理想"，而是"帝国大统一"的"帝皇专制"年代了。帝皇专制彻底地将孔老夫子的"圣王"思想，做了一个现实上的转化，转化成"王圣"。孔夫子的理想是"圣者当为王"这样的"圣王"，而帝皇专制则成了"王者皆为圣"这样的"王圣"。本来是"孝亲"为上的"人格性道德联结"，转成了"忠君"为上的"宰制性政治联结"。这么一来，"五伦"转成了"三纲"，原先强调的是"父子有亲、君臣有义、夫妇有别、长幼有序、朋友有信"，帝制时强调的是"君为臣纲，父为子纲，夫为妇纲"。显然地，原先"五伦"强调的是"人"与"人"的"相对的、真实的感通"；而后来的"三纲"强调的则是"绝对的、专制的服从"。原先重的是"我与你"真实的感通，帝制时重的是"他对我"的实际控制，儒家思想就在这两千年间逐渐"他化"成"帝制式的儒学"。

不过，第三波革命来了，1911 年，两千年的帝皇专制被推翻了。孙中山开启了民主革命，但如他所说"革命尚未成功，同志仍须努力"，尽管这革命又多所波折，不过这"民主革命"总算向前推进了近一百年。如此一来，使得华人不可能停留在帝皇专制下来思考。虽然，现在仍两岸分隔，但毕竟是炎黄子孙，中华民族想的已不能是帝制时代下的"三纲"，也不能只是春秋大一统的"五伦"，而应是"社会正义"如何可能。

强调"社会正义"应是第三波儒学的重心所在，但这波儒学来得甚晚，以前在救亡图存阶段，为了面对整个族群内在心灵危机，强调的是以"心性修养"为主而开启了"道德的形而上学"。现在该从"道德的形而上学"转为"道德的人间学"，由"心性修养"转而强调"社会正义"，在重视"君子"之前，更得重视"公民"这概念。一言以蔽之，该是第三波儒学革命的阶段了，这是"公民儒学"的革命。

从孔老夫子的"道德君子转向"到大汉帝国以来的"三纲规范转向"，1911 年以后则是"公民民主转向"。这转向该是由"帝皇专制的心性修养"转而为"民主时代的公民正义"年代。显然地，儒学是到了又一该转向的年代了。这转向是依着儒学而开启新的转向，又依这样的转向，而开启着一新的儒学。这样的转向，我们就称它为"儒学转向"，这样的儒学，在时序处在当代新儒学之后，我们就将它称为"后新儒学"。

二、1994 年以来"后新儒学"的提出

1994 年，这个关键的年代，当时我在美国威斯康辛麦迪逊校区（Wisconsin University at Madison）访问，春雪纷纷，内心有着憧憬，有着犹疑，有着痛苦。我深深感受到当代新儒学是到了一个该转向的年代了。在 2 月 22 日，我写下了《后新儒学论纲》。4 月间，我趁着游学之便，在哈佛大学杜维明先生所主持的"儒学讨论会"上做了第一次讲述，想法与杜先生容或有异，但"和而不同"，本是儒家良善的传统，重要的是攻错与启发，何必强其同。可以这么说，自此，我的"后新儒学思考"正式启动了。

1994 年 4 月底，我完成了《儒学与中国传统社会之哲学省察：以"血缘性纵贯轴"为核心的展开》一书的初稿（该书于 1996 年出版），本书主要在阐明儒学与中国传统社会的复杂关系。它一方面阐明了儒学之为儒学是不离生活世界、不离社会总体的；一方面则隐然而现的是要脱出"血缘性纵贯轴"的限制，而强调开启"人际性互动轴"的重要。

在以"血缘性纵贯轴"为中心的一体化结构里，它是以"宰制性的政治联结"为核心，以"人格性的道德联结"为方法、"血缘性的自然联结"为背景而建构起来的。儒家传统在这里的"圣王理想"是众所周知的，结果却常转而落为"王圣现实"的困境，这种诡谲的实况，我名之为"道的错置"（misplaced Tao）。"道的错置"如同整个中国民族之咒，这咒如何解开，我认为这不只是在道德、思想层面下功夫就得成效，而是要在整个制度面、结构面做一番转向，才能开启崭新的可能。就此而言，我并不满意业师牟宗三先生以"良知的自我坎陷"这样的"主体转化的创造"；我倒是听取了林毓生、傅伟勋两位前辈所提起的"创造的转化"。林、傅两位前辈亦各有所异，我虽较同意创造的转化，但与彼

等主张仍各有异同。

我仍然以为儒家"仁学"是以"人格性的道德联结"为核心的，这是恒久不变的。以前帝皇专制年代，这核心被"宰制性的政治联结"所攫夺，因而"仁学"在帝皇专制压迫下异化为"主奴式的心性修养"。现在，"仁学"已脱开了专制、威权，仁学早不应在主奴式的心性修养底下思考问题，而应进到"主体际的道德实践"。原来儒家是在血缘性的自然联结下，展开其实践向度的；现在则有所别异，"血缘性的自然联结"虽然是一最为基础的结构，但却不是最重要、最巨大的。除此之外，"契约性的社会联结"所构成的小区、社群、社团等，应该是儒家实践的最重要依凭土壤。有了这个凭借，我们才能进一步去缔造一"委托性的政治联结"，实施民主法治，让政治充分的现代化。我以为儒家的"仁学"在这里，有一崭新的可能发展，如同长江出三峡，波澜壮阔，宽广盛大。

我总觉得：前辈先生披荆斩棘，以启山林，自有其存在实感，有这样的存在实感，因之而有真切的问题意识，进而才有缔造新理论的可能。从梁漱溟、熊十力、唐君毅到牟宗三、徐复观等先生，他们最关切的问题是如何克服整个族群的意义危机，透入心性之源，遥契古圣先哲，接续道统，对比西哲，重建道德的形而上学；进而以此下开民主、科学，完成现代化。据实而论，当代新儒学重建道德的形而上学，厥功甚伟；彼虽极力强调民主、科学之开出，但总的说来，他们对于民主与科学等现代化的贡献，对比于其他学派，并不为多。值得注意的是，20 世纪 90 年代后，当代新儒学最重要的议题已不再是三四十年代到六七十年代，需要去面对整个民族实存的意义危机。以是之故，我们可以说问题已不再是如何开出民主、如何开出科学，而是如何在现代化的学习过程里，去释放出传统经典的可贵意义，参与到现代化话语论述的交谈过程，有所调节，有所转进，有所创造，有所发展。简单地说，问题已不再是"如何从内圣开出外王"，而应该是"如何从外王而调节内圣"。这"内圣—外王"之转为"外王—内圣"，显然是"儒学转向"的关键时刻。

在 1994 年的《后新儒学论纲》里，我曾有这样的陈述：

第十六条，"老儒家的实践立足点是血缘的、宗法的社会，是专制的、咒术的社会；新儒家的实践立足点是市民的、契约的社会，是现代的、开放的社会；后新儒家的实践立足点是自由的、人类的社会，是后现代的、社会的人类。"

第十七条，"由老儒家而新儒家，再而后新儒家，这是一批判的、继承的、创造的发展；它不是一断裂的、隔离的、推翻的发展。究其原因，则根本的仍是那内在的、根源的实践动力，此仍是儒学之法钥。"

就在这样的定向上，继续展开了我的后新儒学之路，终在 1998 年结集成了《儒学革命论：后新儒家哲学问题向度》一书，由台湾学生书局出版。以全书所论来说，衡诸"后新儒学论纲"来说，大体来说，仍然处在由"老儒家"而"新儒家"的发展阶段为多，至于由"新儒家"而"后新儒家"则只起了一些苗牙而已。

综论之：当代新儒家唐、牟、徐诸先生所缔造的理论系统，旨在指出：如何由"老儒家"开展到"新儒家"。他们强调的实践立足点已不是血缘的、宗法的社会，不是专制的、咒术的社会，而是市民的、契约的社会，是现代的、开放的社会。但值得注意的是，他们的重点在"如何的开出"，而不是在"市民的、契约的、现代的、开放的社会"里如何调节适应与发展。再说，他们对于那"血缘的、宗法的社会"、那"专制的、咒术的社会"的理解、诠释与阐析仍有所未足，因而所谓的开出说常常是一种呼吁而已。内里还有许多复杂的问题，这需要下大工夫才能清理明白。换言之，当代新儒家是指出了儒家面向现代性的重要，但还没有真切地去开出一具有现代性的儒学向度，至于迈向一在现代化之后的儒学向度，那更是远之又远，遑不及论。

这么说来，"后新儒学"其实要去开启的活动是繁重而巨大的，它不只是在新儒学之后，顺着新儒学已开启的向度去发展而已。更为重要的是，它必须审视整个当代新儒学的发展路向，重新调整、转进：一方面去厘清原先老儒家与血缘的、宗法的、专制的、咒术的社会之关系，另一方面则需正视在市民的、契约的、现代的、开放的社会里，儒学传统如何释放出其原先的意义系统，参与交谈、辩证。再者，更为重要的是，后新儒学则必须去面对现代性所带来之种种异化以及病痛，展开一文化的批判与意义的治疗，进而前瞻现代化之后人类文明的可能发展。

在 2003 年 5 月间，《迎接"后牟宗三时代"的来临——〈牟宗三先生全集〉出版纪感》一文，我曾作了这样的呼吁与表示：

《牟宗三先生全集》出版了，这标志着牟宗三哲学的完成，但这并不标志着牟宗三哲学的结束；相反的，它标志着牟宗三哲学的崭新起点。这崭新起点是一转折，是一回返，是一承继，是一批判，是一发展。

我们当该将牟先生在形而上的居宅中，"结穴成丹"的"圆善"再度入于"乾元性海"，即用显体，承体达用，让它入于历史社会总体的生活世界之中，深耕易耨，发荣滋长，以一本体发生学的思考，正视"理论是实践的理论，实践是理论的实践"，"两端而一致"辩证开启，重开儒学的社会实践之门。"转折"，不再只停留于"主体式的转折"，而应通解而化之，由"主体性"转折为"意向性"，再由"意向性"开启活生生的"实存性"。

"回返"，不再只停留于"销融式的回返"，而应调适而上遂，入于"存有的根源"，进而"存有的彰显"，再进一步转出一"存有的执定"。"承继"，不再只停留于"哲学史式的论述"，而应如理而下贯，一方面上遂于文化道统，另一方面做一理论性的创造。"批判"，不再只停留于"超越的分解"，而应辩证地落实，入于"生活世界"所成的历史社会总体，"即势成理，以理导势"，成就一社会的批判，进而开启一儒学的革命。"发展"，不再只停留于"古典的诠释"，而应展开哲学的交谈，面对现代的生活话语，经由一活生生的存在觉知，重构一崭新的学术话语，参与于全人类文明的交谈与建构。

我既做这样的表述与呼吁，当然，我的整个哲学活动就在这样的路程中迈进。牟先生的哲学系统成了我最重要的学问资源，但同时也成了我最重要须得去厘清、诠释与论定的课题。

当然，这样的崭新起点"是一转折，是一回返，是一承继，是一批判，是一发展"。它总的来说是"从'两层存有论'到'存有三态论'的发展"，是从"新儒学"到"后新儒学"的一个转向。

三、"存有三态论"：场域、处所及人的觉醒

中国本来就有哲学，只是中国的理论思想主要是以"经、传、注、疏"的方式来表达，这不同于西方。我们不能从西方或欧美的中心主义来断定中国只有思想而没有哲学。我们须正视"哲学"的基本义涵，以及由此所衍生之中西哲学对比的问题。就东土来说，"哲学"是经由教养、学习、觉醒而回到本原的彰显。以《论语》为例，其哲学观便是通过一个"仁智双彰"的过程而回到本原的彰显。中西哲学基本上是一种"存有的连续观"与"存有的断裂观"的对比区分。当我们谈论中国哲学的时候，也必须在这样一个宏观的文化形态学底下，才能够找到自己的定位。就中国存有的连续观之文化形态而言，我们也必须去正视从原来的巫祝、占卜传统与后来之道德教化传统之连续性的问题。基本上儒家是用"人文化"的方式，才将原来鬼神、巫祝的信仰传统转而为内在道德的自我确立。

多年来，我主张儒道同源而互补的观点，认为儒家所强调的是"人伦的自觉"，而道家所强调的则是"自然的生活"。在"存有的遗忘"与"具体性的误置"（misplaced concreteness）等现代化的危机之下，中国哲学当可以提供一个反思的基点。最后，从刘蕺山所提出的"纯粹之善的意向性"出发，说明"意"是在"境识俱泯"而将起，当下一个"渊然之定向"，在这样的观点上来看，则儒学并不是以立诚为其目的，而是以其本身之自为动力为目的而说立诚。更不可忽略中国哲学中所存在的一个"气"论的传统，应该要以"理"、"气"、"心"三个核心概念来看"主体的参与"到"场域的生发"而说的总体之显现。

这样的思考，可以说早从 1986 年写作《王船山人性史哲学之研究》时，已彰显出来。换言之，我当时已在想着"新儒学之后"的发展可

能。当然，关于"后新儒学的思考"，主要是对宋明儒学以来的心性儒学的思考，由于牟先生的诠释最有系统、最具力量，而且因之而发展成了自己新的理论体系，正因如此，牟先生的"两层存有论"便成了最需重新反省的理论。大体说来，这些年来，我最重要的哲学工作便是对牟宗三先生"两层存有论"的理解、诠释及进一步的转化与创造，也因之而有"存有三态论"的开启与确立。牟宗三先生"两层存有论"主要继承了宋明理学传统中所强调的心性论与天道论，主张人可以经由修养的工夫，使内在的本然之我与宇宙的造化之源通而为一。虽然牟先生也主张良知可以经由一个客观化的坎陷历程以开出知性主体与民主科学，但这种"民主科学开出论"的"开出"我认为只是一种"超越的统摄"意义之下的开出，它说明了理论上的一个转出的可能，而非实际的发生过程。

牟先生哲学不同于康德哲学的关键点在于强调人具有"智的直觉"，然而这样的一个哲学构造方式却可能忽略了中国传统中作为生命动源意义下非常重要的"气"的问题，使得心性主体过分倾向于纯粹义与形式义，而忽略了主体在场域之中的具体义、实存义。我一直以为，儒学不只是"心学"，而应是"身心一体"之学，应该要从主体性的哲学回到"处所哲学"或"场域哲学"之下来思考。

"存有三态论"的理论架构，认为必须要解开与"存有的执定"相伴而生的种种文蔽，返回到"存有的本原"，才能使存有之总体本源于生活世界中加以开展。这样一个"存有三态论"的理论构造，可以化解掉儒家只是作为心性修养之实践意义下的形态，而回到一个总体的生活世界，在历史社会总体里谈安身立命。这不仅可以贯通传统儒、道之经典传统，也可以开展出儒家之"实践人文主义"的真实意义。牟宗三先生的"两层存有论"与康德哲学最大的不同在于"人虽有限而可以无限"，这样的分别与中西文化分处于"存有的连续观"与"存有的断裂观"对比下的思考方式有着密切的关联性。虽然牟宗三先生这种道德的形而上学的建立，是为了要克服中国当代思想史上之心灵意识的危机，但因为其对于心性主体的强调所采取的仍是一种方法论上本质主义式的方法论

(methodological essentialism)，因而仍未能跳出类似于反传统主义者的本质论式的思考窠臼。

我大体接续着熊十力先生开启的体用哲学而提出了"存有三态论"思想架构，从"存有的根源"、"存有的开显"，到"存有的执定"，希望通过一种"方法论上的约定主义"(methodological conventionalism)，来重新观照整个传统文化与现代化之间的关系。由此可知，人们必须要回归到存有的本原，才有可能展开批判与治疗的活动。而这样一个"存有三态论"与"两层存有论"最大的不同，即是在于得以免除一个纯粹化、形式化的道德之体，回过头来落实到整个生活世界与历史社会总体之中。如此，"内圣"经由"外王"的发展而得到安顿，"外王学"也必因"内圣学"的安顿而获致一个恰当的方向。这样的儒学就不再只是以心性修养论为核心，而能够开启以"社会正义论"为核心的一个发展方向。最后，作者指出，儒学作为一个参与对话的话语系统，应与生活世界密切结合，所谓的"儒学革命"是一个不是革命的革命，其重点在于开启一个对话、交谈的崭新可能。

四、从"良知学的反省"到"社会正义的确立"

通过对于中国传统良知学的反省，探讨良知在历史业力形成过程中所造成的种种异化与扭曲，并进一步思考可能的复归之道。我因之检讨了"良知、良知学及其所衍生之道德自虐的问题"，并做深入的哲学省察。我以为我们当就良知与良知学进行分疏与厘清，指出良知本是当下明白的内在根源之体，但当人们通过语言文字符号系统所理解的良知学，便造成了异化的可能。良知之所以会演变成道德自虐，也正是在帝皇专制的高压底下，将专制的意识形态与道德良知结合在一块，而这也是今日在检讨良知学时必须去正视的问题。再者，须得强调的是如何从宗法封建与帝皇专制之中，将人的个体性提升出来，正视人的个体性、回到人的主体性，再进而回到根源性的总体。由此独立的个体，进而形成一个契约性的社会联结；而正视社会公义，在社会公义之下谈道德修养，才会使得良知学得以有更为畅达的发展。

此外，经由中国传统小说中所蕴涵的颠覆性思维，探讨在帝皇专制、父权中心、男性中心之思维底下所造成之"王法天理"与"江湖道义"等种种诡谲奇特之现象，认为唯有摆脱"宰制性的政治联结"，厘清"血缘性自然联结"之分际，并开启崭新的"契约性的社会联结"，才能够成就一个理想的人之生存状态。最后，要指出的是：慈悲才能化解业力，批判的目的，是为了治疗，而不是为了夺权。期望能借由"智慧"与"慈悲"，化解现代文明所含之文蔽及其背后所含之种种问题。

换言之，对于中国文化当可以有一"核心—边缘"性的理解与诠释，如此一来，"良知、专制、咒术"等概念可关联在一起思考，并进一步探索其内在自我解构及重建之可能。这样的胎动与"后新儒学思考启动"是密不可分的。

就"核心性"与"边缘性"对比理解，核心与边缘其实是同一对立面的两端；以往传统儒学的实践论一直是有缺失的，它只重核心而忽略了边缘。文化的研究应以一种"核心—边缘"性的理解与诠释方式，通过这样的研究态度，可破除本质论式的思考，真正去正视传统思想背后的广大生活世界与历史世界。如此一来，中国传统的良知学须加以检讨。良知学不可以只是一种"核心性"的诠释方式，而要做一整个历史社会总体与生活世界连成一个结构性的解释。若是忽略了这些层面，以为只本心良知就可解决一切事情，以为此心即是天，这种"独我论"倾向的良知学，其实是在整个中国帝皇专制的高压底下所生长出来的东西。

此外，传统儒学中所强调的道统、根源性的慎独伦理，以及根源性的血缘伦理，皆与绝对专制性的伦理有着密切的关联性。唯有对生活世界的重新发现、对于历史社会总体的结构性理解，才能真正解开其中的困结。再说，中国并不是一个言说论定的传统，而是一个"气"的感通传统。除了要正视良知与整体文化结构之间的互动关系之外，还要从这样一个"气"的感通传统转向言说的论定，并建立起一个客观的、公共的空间和生活世界。如此，良知、专制与咒术之间的纠葛关系，才能够有真正瓦解的可能。

若关联近年来所构作的"存有三态论"之理论系统，以及"后新儒学"的基本规模。我主张要回到"存在的觉知"，避免重蹈以心性论为核心的"道德智识化的儒学"之限制。哲学诠释上的"理论逻辑次序"安排，不等于"历史的发生程序"，也不等于"实践的学习次序"。牟先生的两层存有论安排的"良知的自我坎陷"说，这样的提法，基本上正是其诠释系统下的必然转出，只有诠释上自足的效用，与实际的进程并不同。再者，内圣之学应是在整个历史社会总体与生活世界中所生长出来的学问，因此，面对整个外王情境的变化，内圣之学也必然应有所调整，而圣贤的教言，也必须置于整个历史文化的总体情境下，才能够有恰当的理解。

我们必须将原来儒学的内圣工夫转化为一套客观的制度结构，只有在这样一个契约性的社会结构底下，人才能够自然地进入到社会里头开展论述，而不再是以"存天理，去人欲"的方式作为时时警觉的核心。新一波的儒学必须有新的发展，"后新儒学"，正是在新儒学之后，以广大的生活世界与历史社会总体为基底的一个新的发展。

五、"生活世界"与"意义治疗"

"后新儒学"强调的是广大的生活世界与历史社会总体为基底的一个新发展，值得注意的是它须得正视这是多元互动融通的发展。关联于此，我以为可以重视，儒、道、佛三家思想的"生活世界"与其相关的"意义治疗"。相对于儒、道、佛三家思想的"生活世界"一概念提出厘清，我相应于此，提出了相关的意义治疗学、存有治疗学、般若治疗学并做了对比的诠释。我厘清"生活世界"的两重意义界定，进而审知须得肯定人内在的本源与宇宙的本源是通而为一，而存有之本原（道）则须经由"存有的执定"在"德、性、位、份"中落实。其次，针对儒、道、佛三家之异同，指出儒家型的意义治疗学从"我，就在这里"开启；道家型的存有治疗学是从"我，回到天地"开启；而佛家型的般若治疗学则是从"我，当下空无"开启。儒、道、佛三家的诠释系统有别而其本原不分，他们都经由一回溯的历程回到"道"的本身。就治疗而言，这得从医道、医理、药理到切实的治疗。再者，作者阐述了"阴阳五行"运用于"意义治疗"的方式，并缕述了意义治疗实际展开所涉及之诸问题。强调由"它与我"（It and I）、"我与它"（I and It）再转而回到"我与你"（I and You）等范式的转变。

关于"儒家生死学"亦可以借此而有所讨论。盖"生死学"乃起源于人的"不安不忍"之感。各大宗教之终极关怀，不同的宗教与思想流派间对于生死的不同观点，牵涉到对于整个世界的不同理解，而"敬"则是一切宗教之所以相遇的最根本处。儒家所说的"孝"是对于生命根源的一种追溯与崇敬，就整个过去、现在、未来的时间观来说，儒家重视的是整个生命的连续，将过去收摄到现在，再由现在开启未来。因此，儒家强调人间性的生生之德，认为唯有对生命有一种恰当的体会，死亡才能够真正得到安顿。对于儒家而言，从"丧礼"到"祭祀"，代表了一种生死的"断裂"与"再联结"。丧礼主要用来安顿死者，代表对过去生命的告别；而祭礼则是要提升生者，将原来的断裂性转化为超越性、纯粹性，以开启一个新的内在的人间性，使生命得到恰当的安顿。因此，儒家对于生死问题的理解，乃是重在如何面对生命的存在，使生命能够通达过去、现在、未来。儒家这种"人文的宗教性"，实表现了一种道德的理性之下通达的生死观。儒家哲学亦因之而可开启一以心性学为主导的意义治疗学。儒家主张生命根源性的纵贯立体结构，并顺此来安立道德实践之确切道路，并达到安身立命之最终境界。尽管陆王"心性为一"、程朱"心性为二"，各有差异，但之为心性学都是在"存有的连续观"下，心灵意识整体由往而复的修行活动；而道德实践的动力起源，则是来自于生命本真的根源性感动，在"究天人之际"的同时，成为纵贯的立体结构，并开发、留固生命根源所具有的爱。再者，若从信息论的系统来看儒学的内圣学，说明心性学修养落实的功夫，在于强化宇宙与内在心性之源的同一性，并将此同一性如其本真地流露出来。亦即人作为一个"信息之场"，以一己之觉性去"参赞"宇宙万物，将价值意涵、道德向度与自然哲学连在一起，构成一个天人、物我、人己通而为一的庞大系统。并通过一种确定的、永恒的定向结构关联，接信道德创造意义之源，使其如爱的源泉一般，滋润身心、让身心获得安顿。我们似可以融通朱熹与阳明不同之修养功夫：借着朱熹"涵养用敬"、"格物穷理"——客观之理的把握，以及阳明"一体之仁"——致良知于事事物物之上，再次拈出儒家治疗学"上通于天，下接于地，中立于己"的道德实践之路，儒家型的意义治疗学因之得以确立。

六、"身心一如"：从"外王"到"内圣"

"后新儒家"哲学的提出与"存有三态论"的构想是伴随而生的，早在1993年《存有、意识与实践》一书，我便开启了这论点，总的来说，它较为接近"气学'的传统。"气"的概念所强调的是一种"实存的历史性"或"存在的历史性"，它既是宇宙创生的本体，又是整个生活世界与历史世界的总体。在宋明理学中，以船山学最为重视"气"作为核心性的概念。因此，船山学不但是近代启蒙的一个起点，也潜藏着各种发展的可能性。再者，当代新儒学所面临的是"如何从传统进到现代"的问题，牟先生两层存有论的理论建构，以及"良知的自我坎陷"说，基本上都是为了克服中国近代思想的存在意义危机。虽然牟先生的两层存有论主要是消化了康德哲学的架构，但由于两者背后分属于"存有的连续观"与"存有的断裂观"两个不同的文化传统，因而对于"人"的理解，亦有着不同的观点。基本上，华人的文化传统注重的仍是一种"我与你"之互动感通的生息互动，重视场域、脉络之总体判断，而牟先生对于"人虽有限而可以无限"的观点，正是在这样的文化脉络下所开展出来的思考。虽然牟先生"良知的自我坎陷"说处理了传统文化与现代化之间的矛盾，但其缺点却在于过度高扬了传统文化中的心性论而忽略了其他不同的向度。再者，其所论之"民主科学开出说"，基本上也是混淆了"理论的逻辑次序"、"历史的发生次序"以及"实践的学习次序"三者之间的关系。通过熊十力先生的体用哲学，我提出了"存有三态论"的构想，强调以社会正义论为优先，再来安排心性修养论。通过《论语》中有子与曾子之两大脉络，阐释了先秦儒学原具有"孝悌伦理"与"忠信伦理"两种传统，然而在后来的帝皇专制之下，"忠信伦理"却因而湮没萎缩。因此，儒学并不是帝制化的产物，真正应该思考的是，如何才能解开那帝皇专制化的儒学。如此一来，我们强调应该要重新建立一个新的"外王"、一个恰当的社会总体与客观法则性，如此"内圣"之学才能得到恰当的调理与发展；而这样的儒学，才不会是"以心控身"，而能"畅其欲，通其情，达其理，上遂于道"，调适而上遂地生长。"存有三态论"其实是要回到一个天人、物我、人己通而为一的"道论"的传统，而"后新儒学"的"后"，基本上也是继承着当代新儒学的往前转化与开展。

显然地，"后新儒学"之构想，是对于当代新儒学的一个反省、继承与发展。当代新儒学主要是继承了宋明理学以心性之学为主导的发展脉络，它通过一种方法论上的本质主义，探入到心性之学的核心，并通过这样一个心性之学的理论建构，安排民主与科学的发展，其目的是为了克服近代中国思想上存在意义的危机。然而，宋明理学与当代新儒学所处的社会结构与所要面临的问题是有所不同的，当代新儒学所面临的是宰制型的政治联结瓦解与重建的问题。对于此，当代新儒学应重新思考其开展的可能，必须就整个政治社会共同体的建立，进入到社会契约的格局里面。接着，讨论了从先秦到宋明以后的儒学发展，认为先秦儒学重视"社会实践"，强调的是"身心一如"；但宋明之后却愈来愈走向心性修养的道路之上，表现出"以心控身"、"心主身奴"的倾向。当代新儒学虽也留意到这种内倾的可能性，但却无法彻底走出此内倾的思维，基本上还是通过一个现代哲学的理论建构，来克服这个时代意义实存的危机。

七、解开"存有的遮蔽"，启动"多元文明的交谈"

这些年来，我提出"存有的三态论"作为后新儒学的理论建构，希望由原来对道德本心的过度重视，返回到面对整个生活世界与历史社会总体。这样一个理论的提出，基本上是继承着牟宗三先生"两层存有论"的体系而向前的一个开展，希望解开道德主体主义的倾向，而真正朝向一个天、地、人相与为一体的生活世界。

换言之，"后新儒学"的"存有三态论"重视的不再是一种独大的"主体"，而是环绕"存有"、"场域"与"觉知"三概念，彼此交融互摄而有进一步的发展。这是一个人迎向世界、世界迎向人的哲学。经由"存有"、"场域"与"觉知"三概念，环绕"存有三态论"，可省察现代性、工具性、合理性的异化，进一步寻求其归复之道并预示 21 世纪世界和平之哲学反思。须知，21 世纪不只有其"符号"意义，更有其"实存"意义。人之作为一活生生的实存而有，其实存的主体性是至为优先的。人常因"文"而"明"，却也可能因"文"而"蔽"，我们当"解其蔽"，而使得真理开显，回到实存的觉知场域之中。再者，对比东西文化之异同，指出"神"的两个不同向度：人的参与触动及整体的生长；话语系统所形成的理智控制。进一步，做了人文精神的解构与展望，指出"存有"是"天、地、人"交与参赞而构成的总体本原。"场域"是"道生之，德畜之"（《老子》第五十一章）、"无名天地之始，有名万物之母"（《老子》第一章）；而"觉知"则是"寂然不动，感而遂通"（《周易·系辞下》）这样的"一体之仁"。"存有三态论"下的人文精神，在东土现象学审视下的可能发展，解开了"存有的执定"，回到"存有的开显"，再上溯于"存有的根源"，并再回向于"存有的确定"。如此，通古今之变，究天人之际，终得安身立命。

除了"存有三态论"的建立与相关公民儒学的呼吁以外，我以为"后新儒学"对当代中国哲学思维向度亦可以有理论反思。就哲学话语的反思论之，我们该当检讨"格义"与"逆格义"的诸多问题。在文化类型学的对比之下，"存有的连续观"与"存有的断裂观"颇有异同。经由这样的对比，一方面可彰显中国文化自身的主体性，另一方面也足以呈现世界哲学的多元互动融通、共生共长、共存共荣。除此之外，我以为就中国哲学之研究而言，亦当注意到历史社会总体以及丰富的生活世界，从存在的觉知，进而有一概念的反思，以及理论的建构。唯有归返原典，才能破斥虚假论述，唯有回到实存的生活世界，哲学语言才能有一恰当的衡定。中国哲学须得面对汉语古典话语、现代生活话语，以及西方话语，彼此之间如何转绎、融通与重铸的问题。

生活、情感与正义

——我的儒学研究

黄玉顺 *

内容提要：我研究儒学的宗旨就是孔子所说的"为己"之学，而其方法是超越两千年来"形上—形下"的形而上学思维模式，重新揭示孔孟曾揭示过而被人们遗忘了的"存在"或者"生活"的思想视域。其研究结果即"生活儒学"。生活儒学的内容涵盖了人类或者任何个人所可能有的三个基本的观念层级：存在或者生活 → 形而上存在者 → 形而下存在者；或者：生活感悟 → 形而上学 → 形而下学。生活或者存在的原初本真显现就是仁爱情感。形而下学包括两个基本的方面，即知识论与伦理学。后者在生活儒学视域中的展开，就是我近年来致力于重建的"中国正义论"，其基本的理论问题结构是"仁 → 利 → 知 → 义 → 智 → 礼 → 乐"；或者："仁爱情感 → 利益问题 → 良知智慧或正义感 → 正义原则 → 理智或者工具理性 → 礼制或者社会规范及其制度 → 社会和谐"。

关键词：生活儒学；存在；生活；情感；中国正义论

这些年来，我致力于"生活儒学"的研究，迄今出版了四部著作，第五部著作也即将出版。我在第一部书的后记中曾说过："所谓总结过

---

* 黄玉顺，山东大学儒学高等研究院教授、副院长。

去，是说：我怎样从一个中国古典文学、文献的研究者，转为一个中国哲学的研究者，最终成为一个儒者；又怎样从一个儒家、儒学的思考者，转为一个生活的思考者，最终形成自己的'生活儒学'思想。""所谓面向未来，是说：我不仅将继续坚持自己的'生活儒学'的思考，还将继续做一个生活的儒者，过一种儒者的生活。""这就是说，这些事情其实绝不仅仅是思想的事情，而就是生活本身的事情。"①

一、我为什么研究儒学

事情至少要追溯到 20 世纪 80 年代。孔子说过："学而不思则罔，思而不学则殆。"（《论语·为政》）我有一个说法：20 世纪的 80 年代是"思而不学"，90 年代是"学而不思"。80 年代的"思而不学"当然也可以说有所学，但那是食洋不化，自以为颇有"思想"，其实不过是邯郸学步、拾人牙慧而已；而其无所学，是数典忘祖：数西学之典，忘国学之祖。那是五四的"两个全盘"（即全盘反传统、全盘西化）的一种惯性运动。90 年代的"学而不思"与之相反，其所谓"国学热"，李泽厚说那是"思想家淡出，学问家凸显"。我本人亦如此：80 年代是一个激进的自由主义者，发表的生平第一篇文字就是政论性的《民主的法治和专制的法治》②；90 年代变成了一个学究，一头扎进古典文学、古代文献、文字训诂之中，出版的生平第一部专著就是文献学意义上的《易经古歌考释》③。

进入 21 世纪，中国学界情况开始有所改观：治思想者开始老老实实地学习国故，做学问者开始认认真真地探究思想。当然，20 世纪末的 20 年，算是一种必要的铺垫准备。最近十年儒学界的情况是：逐渐

① 黄玉顺：《面向生活本身的儒学——黄玉顺"生活儒学"自选集》，四川大学出版社 2006 年版，第 375 页。

② 黄玉顺：《民主的法治和专制的法治》，《四川法制报》1988 年 4 月 18 日。

③ 黄玉顺：《易经古歌考释》，巴蜀书社 1995 年版。

展开了一场"儒学复兴运动",出现了一批代表人物,开始形成学派,在儒学传统学术的基础上发挥儒家的当代形态的新思想、新理论,在当代儒家思想理论的视域下重新诠释儒学的学术传统、历史。人们称之为"大陆新儒家",以此与 20 世纪的"现代新儒家"相区别。我本人亦如此:"生活儒学"思想的探索,就是最近十年的事情,但此前 20 年的铺垫准备也是不可忽略的。转变发生在我去中国社会科学院师从蒙培元先生治儒学(1997—2000 年)。

以上的转变只是一种外在的勾画。事实上,这种转变之中,有一种持续不变、一以贯之的内在精神。我曾谈过,五四时期的自由派、东方文化派、唯物史观派,尽管歧见纷呈,但至少具有一个共同点,那就是某种意义的"民族主义":他们都在探索回答"中国向何处去"的问题。①这就叫"一致而百虑"。改革开放时期亦然,即使 20 世纪 90 年代的学问家也没有忘记"中国之命运"问题,只是由于某种政治环境方面的原因,大家才埋头于"国故"了。

我本人亦如此:尽管被称为"学者",但本人从来就不追求成为一个"学问家"。说到"学者",那要看是什么意义上的"学者"。孔子说过:"古之学者为己,今之学者为人。"(《论语·宪问》)所谓"为人",就是"为别人而研究别人",是在两层意义上说的:一是为别人而研究,是做给别人看的,比如为获得体制上的种种好处而做给种种"评委"看的;二是研究别人,即研究那种无关乎当下生活的东西,比如关于哲学史、思想史的那种对象化、知识化的"客观"研究。我经常想起一个典故:"'风乍起,吹皱一池春水',干卿何事?"今之学者,很多就是这种"为人"的"学者"。孔子所说的"为己"则不然:研究自己的问题——关乎当下生活的问题。这种学问,叫作"为己之学"。这就是我研究"生活儒学"的初衷。

---

① 参见黄玉顺:《五四的自由理念》,《中国之自由精神》第一章,四川人民出版社 2000 年版。

二、我怎样研究儒学

研究"为己之学"并不意味着不去研究别人、不去研究哲学史或者思想史。问题在于：怎样研究？这就涉及所谓"方法论"问题，其实是观念问题、思想视域问题：以怎样的观念、怎样的视域去研究？那种对象化、知识化的"客观"研究，其观念前提是：我是研究的主体，儒学是我的研究的客观对象。这显然是建基于"主—客"观念架构的，而这种观念正是一种典型的传统形而上学思维方式。这种思维方式面临着一种不可克服的困境，那就是我经常谈到的"认识论困境"：我如何可能确正对象的客观实在性？即便承认其客观实在性，我的主观意识如何可能穿透某种区间而通达于客观对象？

这种穿透、通达问题，胡塞尔称之为"切中"（treffen）问题。[1] 事实上，不仅传统哲学形而上学不能确证、切中"形而上者"的客观实在性，而且任何科学同样也不能确证、切中"形而下者"的客观实在性。所以，作为一流的大科学家的马赫才说：我所研究的绝非什么客观的天体；我所研究的不过是感觉的某种复合体。[2] 但他这种彻底的经验主义哲学也会面临许多困境。其实，科学与宗教信仰有一个根本一致之处，就是全部基于一个既无法"证明"也无法"证实"的根本的预设（presupposition）：存在预设。[3] 这种预设，蒯因称之为"本体论承诺"[4]。这其实是一种信念或者信仰：belief。问题在于：如果人类全部可能的观念、知识无不基于关于存在者之存在的预设信念，那么这种信念本身又是何以可能的？胡塞尔提出了这个深刻的问题，但未能真正解决这个问

---

① 参见胡塞尔：《现象学的观念》，倪梁康译，上海译文出版社 1986 年版。

② 参见马赫：《感觉的分析》，洪谦等译，商务印书馆 1975 年版。

③ 参见布斯曼（Hadumod Bussmann）：《语言与语言学词典》（*Dictionary of Language and Linguistics*. English edition © Routledge 1996）词条"预设"（presupposition）。乔治·于尔（George Yule）：《语用学》（*Pragmatics.Oxford Introduction to Language Study*. Oxford University Press, 1996）第四章"预设与蕴涵"（Chapter 4.Presupposition and Entailment）。

④ 蒯因：《从逻辑的观点看》，江天骥等译，上海译文出版社 1987 年版，第 8 页。

题，他退缩到所谓"纯粹意识"之中。甚至海德格尔也仍未能真正解决这个问题，生存现象学整个建基于"此在"（dasein）这个特殊"存在者"（Seiendes），而不是"存在"（Sein），于是"存在"反倒成了某种"存在者"所给出的东西，结果这种"存在者"（das Seiende）俨然成了一种"形而上者"。①问题在于：此在本身何以可能？"被抛"的概念无法澄清这个问题，反倒同样会陷入到上述困境之中。

在我看来，正是孔孟解决了这样的问题。这就是我选择儒学的原因，也是我研究儒学的"方法论"。不过，我所说的解决了问题的"孔孟"并不是程朱陆王所说的"孔孟"，也不是现代新儒家所说的"孔孟"。他们所说的"孔孟"，俨然是纯粹的形而上学家。这样的"孔孟"同样面临上述不可克服的困境。我所理解的孔孟，他们的思想视域不是形而上学的，既不是经验论的，也不是先验论的，甚至也不是所谓"生存论"的；他们的思想当然具有这些成分，具有形而上学层级、形而下学层级的建构，然而这些建构成分都是由某种更为本原的视域所给出的。这种本原视域正是生活儒学所要首先加以揭示的。

这里所涉及的就是所谓"诠释学"问题。伽达默尔，甚至海德格尔的诠释学思想都是不透彻的。孟子有一种极为透彻的诠释学观念，我曾专文加以讨论："知人论世"——"论世"才能"知人"，然后才能"读其书"、"诵其诗"。②简单来说，如果说任何知识论和价值论问题无不基于"主—客"架构，那么，我们应当追问的乃是：这个"主—客"架构本身何以可能？主体的观念是何以可能的？客观对象的观念是何以可能的？例如"我读经典"这样的事情，我们首先要问："我"作为主体是怎样被给出的？"经典"作为对象是怎样被给出的？这样一来，本原的视域就不是"我注六经"，也不是"六经注我"，而是"注生我经"："经典"和"我"皆在"注"中生成。而所谓"注"不是一个东西，不是一

---

① 参见黄玉顺：《形而上学的奠基问题：儒学视域中的海德格尔及其所解释的康德哲学》，《四川大学学报》2004 年第 2 期；人大复印资料《外国哲学》2004 年第 5 期全文转载。
② 参见黄玉顺：《注生我经：论文本的理解与解释的生活渊源——孟子"论世知人"思想阐释》，《中国社科院研究生院学报》2008 年第 3 期。

个"物"、存在者,而是一种"事"、存在,即是一种生活方式。这种生活方式,当然是归属于生活的事情。生活的实情乃是这样的:历史、传统、经典等,皆收摄于当下的生活之中。不过,这样的表述仍然是不透彻的,仍然面临上述困境。应该这样表述:所有一切皆由当下生活给出。

于是,我们进入"生活"的观念:假如我们承认所有一切东西皆由当下生活给出,那么,如果所有一切东西都是"物",生活显然就是"事";如果所有一切东西都是"有",生活显然就是"无"。所谓"无"不是佛学所谓"空",而是说:生活不是存在者,而是存在。生活即是存在;存在即是生活。

这个观念是"生活儒学"的最本原、但也最难理解的观念。尤其当我说到"存在"的时候,许多学者的反应就是:这是用现象学概念来讲中国哲学,即是以西律中、汉话胡说。可是,"存在"怎么就是西方的东西呢?例如,《礼记·仲尼燕居》"礼犹有九焉,大飨有四焉,……如此,而后君子知仁焉",唐代孔颖达疏:"仁犹存也。君子见上大飨四焉,知礼乐所存在也。"清代毕沅编《续资治通鉴·宋徽宗政和元年》:"辛巳,诏:'陈瓘自撰《尊尧集》,语言无绪,并系诋诬,合行毁弃;仍勒停,送台州羁管,令本州当职官常切觉察,不得放出州城,月具存在申尚书省。'"该诏书应为宋代原文。清代顾诒禄《满庭芳·芍药》词:"甘载音尘如梦,风流散,半没荒烟,空存在,青袍未换,霜鬓杜樊川。"

于是,我们又进入到所谓"中西"问题。我也曾专文讨论过这个问题。① 对于西学,中国学界存在着两种态度鲜明的截然对立的立场:一种是崇洋媚外;另一种则是坚决排外,反对用任何"西方的"话语概念来言说"中国的"东西(尽管这根本不可能,他们自己也做不到)。殊不知,这两种貌似对立的立场却具有一种共同的观念背景、思想方法,就是以为存在着纯粹"西方的",或者纯粹"中国的"话语。但这其实

---

① 黄玉顺:《我们的语言与我们的生存——驳所谓"现代中国人'失语'"说》,《南京师范大学文学院学报》2004年第4期。

是不可能的：对于我们来说，纯粹"西方的"，或者纯粹"中国的"都是子虚乌有的，或莫须有的。例如，当我们用中国固有的词语"存在"去翻译西方的"Sein"或者"being"之后，现代汉语的"存在"这个词语，它是纯粹西方的，抑或是纯粹中国的呢？都不是。现代汉语的"存在"是由现代中国人的现代性的生活方式生成的一个观念，这个观念不仅涵摄着，或者说给出了所谓"西方哲学"，而且涵摄着，或者说给出了"中国哲学"（所以我在一系列文章中详尽考证了中国传统的"存"、"在"观念的本原意义）。我们不可忘记：我们不仅生活着"中国人的"当下生活，而且同时生活着"西方人的"当下生活——我们"共同生活"着，这就是"全球化"的思想意义。因此，对峙的"中—西"观念，作为两个现成的存在者，其实同样是由我们的当下生活所给出的。

于是，"怎样研究儒学"这个问题的答案就很清楚了。假如所谓"研究儒学"不仅仅是诵读经典而已，而是必须对于儒学有所言说，那么，这种言说既不可能是纯粹西方的话语，也不可能是纯粹中国的话语。现代汉语不是"纯粹中国的"，正如现代英语不是"纯粹英国的"。况且，哪怕仅仅是诵读经典，该经典也绝不是客观的、自足的东西，而是"我们的经典"，而此"我们"是由当下的生活方式生成的。

当然，有人会对此有疑惑。有人问我：你这样研究出来的东西，那还是儒学吗？这样的问题，其实早就有人问过，而且还不断有人在质问宋明理学：宋明理学还是儒学吗？有人认为它是禅学，有人认为它是道学（此指道家学说）。同样，禅宗佛学也经常遭遇到类似的质疑。这样的疑问本身已带出了质疑者的一种观念：儒学就是某种曾经存在的现成的东西。这同样是典型的、将会面临困境的形而上学思维方式。其实，儒学本身同样是由当下生活给出的，所以儒学才会"日日新，又日新"，才不仅有王权时代的儒学形态（例如周公）、转型时代或曰原创时代的儒学形态（如孔、孟、荀）、皇权时代的儒学形态（例如汉学、宋学），还有民权时代的儒学形态（如现代新儒学、当代儒学）。在我看来，只要满足这个条件的就是儒学：用仁爱来解释一切现象、解决一切问题。

在这样的观念下，才有可能真正理解儒学、理解"生活儒学"。

三、生活儒学

生活儒学是从这样的问题意识切入的：儒学与中国之命运，乃至与当今人类之命运。[1] 我们可以严格地思考这个问题：儒学之命运与中国之命运，乃至与当今人类之命运之间是否有关联？ 20 世纪"现代新儒家"的出现、21 世纪"儒学复兴运动"的出现，已给出了肯定的回答。所以，问题只是：这是怎样一种关联？我专文讨论过这些问题。[2] 我提出，儒学复兴有几条不同的路线：传统主义（被称为"原教旨主义"）；现代主义（如现代新儒家）；当代主义，或曰当下主义。传统主义或"原教旨主义"在学理上陷入种种理论困境，在现实中也行不通，且极具危险性；现代主义在学理上也仍然是传统形而上学，在现实中也存在着人们所批评的"内圣开不出新外王"的困惑。所以，在我看来，不仅在学理上站得住，而且在现实中行得通的，唯有当代主义、当下主义的儒学。

这个问题在思想话语中这样表述：我们需要解释我们生活中的种种现象，解决我们生活中的种种问题，这些存在着种种问题的种种现象就是所谓"形而下者"，或者叫作"万物"，这是"多"；传统哲学的方法就是寻找它们背后隐藏着的一个"形而上者"，或者叫作"帝"、"天"、"道"、"理"等，这是"一"。[3] 这就形成一种思维模式：形而上者 ⟶ 形而下者。不论在中国，还是在西方，传统哲学包括宗教哲学都是这种思维模式，这就是人类在"轴心时期"建构起来的基本观念模式。但是，我们发现：这个"形而上者"在哲学家那里莫衷一是，而且未必解决问题。20 世纪以来的思想重新发现了人类"前轴心期"以及"轴心时期"思想大师（比如中国孔、孟、老、庄）的本原观念：如果"万物"是物，

---

[1] 参见黄玉顺：《儒学与中国之命运——纪念五四运动 90 周年》，《学术界》2009 年第 3 期。

[2] 参见黄玉顺：《儒学复兴的两条路线及其超越——儒家当代主义的若干思考》，《西南民族大学学报》2009 年第 1 期。

[3] "天"、"道"另有更其本原的观念及其解释。

"道之为物"亦物（《老子》第二十一章），那么，物是何以可能的？或换一种问法：作为唯一绝对存在者的"形而上者"，与作为众多相对存在者的"形而下者"一样，都是存在者；那么，存在者的观念是何以发生的？这个发问其实已经蕴涵了答案：存在。凡是存在者，皆存在。然而存在既然不是存在者，不是物、有，那么，存在就是无。

所以我经常引用《老子》的一句话："天下万物生于有，有生于无。"（《老子》第四十章）这是一个基本的观念结构：无 ⟶ 有 ⟶ 万物。《老子》还有一种表达：始 ⟶ 母 ⟶ 子或众甫。须注意者，这里所说的不是所谓"客观的"宇宙生成过程，而是观念的显现层级。比如说，在《老子》，无、有、万物皆道的不同显现而已。其实，这个基本结构乃是儒道共通的基本观念：天道（即无即有）⟶ 德性（人性物理）。儒道的区别根本在于：道家认为"天地不仁"（《老子》第五章），而儒家则认为无或存在即是仁爱情感。（更透彻地讲，今人所谓"儒家"、"道家"之别，其实只是汉儒的一种观念建构而已。）儒学所说的"仁爱"是有不同用法的：有时说的是形而下的伦理原则，有时说的是形而上的宇宙本体；有时说的是本原情感，即无、存在、生活。这三个层级犹如"道"一样，是说的"仁爱"在观念中的不同显现而已。

有一点也需要强调："生活"并不同于上文谈到的"我们的生活"。我们的生活只是生活的某种显现样式——某种生活方式。假如没有"生活"的观念，"我们的生活"与"他们的生活"就隔绝了，传统的儒学对于今天的我们也就毫无意义了，犹如《肇论》所说的"昔不至今"，我们也不可能通达传统。这多少类似于康德之推论"物自身"，但却有根本区别："物自身"其实是一种"形而上者"，是一种存在者；而生活却是存在。

于是，生活儒学总结了人类全部可能的观念的基本结构：

观念的生成序列：存在 ⟶ 形而下存在者 ⟶ 形而上存在者

观念的奠基模式：存在 ⟶ 形而上存在者 ⟶ 形而下存在者

生活儒学就是重新展开这个基本结构。惟其如此，儒学才能有效地切入当下的生活。为此，生活儒学首先消解孔孟以后的传统儒学的形而上学，然后回归孔孟儒学的本原观念，最后在这种本原上重建儒学。这是一个庞大的"体系"，包含着本原层级、形上层级、形下层级的重建，涉及许多繁难的课题。这里且谈其中涉及的一个重要问题：

生活儒学是否需要重新构造一个"形而上者"呢？这是一个颇为复杂的问题。形而上者问题其实是主体性问题，在这个问题上，我同意黑格尔的说法："实体即是主体。"① 然而按照传统形而上学哲学的观念，人只有相对主体性，而绝对实体、本体才有绝对主体性。但在今天看来，绝对主体性其实只是相对主体性的一种抽象而已。当今时代的相对主体性，就是公民人格；民权时代的儒学形态要研究的一个重要课题，就是公民人格问题。于是，我们可以这样思考：假如对此公民人格加以一种哲学的抽象，它就可以被设想为一个"形而上者"。不过，我目前正在展开研究的"中国正义论"的理论结构中，还没有形而上者的位置。有人已发现这一点，并质问我：在生活儒学中，没有形而上学给予奠基的正义论伦理学是否恰当？

四、中国正义论

中国正义论属于形而下学层级的伦理学范畴。一般来说，形而下学包括两个基本领域：关于自然界的知识论，是为科学奠基的，《易传》所谓"天文"；关于社会界的伦理学（广义），是为道德、规范、制度奠基的，《易传》所谓"人文"。生活儒学亦然。我目前正在做一个教育部的课题、一个国家社科基金的课题，都是关于"中国正义论"的问题，其实就属于广义伦理学的范畴，意在探索儒学有效切入当下生活的一种路径。

所谓"中国正义论"，乃是说的关于正义问题的中国理论（Chinese theory of justice），尤其儒家理论。从不同角度着眼，儒学可以被称为"仁学"、"礼学"，也可以被称为"义学"。"义学"或"正义论"的课题，

---

① 黑格尔：《精神现象学》，贺麟、王玖兴译，商务印书馆 1979 年版，第 15 页。

就是关于人类社会的规范建构及其制度安排（简称"制度规范"）问题。这不是对象化、知识化的儒学史研究，而是当下化的儒学义理结构之整体重建。

这里首先面对一个质疑：儒家的"义"和西语的"justice"（正义）之间能这么对应吗？我从三个方面回应这个质疑：第一，如果制度规范赖以成立的根据就是正义原则，那么，凡属人类社会，必有制度规范，故亦必有正义观念，中国当然不能例外。第二，这种正义观念，中国哲学称之为"义"、"正义"。如荀子说："正义而为谓之行。"（《荀子·正名》）"《传》曰：'从道不从君。'故正义之臣设，则朝廷不颇。"（《荀子·臣道》）第三，汉语"义"或"正义"与西语"justice"之间是这样一种关系：既有可对应性，亦有非等同性。我曾专文阐明这样一个观点：可对应性、非等同性，这是任何两套观念之间、两种民族语言之间的普遍关系：可对应性保证双方可以有效交流，非等同性保证双方值得加以比较。① 惟其如此，我们才能用汉语固有的"义"或"正义"去翻译西语的"justice"，使得双方成为可以互相理解、交流、比较的东西。②

制度规范，儒学统称为"礼"。礼源于祭祀仅仅是表面现象。当时的社会生活方式，"国之大事在祀与戎"（《左传·成公十三年》），"祀，国之大事也，而逆之，可谓礼乎？"（《左传·文公二年》）因此，当时整个天下国家的制度规范即集中表现在祭祀的礼仪之中。后来的一部《周礼》也就是一整套的制度规范设计，亦谓之"礼"。故广义的"礼"泛指所有一切制度规范。礼有三个层次：礼制（制度规范之本身）、礼仪（制度规范之表现形式）、礼义（礼之义，即制度规范赖以成立的正义原则）。

这里值得一提的是：儒者中的原教旨主义者与反对儒学的人其实有一个共同的误区，就是误以为礼是儒学的根本。这也是今日"儿童读经运动"中的一个严重误区：似乎应该用那种前现代的生活方式的制度规

① 参见黄玉顺：《爱与思——生活儒学的观念》第一讲第一节，四川大学出版社2006年版。
② 参见黄玉顺：《中国正义论纲要》，《四川大学学报》2009年第5期；人大复印资料《伦理学》2010年第1期。

范来作为现代人的生活规范。他们对孔子对于礼的态度，只注意到"克己复礼"（《论语·颜渊》）一面，遮蔽了"礼有损益"（《论语·为政》）一面。其实，孔子认为，任何制度规范都是历史的变动的，这种变动的根据就是正义原则，故孔子说："义以为质，礼以行之。"（《论语·卫灵公》）这就形成了"义 ⟶ 礼"奠基关系的思想建构。所以，今天复兴儒学，根本的不是恪守儒家在历史上曾建构过的具体的制度规范，而是这些制度规范赖以成立的正义原则。

在中国正义论，礼或制度规范赖以成立的正义原则就是两条：正当性原则（包含公正性准则、公平性准则）；适宜性原则（包含时宜性准则、地宜性准则）。这些问题，我已在一系列论文中做了详尽的分析论证，兹不赘述。我这里想说的是：罗尔斯《正义论》提出两条正义原则[1]，但在我看来，他根本没有提出任何正义原则，因为：他所说的正义原则是一种"原初契约"[2]，既是"契约"，就已经是制度规范，而非作为制度规范的根据的正义原则了。

正义原则其实不是实质的（material），而是形式的（formal），其实就是被意识到并且被理性化地表达出来的、某种生活方式下的共同正义感。这种正义感，孟子论"养气"时称为"集义所生"的"浩然之气"（《孟子·公孙丑上》），属于"不虑而知"的"良知"（《孟子·告子下》）范畴。孟子话语中的"知"有两种含义：有时是说的良知，这是一种直觉，类似所谓"本质直观"；有时是说的理智。为了便于区别，我们称前者为"知"，后者为"智"。正义原则的形成基于良知之"知"，制度规范的设计需要理智之"智"，于是就有"知 ⟶ 义 ⟶ 智 ⟶ 礼"的观念结构。

中国正义论还包含一个非常重要的理论环节，就是"利"即利益问题。人们往往误会儒家的"义利"思想，误解孟子提出的"义利之辨"（《孟子·梁惠王上》），以为儒家重义轻利，乃至唯义无利，我已撰文对此作

---

[1] 参见罗尔斯：《正义论》，中国社会科学出版社 1988 年版，第 60—61、249、61、83—84 页。

[2] 罗尔斯：《正义论》，中国社会科学出版社 1988 年版，第 12 页。

出澄清。① 其实，在儒学中，礼义问题的提出，正是由于利益冲突问题。对此，荀子有极详尽的阐明："礼起于何也？曰：人生而有欲，欲而不得则不能无求，求而无度量分界则不能不争，争则乱，乱则穷；先王恶其乱也，故制礼义以分之，以养人之欲，给人之求，使欲必不穷乎物，物必不屈于欲，两者相持而长：是礼之所起也。"（《荀子·礼论》）这就是说，社会群体之所以要建立制度规范，是因为必须通过建立利益分配制度来解决利益冲突问题，从而保障群体生存。在这个问题上，中国正义论与西方正义论是相当一致的。这就有了"利 → 知 → 义 → 智 → 礼"的问题结构。

中国正义论与西方正义论之间最根本的一个区别，是对仁爱情感的处置。西方正义论通常将仁爱情感排除在外；而中国正义论则正好相反，用仁爱来解释一切，这也正是儒学的一个最根本的标志性特征。因此，中国正义论必须用仁爱解释全部正义问题。一个最容易引起争议的问题，就是"利"与"仁"的关系。前面说到，人们对孟子所提出的"义利之辨"即仁义与利益的关系长期误解。在这个问题上，荀子是最透彻的，他坚持用仁爱来说明一切。在他看来，利益冲突也是仁爱导致的，这就是他的一个长期被人们所忽略的深刻思想："爱利"——爱而利之。王先谦集解《儒效》"爱利则形"时，引杨倞注："爱（人）利人之心见（现）于外也"；又引郝懿行之说："爱人利人皆有法"。可见"爱利"就是"爱人利人"之意。人群之所以有利益冲突，是因为有利欲，而利欲乃出于爱：爱己则欲利己，爱人则欲利人。荀子论述了仁爱的等次：自爱 → 爱人 → 使人爱己。（《荀子·子道》）这种差等之爱必然导致利益冲突。于是就有了"仁 → 利 → 知 → 义 → 智 → 礼"的问题结构。

可以料想，荀子关于仁爱导致利益冲突的深刻思想会引起儒者们的异议，甚至震撼。但这其实是出于对儒家仁爱观念的理解偏差。不仅正是仁爱导致了利益冲突，而且正是仁爱最终保证了利益冲突问题的解决，这就是思想的彻底性。这是因为，完整的仁爱观念包括两个方面：

---

① 参见黄玉顺：《孟子正义论新解》，《人文杂志》2009 年第 5 期。

差等之爱的情感倾向，这是生活的实情；一体之仁的情感倾向，这同样是生活情感的真实维度。"仁民爱物"原非什么道德说教，而是一种自然情感倾向，孟子谓之"恻隐之心，人皆有之"（《孟子·告子上》、《孟子·公孙丑上》）。中国正义论的正义原则当中的正当性原则，其所反映的正是人类在群体生活中表现出来的那种超越差等之爱、通向一体之仁的自然情感诉求，这也是正义感的渊源所自。

最后，由仁爱而正义，以至建立制度规范，其最终目的，是社会群体生存的和谐。这就是儒家所追求的最高社会境界，谓之"乐"，亦即"和"。所以，儒家文化叫作"礼乐"文化。因此，中国正义论的总体问题结构是："仁 ⟶ 利 ⟶ 知 ⟶ 义 ⟶ 智 ⟶ 礼 ⟶ 乐"。或者说是："仁爱 ⟶ 利欲 ⟶ 良知 ⟶ 正义 ⟶ 理智 ⟶ 规范 ⟶ 和谐"。

结　语

儒学作为"为己之学"，犹如《周易·观卦》所说，"观其生"、"观我生"。"观我生"就是"观我生进退"，此"进退"可以指人生境界的层级。生活儒学在诉诸个体精神生活时，就是境界问题，我对此有专题讨论。[①] 儒者的最高境界是"仁且智"的圣人："昔者子贡问于孔子曰：'夫子圣矣乎？'孔子曰：'圣则吾不能，我学不厌而教不倦也。'子贡曰：'学不厌，智也；教不倦，仁也。仁且智，夫子既圣矣。'"（《孟子·公孙丑上》）这让我想起孟子的话："吾未能有行焉，乃所愿，则学孔子也。"（《孟子·公孙丑上》）

---

① 参见黄玉顺：《爱与思——生活儒学的观念》第四讲"境界的观念"，四川大学出版社 2006 年版。

道统·经典·哲学

——当代儒学范式初探

郭 沂[*]

内容提要：儒学虽然历经原始儒学、汉唐经学、宋明理学、清代朴学和现代新儒学五种学术形态，但其基本的思想范式可归结为二，即原始儒学和宋明理学，前者制约着汉唐儒学之规模，后者则决定了宋以后儒学之路向。当今儒学发展的使命，不仅仅是建构第六种学术形式，更为重要的是建构第三个儒学范式，即当代儒学范式。当代儒学范式将以"天人统"和"人天统"为道统论、以五经七典为核心经典系统、以各种新的哲学体系为理论形态，而作者提出的哲学方案为道哲学。

关键词：当代儒学范式；"天人统"；"人天统"；五经七典；道哲学

引 言

时代呼唤着新的儒学体系，儒学面临着突破。

那么，儒学将以什么方式突破？在整个儒学演变的脉络中，我们处

---

* 郭沂，韩国首尔大学人文学院哲学系教授，曲阜师范大学研究员，尼山圣源书院副院长。

在什么位置上？当代儒学发展的任务是什么？怎样建构新的儒学体系？笔者认为，如果从学术形式和思想范式两个角度来考察儒学发展之路，可能更容易看清问题的实质。大致地说，在两千五百年的历史长河中，儒学虽然历经原始儒学、汉唐经学、宋明理学、清代朴学和现代新儒学五种学术形态，高潮迭起，异彩纷呈，但其基本的思想范式可归结为二，即原始儒学和宋明理学，前者制约着汉唐儒学之规模，后者则决定了宋以后儒学之路向。换言之，先秦以降为先秦原始儒学的延伸，宋明以降至今为宋明理学的延伸。当今儒学发展的使命，不仅仅是建构第六种学术形式，更为重要的是建构第三个儒学范式。相对于原始儒学范式和宋明儒学范式，我们可称之为当代儒学范式。

当代儒学范式，或者说第三个儒学范式之建构的使命和方向应该是：回应现代化和全球化的时代挑战，以儒学的基本精神为本位，回归先秦原典，整合程朱、陆王、张（载）王（船山）三派，贯通儒、释、道三教，容纳东西方文明尤其西方哲学，建构一套新的哲学体系和社会学说，以解决当今社会面临的种种问题，并为未来世界开出大同盛世。这将是一项长期的和艰巨的任务。

儒学范式有三大支柱：一是道统论；二是核心经典系统；三是哲学体系。三者的共同转换，意味着儒学范式的转换。其中，道统论是儒学范式的宗旨，核心经典系统是儒学范式的依据，而哲学体系是儒学范式的实际载体。可以说，哲学体系既是核心经典系统的延伸，又是道统论的落实。打个比方，核心经典系统和道统论所提供的是一个平台，而一个个哲学体系就是建筑在这个平台之上的一座座亭台楼阁。也就是说，在这个平台上建构什么样的哲学体系，那是因人而异的。正因如此，不管在儒学发展的第一期还是第二期，都曾出现了众多的哲学体系。这些哲学体系尽管都独具风骚，风格各异，但也都打上了它们所从属的那个时期的烙印。这个烙印便是范式的标记，是其所属于的那个范式的核心经典系统和道统论赋予的。儒学发展的第一期和第二期哲学内在结构的不同，事实上就反映了范式的不同。这就是说，一个儒学范式的道统论与核心经典系统，是这个范式之下各种哲学体系的共同基础和前提。

本文试图从道统、经典、哲学这三个方面，来探索当代儒学范式的基本框架。粗陋谬误之处，望海内外方家赐教。

一、"天人统"与"人天统"——当代儒学范式的道统论

道统是儒家核心价值理念的结晶，也是儒家发生发展的根本宗旨。不同的道统观，往往反映了不同的价值取向。所以，道统观在很大程度上决定了儒学发展的基本方向。

儒家道统思想源远流长。从《论语》看，孔子已敏锐地觉察到尧舜以降的道统之存在。《尧曰》首章载："尧曰：'咨！尔舜！天之历数在尔躬，允执其中。四海困穷，天禄永终。'舜亦以命禹。"这是对尧、舜、禹道统传承的最明确而生动的表述。大禹之后，后世学者所公认的道统传承者汤、文、武、周公，在《论语》中也有踪迹可寻。孔子晚年"学《易》"以后，又进一步将道统的源头追溯到远古，于是，伏羲、神农、黄帝、尧、舜、禹、汤、文、武、周公，再加上孔子本人的传道谱系已大致勾画出来了。文、武、周公之后，大道不彰，圣人不出，礼坏乐崩。在此道统生死存亡之际，孔子挺身而出，挽狂澜于既倒，扶大厦之将倾，担当起传承道统的历史重任："子畏于匡。曰：'文王既没，文不在兹乎？天之将丧斯文也，后死者不得与于斯文也；天之未丧斯文也，匡人其如予何！'"（《论语·子罕》）文王既没，大道在我！面对死亡威胁，这份自信、这份从容、这份豁达，唯孔子为能。

孔子之后，重新确认道统并自称继承道统的，是孟子。到了唐代，韩愈因明确提出道统论而成为理学的先驱之一。他说："斯吾所谓道也，非向所谓老与佛之道也。尧以是传之舜，舜以是传之禹，禹以是传之汤，汤以是传之文、武、周公，文、武、周公传之孔子，孔子传之孟轲。轲之死，不得其传焉。荀与扬也，择焉而不精，语焉而不详。"[1]此

---

① 韩愈：《原道》，《韩昌黎全集》卷十一，中国书店1991年版。

后，承续道统，便成了整个宋明理学的主要使命，而这也正是朱子提出四书五经系统的根本原因。

朱子明确地提出了"道统"这个概念，但其道统论与韩愈有显著不同。一是像晚年孔子那样将道统追溯到伏羲，二是将曾子、子思等纳入传道谱系。在孟子和韩愈看来，孔孟之间的"百有余岁"，道统中断，至孟子才独得其宗。但朱子却认为，此"百有余岁"，道统代有传人，未曾中断，而曾、思二子，正是连接孔孟之间道统的桥梁。朱子相信，曾子和子思传道之迹分别见于《大学》、《中庸》：《大学》之"经一章，盖孔子之言，而曾子述之。其传十章，则曾子之意而门人记之也"[①]；"《中庸》何为而作？子思子忧道学之失其传而作也。"[②] 由此，朱子重建了道统传承谱系："夫尧、舜、禹，天下之大圣也。以天下相传，天下之大事也。以天下之大圣，行天下之大事，而其授受之际，丁宁告戒，不过如此。则天下之理，岂有以加于此哉？自是以来，圣圣相承：若成汤、文、武之为君，皋陶、伊、傅、周、召之为臣，既皆以此而接夫道统之传，若吾夫子，则虽不得其位，而所以继往圣、开来学，其功反有贤于尧舜者。然当是时，见而知之者，惟颜氏、曾氏之传得其宗。及曾氏之再传，而复得夫子之孙子思，则去圣远而异端起矣。子思惧夫愈久而愈失其真也，于是推本尧舜以来相传之意，质以平日所闻父师之言，更互演绎，作为此书，以诏后之学者。……自是而又再传以得孟氏，为能推明是书，以承先圣之统，及其没而遂失其传焉。"[③] 在这里，朱子将皋陶、伊尹、傅说、召公以及颜子、曾子、子思纳入传道谱系，为前人所未及。对孔孟之间的道统传承链环，朱子弟子黄榦《朱先生行状》有更简明的表达："窃闻道之正统，待人而后传。自周以来，任传道之责，得统之正者，不过数人，而能使斯道章章较著者，一二人而止耳。由孔子而后，曾子、子思继其微，至孟子而始著。"[④] 他将传承道统者

① 朱熹：《大学章句序》，《四书章句集注》，中华书局 1983 年版。
② 朱熹：《中庸章句序》，《四书章句集注》，中华书局 1983 年版。
③ 朱熹：《中庸章句序》，《四书章句集注》，中华书局 1983 年版。
④ 《朱子全书》第二十七卷，上海古籍出版社、安徽教育出版社 2002 年版。

分为两类，一是"任传道之责，得统之正者"，二是在此基础上进一步"能使斯道章章较著者"，二者当为传道和弘道之别。在他看来，曾子和子思属于前一类，孔子和孟子属于后一类。

尽管道统是真实存在的，但由于各种主客观原因，人们对道统和传道谱系的看法却见仁见智，故孔子、孟子、韩愈和朱子的道统观皆不尽相同。自朱子之没，又八百有余岁了。时过境迁，我们今天不可能全盘接受朱子的道统观。或许可以对道统作一种宽泛的理解，将它看作中国远古人文精神和孔子以来儒家道德精神薪火相传的系统。我认为，道统就是中国文化生生不息的命脉。

大道兴于对天人之际的追究。在古人看来，万物由天所生，而天道实为宇宙之大法，人事之准则，故天人之间息息相通。正因如此，如欲究天人之际，则既可自上而下地"由天道以推人事"，又可自下而上地"由人事以究天道"。这正是往圣先哲究天人之际、探大道之奥的两种基本途径和方式。由此形成了道之两统，我分别称之为"天人统"和"人天统"，或曰"天人道"和"人天道"。

此道之两统，已清晰地呈现于六经。清人章学诚曾经这样区分《易》和《春秋》之别："《易》以天道而切人事，《春秋》以人事而协天道。"[①]后来，梁启超更将这两种思维方式追溯到祝、史二职，并以之论衡六经。综二氏之说，我们可以得出结论：在六经中，《易》代表祝的传统，其究天人之际的主要方式为"以天道而切人事"或"由天道以推人事"，属于天人道统；《诗》、《书》、《礼》、《乐》、《春秋》代表史的传统，其究天人之际的主要方式为"以人事而协天道"或"由人事以究天道"，属于人天道统。

人性论为中国哲学之根蒂。德和欲分别代表人之为人的本质与人生而即有的本能，可分别归之于宋人的义理之性与气质之性。二者及其相互关系，不但是先秦人性论的核心问题，也是整个中国传统人性论的核心问题。那么，德欲之际和天人之际的关系是什么呢？我以为，自殷周

---

① 章学诚：《文史通义·易教下》，中华书局1956年版。

之际，究天人之际的主要目的，就在于化解德欲冲突的问题。欲为天生，德为人事，德欲之际，岂非天人之际？所以，中国哲学的元问题和本质特征，是究天人之际，化德欲冲突。其所要解决的，是人之为人的问题。由此元问题，大道得以化成，得以闳深。

究天人之际的两种基本思维方式，决定了六经化德欲冲突的途径有别。大《易》由天道以推人事，强调天命，或者说天对人的赋予，其天人关系是内在的，包孕着性善论的机缘。《诗》、《书》、《礼》、《乐》、《春秋》由人事以究天道，强调敬德祈命，注重德行和礼乐教化，其天人关系是外在的，持自然人性论。其"性"就是欲望、本能，也就是宋人所说的气质之性。当时人性论的核心，可以归结为以"德"御"性"，包括以"德""节性"和以"德""厚性"两个方面。在当时，"德"为善的行为，是外在的。

寄寓于六经的道之两统是怎样作用于孔子的呢？

孔子上承夏、商、周文明之精华，下开两千年思想之正统，无疑是道统传承的枢纽性人物。关于孔子与六经的关系，学者们多着墨于孔子是否和如何整理六经之类的问题上。其实，更为重要的是，孔子思想亦源于六经，他正是借助六经来传承大道和创建儒家学派的。换言之，就思想而言，儒家实起源于六经。

孔子思想有一个"下学而上达"的发展演变过程，这个过程可分为三个阶段，即以"礼"为核心的教化思想、以"仁"为核心的内省思想和以"易"为核心的形上学思想。这三个阶段也意味着孔子思想的三个组成部分。但这三个部分或阶段之间并不是截然分开和相互独立的，更不是相互抵触的，而是递次包容、交互渗透的关系。据此，孔子思想的核心是变动的，即由"礼"而"仁"而"易"。当然作为一个整体，孔子思想是以"易"为核心的。在这三个核心中，"礼"是外在的，"仁"是内在的，而"易"是至高无上的。因而，这个"下学而上达"的过程包含由外入内和自下而上的两个转折。

我们知道，在早年，"孔子以《诗》、《书》、《礼》、《乐》教"，"晚而喜《易》"。其实，这种经历和孔子思想的演变存在着异乎寻常的关系。在"学《易》"以前，也就是在孔子思想发展的早期和中期，孔子主要继承了《诗》、《书》、《礼》、《乐》之人天道统，持自然人性论和礼乐教化观。也就是说，在早期和中期，孔子对"性"的理解，基本上维持了传统的观念。孔子晚年"学《易》"后，将重点转向继承和发扬《易》之天人道统，并创造性地提出了义理之性和性善的理念。今、帛书《易传》中孔子易说所体现的晚年孔子则进一步以包括仁义在内的"德"为"性"，从而完成了对传统人性论的根本转化。这实为义理之性之渊源、性善说之滥觞。以"德"即人的本质界定人性，是中国人性论成熟的标志。

孔子思想的丰富内涵和深厚底蕴为孔子之后儒学的分化提供了条件。一位思想巨人之后，其后学们各执一端加以发挥，甚至导致学派分化，是世界思想史上的普遍现象，孔子之后的儒家正是如此。

进入战国，儒家开始分化为两系。一系承《诗》、《书》、《礼》、《乐》、《春秋》之"人天统"和孔子早期思想，本之以圣人之教化，从而论性情之原、礼乐之生，可谓之教本派。此派创自公孙尼子，继之以孟子车、《内业》，集成于荀子，而子夏实为其先驱。另一系承《易》之天人道统，融合孔子中晚期之思想，本之以天命之善性，从而论情心之变、教化之功，可谓之性本派。此派创自子思，集成于孟子，而曾子乃其前奏。《中庸》曰："君子尊德性而道问学"。性本派侧重"尊德性"，而教本派侧重"道问学"。两派的学术思想路径虽然不同，但都是道统的承担者。

不过，秦汉以后，两派的历史命运完全不同。性本派，确乎像韩愈所说，"轲之死，不得其传焉"。而教本派，经过董仲舒的发展改造，却一直是汉唐传统思想的正宗，浩浩荡荡，未尝中断。其流弊，在于由教化儒学演变为政治儒学，自不待言。

可见，韩愈以后的理学家们只注意到了道之"天人统"，并由此只承认以思孟为代表的性本派是道统的继承者，而完全没有发现道之"人天统"，并因而无视教本派同样继承道统的事实，甚至贬之曰"荀与扬也，择焉而不精，语焉而不详"。尽管如此，在事实上，宋明理学不但遥绍早已中断的思孟道统（"天人统"），而且也继承了荀、扬道统（"人天统"）。张载天命之性和气质之性二元论的提出，意味着将道之两统纳入到一个统一的思想体系中。

不过，理学家们对"天人统"和性本派的青睐和对"人天统"和教本派的忽视，并不是因为他们缺乏学术修养，而是有其深刻的历史根源的。余敦康曾经指出，从汉代开始，儒学的发展偏于外王而忽视内圣，以致在心性之学的研究上毫无建树。在某种意义上，蕴涵于孔孟儒学中的许多关于塑造理想人格的重要内容也失传了。但是，一旦礼法名教社会产生了严重的异化，追求外在事功的道路被堵塞，迫使人们不得不退回到内心世界去寻找精神支柱，儒学这才真正显露危机。同佛教的那一套系统完备的心性之学相比，不仅汉唐经学存在着严重的缺陷，连孔孟儒学也相形见绌。① 这就是说，宋明理学的历史使命是站在儒学的立场上回应佛教心性之学的严峻挑战，而在传统儒学中，具有比较丰富的心性论资源，可以开发出来与佛教心性论相抗衡的，正是思孟学派。所以，挺立思孟，提出道统学说，正是为了满足当时的现实需要。

我们现在建构当代新儒学所面临的形势和任务，同宋明理学极其相似。唐宋之际以前，佛教盛行，儒门淡泊，收拾不住，已经持续了几个世纪了。儒学能否起死回生，就在于它能否有效地回应佛教的挑战，结果宋明理学家们成功了。一个多世纪以来，欧风美雨，席卷神州，儒学重新被时代所抛弃，大有收拾不住之势。因而，儒学能否再次崛起，关键在于它能否像当年回应佛教的挑战那样有效地回应西学的挑战。

如果说宋明理学所要回应的是佛教心性论的话，那么当代新儒学所要回应的就是西方文化中的民主和科学。我们要像宋明理学家们从儒学元典中挖掘心性论的资源那样，从儒学元典中开发民主和科学的资源。

那么，传统儒学中有没有民主和科学的资源呢？许多人表示怀疑，但我的回答是十分肯定的，它主要存在于道之另统，即"人天统"中。

---

① 参见余敦康：《内圣与外王的贯通》，学林出版社1997年版，第269—272页。

尤其从公孙尼子到荀子的战国教本派，蕴藏着非常丰富的科学与民主的基因，是我们建构当代新儒学、回应西学挑战的宝藏。当然，除了儒家之外，其他中国传统学术思想系统中也含有大量科学与民主的信息，而以中医学为代表的中国传统科技，更是世界科技之林的奇葩。所有这一切，和西方的科学与民主一样，都是我们可加以评判继承，并用来建设中国当代科学与民主的宝贵资源。

值得特别强调的是，我们在借鉴西方经验的前提下从传统资源中开出的民主和科学，是一种既不同于西方又超越于西方、既能尽量避免西方之流弊又能有效回应西方的新型的民主和科学系统。它之于西方的民主和科学，犹如宋明理学的心性论之于佛教心性论。

所以，我们建构当代新儒学，不但要接续天人之统，也要继承人天之统。二统如鸟之双翼，车之两轮，缺一不可。担当两系道统，仰受千古圣脉，是建构当代新儒学的根本宗旨。

二、五经七典——当代儒学范式的核心经典系统

孔子和朱子分别是这两个范式的最主要的确立者。他们构筑各自儒学范式的路径虽然存在这样和那样的差别，但有一点是共同的，就是他们都将建构儒家核心经典系统作为基础性工程。这当然不是偶然的。经以载道，道赖经传。经典从来就是儒家立论的依据，是儒学发生发展的源头活水。孔子之时，周室微而《礼》、《乐》废、《诗》、《书》缺，于是孔子论次《诗》、《书》，修起《礼》、《乐》。晚年又整理《周易》，并因史记作《春秋》，从而创建了六经系统。秦火以后，《乐经》不存，故汉武帝只立《诗》、《书》、《礼》、《易》、《春秋》五经博士，五经遂成汉唐传统经学的核心。后来的"七经"、"九经"、"十二经"、"十三经"等儒家经典系统，皆以五经为核心，皆由六经系统演化而来，故可归为六经系统。朱子对经学的最大贡献，是将这种以五经为核心的传统经学，改造为四书五经系统，并将重心由五经转

移到四书。

不过，朱子所建立的四书五经系统，虽主导中国思想达六七百年之久，但自鸦片战争以来，中国和世界已经发生了巨大变化，这个儒家核心经典系统已经不能满足我们时代的需要了。也就是说，重构儒学核心经典系统，即建立第三个儒家核心经典系统，仍然应该是第三个儒学范式的基础性工程。

我所理解的儒家核心经典系统应该指儒学孕育和奠基时期最重要的儒学经典。五经为孔子所手订，乃夏、商、周三代的文化积淀，隐含着中国文化基因，孕育着儒家生命，其经典地位是不可动摇的。从孔子到孟、荀，为儒学的奠基期。这个时期的儒学，群星灿烂，学派林立，著作迭出，繁荣之至，世称显学。朱子从中选出大学、《论语》、《孟子》、《中庸》构成四书，反映了他的立场和时代需要。但对于建构当代新儒学来说，这个四书系统是有很大局限性的。根据上文对儒家道统的重新判定，愚见以为，现存儒学奠基期最重要的经典可新编为七：《论语》（附《论语》类文献）、《子思子》、《公孙尼子》、《子车子》、《内业》、《孟子》、《荀子》，总称"七典"，与五经合称"五经七典"。笔者试图在六经系统和四书五经系统的基础上，将儒家核心经典系统重构为五经七典系统。

一个世纪以来，随着考古资料的不断出土，人们对先秦文献的认识已经发生了翻天覆地的变化。一方面，这些简帛资料使许多佚失两千余年的先秦典籍重见天日；另一方面，根据这些资料，学者们进而重新审查传世文献，得出了与前人不同的判断。近期引起学术界巨大震动的主要有 20 世纪 70 年代出土的长沙马王堆汉墓帛书、90 年代出土的郭店楚墓竹简和最近公布的上海博物馆藏战国楚简。这几批简帛资料涉及先秦儒家的尤多，可以说从根本上改变了先秦儒家文献的版图。这一切，恐怕是 800 年前的朱子连做梦也想不到的。

《论语》集孔子言论之精粹，确为研究孔子最重要的史料，也是中国人最神圣的经典。然而，孔子弟子三千，登堂入室者七十有二，故当时一定有大量记录孔子语的笔记。而孔子去世后，后学即分化，故所谓

"夫子既卒，门人相与辑而论撰"①，一定只是各小集团之内的事情。由此可知，当时一定存在许多结集孔子言行录而成的《论语》类文献。当然，各小集团在结集孔子言行录的时候，是以自己的特点和兴趣进行取材的。从今本《论语》特别注重道德修养的情况推知，此书主要是由孔子德行科的弟子门人结集的。

那么，《论语》之外那些《论语》类文献的下落如何呢？它们并没有完全从历史上消失。在现存西汉以前的文献中，常常见到集中记载孔子言行的文字，从上下文看，绝非私家著作的征引。这就是《论语》类文献的佚文，其史料价值与《论语》不相上下。如今本和帛书本《易传》中的有关文献，《孝经》、定县竹简《儒家者言》和《哀公问五义》、《荀子》中的有关文献，大小戴《礼记》中的有关文献，《孔子家语》和《孔丛子》中的有关文献以及最新出土的郭店楚墓竹简和上海博物馆藏战国楚竹书中的有关文献等。因此，只有综合研究《论语》类文献，才可能更全面地了解孔子思想。这样一来，就有必要将其他《论语》类文献作为附录同《论语》合编在一起。

战国末期的韩非子在其名著《显学》篇告诉我们，自孔子死后，儒家有八派之多，其繁荣景象，不难想见。然而，由于文献不足，人们对此所知甚少，以致当今的大部分中国哲学史和中国儒学史著作，略过孔孟之间的历史空白，从孔子直接跳到孟子。这不能不说是一个令人十分遗憾的事情。谁也预料不到，郭店楚墓竹简的出土为揭开孔孟之间的儒学这个历史之谜提供了契机。

首先，这批竹简让儒家八派中的"子思之儒"终于露出了庐山真面目。当今学者对子思著作在历史上的流传情况所知甚少，误解甚多。我考察的结果是，从先秦至南宋，子思名下的这部著作先后出现过三种传本，分别代表其演变的三个阶段。第一阶段为先秦至刘向校书前的《中庸》四十九或四十七篇，是为祖本；第二阶段为《汉志》所著录的"《子思》二十三篇"，是为新编本；第三阶段为《隋志》和《唐志》所著录的《子

---

① 班固：《汉书·艺文志》，中华书局 2012 年版。

思子》七卷，是为重辑本。子思书本来至少包括三类文献。第一类是子思所记孔子言论，包括原本《中庸》（今本《中庸》基本上由两部分构成，以孔子语单独成章的部分为本来的《中庸》，另一部分为子思的一篇佚文，姑名之曰《天命》）、《表记》、《坊记》、《缁衣》四篇，它们属于《论语》类文献。梁时的沈约早就说过这四篇出自《子思子》。另外郭店楚简《穷达以时》可能也属于这一类。第二类为子思的著作，包括《五行》、《天命》和《大学》（《大学》并非像朱子所说的那样作于曾子）。另外，现存古籍中可能还保存了一些子思著作的佚文，例如《淮南子·缪称训》的主体部分很可能就是子思书《累德篇》的佚文。第三类为子思门人所记子思言行。郭店简《鲁穆公问子思》为鲁穆公和子思的对话，当为子思门人所记，它很可能也属于子思书中的一篇。这样，将上述原子思书残卷辑录在一起，新编《子思子》一书，就显得十分必要了。

其次，这批竹简提供了探索儒家八派之"孟氏之儒"的新途径。人们一般认为，"孟氏"即指孟子。但是，韩非子在这里谈论的是"自孔子之死也"、"自墨子之死也"的儒、墨两家的情况，而三墨皆墨子直传弟子，故八儒的时代离"孔子之死"亦当不远。从年龄上看，孟子应为第五代儒家。但在我看来，八儒多属孔子弟子和再传弟子，最晚也不超过三传弟子，正处在孔孟之间。韩非子所提到的"孟氏"到底是谁呢？我们可以从有关思孟关系的纷争中找到一些线索。汉代以来，学者们或认为孟子学于子思本人，或主张学于子思之弟子。根据笔者的新考，子思年92，生活在公元前504—公元前403年之间，但这仍不能与孟子时代相接，而多种典籍中有关孟子受业于子思的说法乃至有关子思、孟轲相见的记载又难以置疑。实际情况是：孟子虽然深受子思及其门人的影响，并与之构成思孟学派，但他既非受业于子思，亦非受业于子思门人。《子思子》、《孔丛子》等书所载的那位姓孟、名轲、字子车的儒者，并不是孟子，而是一位与孟子同姓名的子思弟子。有关孟子受业于子思的说法皆由此衍生，有关孟子受业于子思门人的说法都是由思孟时不相值的事实和《史记》衍文的影响所导致的误解。

这位孟子车并非等闲之辈，而是先秦时期的卓越思想家。早在幼年第一次拜见子思的时候，他就深得子思的器重和高度评价："言称尧舜，性乐仁义，世所希有也。"① 孟子车既为"世所希有"的大儒，那他一定有相当的著述。然而，随着他的名字为后来同姓名的孟子所掩盖，其著作也丧失殆尽。值得庆幸的是，郭店儒简的出土，为追寻孟子车佚文提供了可能。窃以为，郭店简中的《性自命出》、《成之闻之》、《六德》、《尊德义》、《唐虞之道》、《忠信之道》六篇，很可能就是孟子车的遗著，而孟子车即为《显学篇》之"孟氏之儒"。在儒学八派中，孟子车是辈分最晚的一位，也是唯一的孔子三传弟子。

如果这种推断不误，那么我们就可以顺理成章地将上述六篇郭店简合编成一书，并按先秦古书惯例，名之曰《子车子》。当然，为谨慎起见，我们也可以将它命名为《郭店楚简六篇》。

在儒家八派中，有著作传世的还有"孙氏之儒"。关于"孙氏之儒"，自清代就有荀子和公孙尼子二说。我以为，荀子的时代离"孔子之死"实在太远，当以公孙尼子为是。公孙尼子系子夏弟子，卓然大儒，堪称一派。《汉书·艺文志·诸子略》儒家类载有《公孙尼子》28篇。这部经刘向整理"定著"的28篇本《公孙尼子》流传时间并不长，大概在汉魏之际就佚失了。《隋书·经籍志》子部儒家类著录有《公孙尼子》一卷。很可能在28篇本佚失以后，有心人将其佚文辑在一起，而篇幅又不大，不足以分卷，故合为一卷。这部一卷本，在宋以后又亡佚了。28篇本和一卷本《公孙尼子》虽然皆已散佚，所幸的是其若干佚文保存至今，其中最重要的就是今本《礼记》中的《乐记》篇。

关于公孙尼子的其他著作，陆德明《经典释文·序录》曾说，"《缁衣》是公孙尼子所制"。但据学者们考证，《缁衣》为《子思子》的一篇，是完全可以肯定的。它是否也曾出现在《公孙尼子》中呢？这种可能性也是不能排除的。此篇所记悉为孔子言论，属《论语》类文献，既非子思手著，亦非公孙尼子亲撰。和其他许多《论语》类文献一样，它为不同古书所共采，是完全可能的。在《公孙尼子》28篇中，可考的篇名

---

① 《孔丛子·杂训》，中华书局2009年版。

还有《春秋繁露·循天之道》篇所提到的《养气》篇。另外，马国翰《玉函山房辑佚书》还辑有不可考篇名的《公孙尼子》佚文12条。除了马氏辑本外，洪颐煊也曾辑录过一本《公孙尼子》，在《问经堂丛书》中。准此，有必要在马、洪二氏辑本的基础是重新校订《公孙尼子》一书。

《汉书·艺文志》儒家类有"《内业》十五篇"，注曰"不知作书者"。著名的《管子》四篇即《心术》上下、《白心》、《内业》，实为其佚篇。论者多以为此四篇为道家著作。其实，四篇虽多用道家概念，但价值取向却是儒家的，当然为儒家著作。

除了"自孔子之死也"这个时间范围外，韩非子提出儒家八派的学术标准，在我看来可以用司马迁的"究天人之际"和"成一家之言"二语来表达。也就是说，只有建构了一套独特的哲学体系的战国早期儒者，才可以入选儒家八派。既入选八儒，当各有著作。虽然我们现在只能读到子思之儒、孟氏之儒和孙氏之儒的著作残卷，但仍能从中领略其哲学体系之大概。至于其他五派的哲学体系，因其著作无存，我们就很难详细推测了。曾子、子夏和子游等当时很有影响的儒家派别之所以未列入八儒，并不是韩非子的疏忽，而是在他看来，这些儒学流派未尝建立起自己的哲学体系，故不符合入选条件。

"究天人之际"、"成一家之言"，仍然应该是我们今天建构儒家核心经典系统的入选标准。我认为，上面讨论的《论语》（附《论语》类文献）、《子思子》、《子车子》、《公孙尼子》、《内业》以及传世的《孟子》和《荀子》这七部先秦儒家经典，都是符合这个标准的。

总之，两脉道统，见于"五经"，存于"七典"，比量齐观，庶几可得大道之全矣。出于对道统的不同看法，唐代以前的经传中，常以周孔并称；唐宋之际以后，代之以孔孟并称；现在看来，以周、孔、孟、荀并称，或许有更强的概括性。

诚然，我们今天建构当代新儒学，不但要回归先秦元典，而且还要继承历代大儒的思想，他们都是道统的承担者。其中最值得重视的有董仲舒、周敦颐、邵雍、张载、程颢、程颐、朱熹、陆九渊、王阳明、王夫之、戴震、熊十力、冯友兰、牟宗三等人。这是特别需要说明的。

三、道哲学——当代儒学范式的哲学建构

重建儒家哲学的任务是什么？当然是解决当前人类所面临的主要问题。近代以来，资本主义和现代化虽然不断地给我们带来剧变，使我们享受到前所未有的物质文化，但并没有像人们所希望的那样将人类带到一个自由世界，随之而来的是环境破坏、核弹威胁、文明冲突、精神沉沦、物欲横流。一句话，价值悄然离去。就是说，这场人类危机的实质，正是价值危机。所以，整合知识论和价值论，维护价值论在哲学中应有的地位，重建人类的精神家园，是当今整个世界重建哲学的根本任务。当然这个任务落实到不同文明又各有侧重。由于中国哲学的缺陷在于知识论的缺失，现代西方哲学的不足则是价值论的淡化，因而中国哲学的使命是建立知识论以辅助价值论，西方哲学的使命则是重构价值论以主导知识论。

那么，应该如何重建儒家哲学呢？形上学不仅是中国哲学的命脉，在西方哲学传统中也有"第一哲学"的美誉。只是本体与现象相分离的基本特征，导致西方传统形上学产生种种弊端，最终积重难返。恰恰相反，中国形上学的基本特征是体用一如、上下一贯，这充分表现在宇宙论与本体论的合一。所谓天人合一、体用一如、内圣外王等，都是以此为基础的。通过形上学来开出种种有关人生、伦理、社会、政治的学说，是包括儒、道、释三家在内的中国哲学各流派的基本路径。这样就避免了西方哲学本体与现象脱节的弊病。由此可见，以现代宇宙学和中国古代哲学宇宙论为基础，以中国古代形而上学为典范，综合中西古今的哲学意识，重建一套新的宇宙论和本体论合一的形而上学，就成了开辟未来哲学的一条可靠道路。

（一）道体——万物从何而来

应该用什么概念来表达宇宙之本原、世界之本体呢？先民认为，万

物皆为天所生，这样"天"就成了中国最早的表达宇宙本原的概念。春秋末年，老子和孔子分别提出了更具哲学意味的"道"和"易"两个概念。尽管如此，人们仍然认为"天"具有至高无上的地位，所以战国至汉唐的儒家既没有接受"道"，也没有采用"易"，而是继续沿用了"天"作为本原、本体概念。魏晋时期，玄学大盛，老子的"道"逐渐为越来越多的人所接受，以至于连宋明理学家们都大谈"道体"。在这种情况下，为了避免不必要的隔阂，我采用"道"这个概念来表达宇宙之本原、世界之本体，把下面将要讨论的哲学和形上学分别称为"道哲学"和"道形上学"。

"道哲学"和"道形上学"既吸收儒道两家有关"道"的思想，又有所超越，所以不能理解为某种"道家哲学"和"道家形上学"。就其基本价值取向而言，反倒可以列入儒家的谱系。

"道哲学"和"道形上学"是一种在"道"的基础之上或者说沿着"道"的进路而建立起来的哲学和形上学（Daoic philosophy，Daoic metaphysics），而不是为了"道"而建立的哲学和形上学，也不是对"道"所做的哲学和形上学的解释（philosophy of Dao，metaphysics of Dao）。

道体是一个超越的和绝对的本体世界。它无边无际、无穷无尽、无所不包、不生不灭，是一个绝对的"大全"和一切存在者之母。

历史上种种作为宇宙本根、世界本原的范畴，都是哲学家们先由物观道，再以道知物，然后"上下察也"得出来的。换言之，他们所构建的超验世界，归根结底，源自经验世界。不过，他们对这些范畴只是笼统地肯定，而没有对其构成作进一步的分辨。在我看来，经验世界可以归纳为三种基本元素，它们是物质、价值和知识。由此推知，道体界也由三种基本元素构成，我分别称之为值、气和理，统谓之"三元"。值是"价值元"，乃价值的存有、意义的存有。气是"质料元"，乃质料的存有，为物质世界的本原，也就是古人所说的气之本体。理是"形式元"，乃理则的存有、知识的存有。其中，理无自体，而是寓于值和气之中的，故分为两类。一类与值相对应，乃值所含之理，可谓之值理。如作为一种价值，仁本身属于值，但仁之为仁，当有其理，此即值理。

另一类与气相对应，乃气所含之理，是自然界的法则、规律，即古人所说的"物理"，可谓之气理。

三者的特性各有不同。值是至真、至善、至美的，或者说是纯真、纯善、纯美的。气本身虽然是无所谓真、善、美或假、恶、丑的，但又包含着导致真、善、美和假、恶、丑的可能性。虽然理本身也是无所谓真、善、美或假、恶、丑的，却包含着真、善、美和假、恶、丑之理则。

在道体界，值、理、气是永恒的，也是自在的、散在的。自其永恒性而言，可分别谓之"恒值"、"恒理"、"恒气"。从其自在的、散在的状态而言，即是"无极"。恒值、恒理、恒气三者相搏聚形成太极，也就是被现代天体物理学家称为"奇点"的原始原子。宇宙由太极裂变而成，就是说太极是宇宙万物的直接源头。所以，道犹如母体，太极就像母体孕育出来的卵子，而宇宙则是由卵子演变而成的孩子。当太极演变为宇宙万物以后，它自身便存在于宇宙万物之中了。这样，太极便有两个层面：一是作为万物产生者的太极，是为本原太极；二是万物所具的太极，是为次生太极。

（二）人性——我们是谁

次生太极，也就是万物之性。太极本由值、理、气三者组成，故作为次生太极的性，亦存在三类，即值之性、理之性和气之性。

万物对气之本体的禀受是千差万别的，亦即万物的气之性是千差万别的。荀子将万物分为四类，可分别称为有气之物（矿物质）、有生之物（植物）、有知之物（动物）和有义之物（人）。笼统地说，所谓性就是各种事物所具有的各种素质的总和。其中，最能代表一类事物的本质并以之同其他事物相区别的素质，我称为"本质的性"，其他素质则为"非本质的性"。有生之物的本质的性体现在生命中，有知之物的本质的性便体现在动物之心中，而有义之物的本质的性则体现在人心中。在这个意义上，甚至毋宁说这些不同层次的素质，就是不同事物的性。非生命是诸如水、火等非生命物质的气之性，生命是生物的气之性，动物之心是动物的气之性，人心则是人的气之性。因此，所谓兽心就是兽性，人心就是人性，心即性也。万物气之性的不同直接决定了值之性的差异，甚至可以说气之性与值之性是相应的、同构的。在荀子据以分辨万物的四种素质中，气、生、知皆非价值，只有义才属价值。荀子认为，只有人才能发现价值，这其实意味着只有人才具有值之性。万物气之性和值之性的差异，决定了其理之性的不同。概而言之，有气之物、有生之物、有知之物和有义之物皆具有各自的、处在不同层面的气理性，但唯有作为有义之物的人才拥有值理性。

每个人对气之本体的禀受，是千差万别的。气之性的差异，决定了人值之性和理之性的差别。因此，在人类中，个体的先天禀赋是色彩斑斓的，世界上不存在先天禀赋完全相同的两个人，就像不存在完全相同的两片树叶。这是否意味着有的人天生就是善人，有的人天生就是恶棍呢？关于这个问题，让我们回到值、理、气三者的善恶特性来讨论。如果单从值性和值理性来看，一方面，人性是至真、至善、至美或纯真、纯善、纯美的，这是圣人和芸芸众生之所同；另一方面，受作为"器量"的气性之所拘，人人所秉之值性和值理性又有大小、多少、强弱等差别，这是圣人和芸芸众生之所异。据此，虽人性皆美，然美亦分大小。或如大海之美，或如江河之美，或如溪流之美，或如露珠之美。

如果单从气理和气理性来看，则人性本身虽无所谓善恶，却蕴涵着善恶的机理与为善、作恶的可能性。一方面，人人都有气性和气理性，故人人都有为善、作恶的可能性。这是圣贤与芸芸众生之所同。另一方面，人人的气性和气理性千差万别，故人人为善、作恶的可能性亦千差万别。顺其自然情势，禀气之清者，其为善的可能性最大，作恶的可能性最小，故成圣最易；得气之浊者，其为善的可能性最小，作恶的可能性最大，故多为愚、不肖，成圣最难；占绝大多数的普通人，则居于二者之间。这是圣贤与芸芸众生之不同。因此，气禀本身虽无所谓善恶，但隐含着行善作恶之机缘和功用。不同的气禀在行善作恶中所起的作用有所不同，有的更容易导致行善，而有的则更容易导致作恶。至于最终导致行善还是作恶，那就取决于后天的习染和教育之功了。今仿王阳明四句教，将气性和气理性的善恶问题归结为以下四语：无善无恶性之体，可善可恶性之用；趋善趋恶赖气禀，为善去恶靠教化。

（三）人心——我们能够做什么

人心既然为性的实际承载者，那么我们说人兼备气之性、值之性和理之性，事实上可以具体落实为心兼备气之性、值之性和理之性，或者说心具一太极。太极在万物既为性，而心即性，故毋宁说心本身就是太极。以性言，心含值之性、理之性和气之性三类；以心言，则心含值之心、理之心和气之心三类。其中，只有气之心是主观的、能动的、具有知觉功能的，我们可称之为主观心、主宰心、能动心或知觉心。而值之心和理之心是客观的、自在的，我们可称之为客观心、自在心。八百年来，中国哲学史的最大问题是程朱"性即理"与陆王"心即理"之争。我以为，程朱的"性"就是陆王的"心"，二者都是指我所说的客观心，而程朱和陆王两派一致把客观心当作理。因此，"性即理"和"心即理"，除了名称之异外，是没有什么实质区别的。

以现代科学的观点看，所谓知觉心，就是大脑以及整个神经系统。它有三种基本功能，可以分别用"知"、"情"、"意"三个概念来表达。

知是知觉心的认识功能，它包含三种形式，我分别称之为"认知"、"感知"、"觉知"，三者的主体可分别成为"认知心"、"感知心"、"觉知心"。认知是对理世界，包括恒理、太理、理之性、理之心的认识，是心对事物的理则和知识获取的方式。感知是对气世界，包括恒气、太气、气之性、气之心的认识，是心对事物本身的物理和生物特性的感触方式。觉知是对值世界，包括恒值、太值、值之性、值之心的认识，是心对宇宙价值和生命意义的体验、感悟和了解的方式。

情感是人和动物、生物特性的体现形式，为感知的内在对象。在这个意义上，感知和情感之间是主体和客体的关系，二者相辅相成，组成

"感知—情感"结构。情感包含三个层面：第一个层面我称之为情爱本能，包括人和某些动物生而即有的同情心，如人类婴儿和某些动物幼崽对母亲的爱恋等。第二个层面是欲望，即食、色，现代科学归之于生理因素。第三个层面为情绪，现代心理学归之于心理因素。情的这三个层面都属于生物本能，其本身是无所谓善恶的，却含有导致善恶的机理和可能性。就其自然情势而言，第一层面易于导致利他主义，第二层面易于导致利己主义，至于第三层面是走向利己主义还是利他主义，则完全取决于其"发而皆中节"与否。如果可以把这种趋善趋恶的可能性当作善恶的话，那么我们或许可以说第一层面是善的，第二层面是恶的，第三层面是善恶相混的。

生命心的第三项功能为意。我以为意兼心之灵明、心之主宰、心之定向、心之状态诸义，它是知觉心的另外两个基本内涵即知和情的主导者。

在心的各项功能中，除认知心之外，其他诸项，包括觉知心、感知心、情、意，皆为生命体验的形式，所以可以统称之为"生命心"。认知心和生命心对人的生存状态以及生命的意义是不同的。生命心是生命意义的真正承载者，而认知心不过是实现存在价值和生命意义的一个途径和手段。换言之，生命体验是人存在的目的，而认知只是实现这一目的的一个工具。

在生命心的四项功能即觉知、感知、情、意中，意扮演着指挥官的角色，觉知、感知和情才是生命体验的具体执行者。所以，觉知与"感知—情感"结构是生命存在的两种基本状态。由于觉所指向的是值世界，而"感知—情感"结构源于气，亦指向气，为生物本能，所以我称由觉知所体现的生命形式为价值生命，由"感知—情感"结构所体现的生命形式为生物生命。

万物之性的不同，决定了万物之目的和存在之意义有所不同。对各类事物而言，尽其非本质的性为低级目标，尽其本质的性则为高级目标。如果说高级目标决定事物的意义的话，那么有气之物的意义在于实现其作为物质的存在，有生之物的意义在于实现其植物生命，有知之物的意义在于实现其生物生命，有义之物的意义在于实现其价值生命。显然，对于人来说，价值生命决定着生命的意义，是生命存在的高级形式，而生物生命本身无所谓真、善、美和假、恶、丑，不具有价值，所以是生命存在的低级形式。

觉知能够达到值世界的不同层面和高度，这就决定了价值生命本身也是存在不同层次的。觉知的最高目标是达至值世界的本原形态即处在道体无极状态的恒值并与之相契合，从而获得生命的最高自由、最高自在、最高快乐、最高满足、最高安顿。我把这种状态称为生命巅峰状态或巅峰体验。可以说，它体现了生命的根本意义和终极关怀，是人类真正的精神家园。可见，觉知的不断追求，是精神不断解放的过程。

达到生命巅峰状态的途径大致可以分为五种：一是自心了悟的路径，二是各种身心修行的路径，三是道德的路径，四是审美的路径，五是神灵的路径。其中，第一种路径是生命心无所凭借、直截了当地对道的彻悟和洞察，是最高超的体道路径。第二、第三、第四种路径虽然分别借助于修行、道德和审美，但仍然依赖生命心自身的认识能力。第五种则主要靠外力的作用，是在依赖生命心自身的能力无法达到巅峰状态的情况下不得不采用的路径，是不得已的办法。只是达到生命巅峰状态的路径不同，最终的目标则是一致的。好比从不同方向爬同一座山，虽然路径不同，但最终所达到的是同一个顶点，正所谓道通为一。

（四）人道——我们应该怎么做

文化就是心体的呈现、心体的外化、心体的产品。由生命心所呈现的文化为生命文化或文化的生命系统，由认知心所呈现的是知识文化或文化的知识系统。鉴于觉知体现了价值生命，感知体现了生物生命，所以由觉知所呈现的文化为价值性生命文化，简称价值文化，诸如道德、宗教、文学、艺术等。由感知所呈现的文化为生物性生命文化，简称生物文化，诸如体育、各种娱乐活动等。

在价值生命和觉知心中，生命巅峰状态或巅峰体验体现了生命的"终极价值"，我称之为"安"，它在文化系统中表现为信仰和行为准则，具有至高无上的地位。至于真、善、美三大范畴，乃是达到生命巅峰状态各种途径所体现的价值，而不是生命巅峰状态本身所体现的价值。换言之，它们并不是价值的最高形式，并不是终极价值。因此，我将价值的三大范畴扩大为四大范畴：真、善、美、安。其中，安与真、善、美不在同一个层面上，而是凌驾于真、善、美之上的终极价值。在价值系统，那些并非直接关涉终极关怀的价值，诸如伦理价值、社会价值、政治价值等，我统统归之于一般价值。

各种文化系统对人的意义是不同的。作为有义之物，人的目的和存在意义最终在于以其所特有的觉知心去实现其值之性、值之心，从而创造价值文化、价值知识。至于感知心和生物生命，则不过是人实现其目的和存在意义的工具、手段和凭借而已。

在儒家学说中，达到终极价值的途径可以用"道"字来概括。道是事物的规律、原理、准则，是人当行之道，是行为的准则，也就是人道。所谓道统，就是古往今来的圣贤探寻、继承、弘扬人类当行之道和终极价值的传统，是中国远古人文精神和孔子以来儒家道德精神薪火相传的系统，是中国文化生生不息的命脉。我以为，道与道统作为儒家终极价值及其传统的形成，具有普遍意义。虽然各种文明的价值观不同，但其终极价值无不最终落实于一套行为准则，也就是人之当行之道。道体是无限的，是一个取之不尽、用之不竭的价值源泉。正像儒家从中发展出儒家之道并形成其道统一样，世界上所有价值体系都从中得出各自之道并形成其道统，道家、佛教、基督教、伊斯兰教，乃至当今盛行的自由主义等，都各有其道及其道统。到目前为止，形形色色的超越概念，诸如儒家的"天"、道家的"道"、佛学的"真如"、西方的"上帝"等，无不是各种文化系统站在自己的立场上从不同角度对道体的体认，最终它们无不落实于各自所持的人之当行之道，来指导人们的行为。所以，我将人类达到终极价值的途径笼统地称为"道"。

　　以上所论道体、性体、心体、人道等构成了一个体用一如的链环。其中，道体为天地之大本，以下迭为体用。即道体为体，性体为用；性体为体，心体为用；心体为体，文化为用；生命为体，知识为用；价值为体，生物为用；人道为体，一般价值为用。就是说，道体、性体、心体、文化、价值、人道之间体用一如，上下融通，直如高山流水，一贯而下。

儒学复兴之路

尼山铎声

儒学与人生

张立文 *

内容提要：本文认为，儒学与人生密切相关，人生问题的三个维度即生命、命运和生活都可以从儒学中得到启示。从生命角度而言，儒家讲"天地之性，人为贵"，认为生命是通过"和实生物"而产生的，主张人生的目的在于立德、立功、立言，以求道为乐。就命运的角度而言，"命"是指自然的必然性，"运"则是一种机运、偶遇和机遇，具有偶遇的偶然性，分为人运、国运、世运。人们可以凭借自己的智慧、能力、奋斗，掌握机遇、时运，以改造贫富贵贱、成败得失的生存状态。就生活而言，儒家所倡导的生活原则是："己所不欲，勿施于人"、"和为贵"、"君子周而不比，小人比而不周"、"无信不立"等。而要生活快乐则要遵循孔子"益者三乐，损者三乐"的教导。

关键词：生命；命运；生活；生死；人生

"儒学与人生"，这是每个人都关心的问题，也是牵涉到每个人切身的问题。人生究竟是什么？孔子有一天面对流水发出感慨"逝者如斯夫"，这可以理解为，人生就像流水一样逝去了。古希腊哲学家赫拉克利特也说过，"人不能两次踏入同一条河流"，这就是说，人生就像流水

---

* 张立文，中国人民大学一级教授，哲学院博士生导师，中国人民大学孔子研究院院长，国学院研究院院长。

一样，流过去了就不可能再流回来。所以当我们第二次踏入河流之时，这就不再是第一次的河流。通过这些，我们应该反思一下，我们的人生到底是什么呢？人生其实是一个谜。古希腊有个神话，一个人面狮身的怪兽，叫斯芬克斯，它站在一个路口，拦住每个过路的人都要他们猜一个谜。他说，有个东西早晨四条腿，中午两条腿，晚上三条腿。如果过路者猜不出谜底，就要被它吃掉。一日，一个智者通过路口并猜出了谜底，那就是"人"，然后斯芬克斯就羞愤地坠落谷底而死了。为什么谜底是人呢？因为婴儿用四条腿爬行，青壮年是用两腿而行，老了以后用拐杖算是三条腿。"人"就是一个谜。我们对人自己的认识永远是一个未完的重大课题。例如，为何人会得癌症？为什么得了癌症会死？等到克隆人的时代，到了人可以在工厂大批量生产的时代，人就像机器一样被生产了，那时候，人是什么呢？所以人是永远认识不完的一个谜。人生的"生"也是一个谜，什么时候生，什么时候死，如何死，能长寿还是夭折，这也是一个谜。虽然人每天都在生活着，但我们对什么是人生，仍然不清楚，从这个意义上来讲，我们要对人生有个清楚的认识，这很必要，这就是人对自己的自我觉醒。

什么是人生？我们可以从三个维度来看：一是生命；二是命运；三是生活。人生以什么样的形式存在？是生命。人生以什么样的状态存在？是命运。人生的内容和先决的条件又是什么？是生活。

一、生命的反思

人的生命有各个方面的内涵，有肉体生命、价值生命、道德生命、事业生命、政治生命、经济生命、文化生命、学术生命、生命是多样的。

首先，人的生命的存在形式如何？第一，人的生命是可贵的、宝贵的。儒家讲"天地之性，人为贵"（《孝经·圣治章》）。也就是说，天地之间最可宝贵的是人，为什么是人呢？宋明理学家认为，人是天地间阴阳五行的精英妙凝而成的，即阴阳五行之秀气。从这个意义上来看，宋明理学家陆九渊讲："天地人之才等耳，人岂可轻，人字又岂可轻。"①所以我们要珍惜自己的生命，人的生命是不能轻视的，生命是宝贵的。第二，人的生命是唯一的。为何讲人的生命是唯一的？因为人的生命只有一次，孔子所讲"逝者如斯夫"，生命就像流水一样逝去，一个人不可能有第二次的生命。第三，人的生命是不可选择的。人是不能选择自己何时生，活多长的，人的可贵性就在此处。第四，人的生命是消费性的。生命过一天少一天，过一个小时就少一个小时，生命是不可以再返回的。人的可贵性就体现在唯一性、不可选择性、消费性。我们应该遵循儒家的教导："天地之性，人为贵"。

其次，从人的生命的根底上看：人是怎么来的？天地万物从哪里来的？中西文化有不同的回答。每个哲学家在探讨世界万物的来源的时候都会遇到这个问题。《旧约全书》第一章《创世纪》里讲到上帝如何创造万物，包括空气、水、草木等。上帝抓来一把土捏成像上帝一样的人，吹了一口气，这就是亚当，然后又抽出亚当的一根肋骨，捏成了一个女人，就是夏娃。亚当和夏娃没有听上帝的话，受到蛇的引诱吃了智慧树上的果实，有了智慧，上帝认为这是违反了自己的命令，将他们赶出了伊甸园。于是上帝给人终生惩罚，亚当要终生劳动，夏娃要经历生育的痛苦。从西方观念来看，人的始祖犯了原罪，所以后来的人都是有罪的。而中国儒家思想中，人之产生是由于"和实生物"，怎么样"和实生物"呢？"土与金、木、水、火杂，以成百物"，（《国语·郑语》）即五行等相互差异的元素融合，就产生了百物。《周易》分为《易经》和《易传》，《易传》相传为孔子所做。《易传》中讲到，人如何而来："天地氤氲，万物化醇；男女构精，万物化生"②。就是说天为父，地为母，天地、父母，即是阴阳，既互相冲突又互相融合，万物就产生。就好比，男女构精，万物产生。天地是乾坤，阴阳融合，产生新生儿，

---

① 陆九渊：《象山语录下》，《陆九渊集》，中华书局1980年版。
② 阮元校刻：《十三经注疏·周易正义》，中华书局1980年版。

这就不是上帝产生万物的思路。《红楼梦》第三十一回就是讲的此事，原文大意是说世界上凡是事物都有阴阳之分，比如树叶、硬币、招牌都有阴阳不同的两面。譬如天是阳，地就是阴；水是阴，火就是阳；日是阳，月就是阴。阴阳渗透到宇宙、社会、人生及日常生活之中。翠缕问史湘云："人也有阴阳？"被史湘云斥为下流的东西，人的阴阳就是男女之事。如向上向下，向阳背阳，便有阴阳之分。中国思想中，其思维是多元的事物互相融合，甚至相反相斥的事物也相融合。中国的思想中，没有一个唯一的上帝来造万物，因而是具有多元性的包容。儒家讲"同则不继"，相同的东西是不能互相作用产生新事物的。《周易》的《革》卦，讲到"二女同居，其志不相得"，这是说两个女子在一起无法生子，产生后代，人类无法延续下去。

再次，人的生命应该如何来看？人怎么样活着？人有各种各样的活法。儒家追求有道德性的活，即立德、立功、立言。《左传》有言："太上有立德，其次有立功，其次有立言。虽久不废，此之谓不朽。"[1]人要为立德、立功、立言而活。荀子讲过："水火有气而无生，草木有生而无知，禽兽有知而无义，人有气、有生、有知，亦且有义，故最为天下贵也。"（《荀子·非相》）人是社会性的动物、道德性的动物，不只是自然性的，所以人活着要讲道德。从这个意义上来看，中外思想家对于人是什么有很多解释。例如，古希腊哲学家亚里士多德认为人是政治动物、社会动物。中国也讲，人是能劳动的、社会的动物。到20世纪30年代，西方哲学家卡西尔的一本书叫《人论》，讲人是符号的动物。如果说人是符号的动物，桌子也是符号，因为桌子也有长有方，有红有白，有各种各样的桌子。桌子的概念就是符号，这样桌子和人也就没有区别。如果把人说成是符号的动物，这就把人的主动性、能动性、情感性、创造性、人性都去掉了。从这个意义上讲，人是符号的动物，不能揭示人的本质特征。卡西尔提出人是符号的动物是有针对性的，针对人是语言的动物、人是理性动物等观点，有其当时的意义，但现在这样讲

---

① 阮元校刻：《十三经注疏·春秋左传正义》，中华书局1980年版。

就不妥了。所以我写《新人学导论》，讲道"人是会自我创造的和合存在"。人会自我创造，这是其他动物不可能具备的特点。到现在，关于人是什么，我们应该有个清楚的认识。

人的生命是和死亡连在一起的。其一，生死是生命之流。生死问题是人生最大的两个问题。例如，说"红白喜事"，生是红的喜事，白是死的喜事。孔子讲"未知生，焉知死"，"未能事人，焉能事鬼"（《论语·先进》）。生死是生命的一体两面，在人的生命之流中，无生命便无生死，无生死亦无生命。自古以来，就有注重生轻视死的问题。然而，人一生来，就要面对死。生死是人生中不可分割的两个方面。对于孔子的这句话也有不同的解释，反过来看，不知死，焉知生？由死来反观生，生是重要的，由生来观死，那么死也很重要。从这个层面来看，我们该如何正确地对待生和死呢？现代有了生死学，如何对待生死是一个重要的问题。我曾有一篇文章是《生死边缘的沉思》，认为人的生命有两种，一种是自然的生命，自然而然地死去，另一种是人为的生命，它需要受很大痛苦，方能获得生命的延续。对此，中国儒、释、道都有不同的看法。佛教认为，人生就是苦海红尘，人一生下来，就要面对生、老、病、死的苦，人生就是痛苦的。如何解除呢？就是求来世。从这个意义上说，佛教是对生的否定，是对未来的期盼。而道教不同，它试图延长有限的生命，并通过修炼达到长生不老，羽化登仙。儒家认为，人的生命是道德生命，它靠道德的修养来延续，要求做一个对国家社会有益的人。从孔子来看，他认为"人之生也直，罔之生也幸而免。"（《论语·雍也》）《中庸》说："事死如事生，事亡如事存，孝之至也。"① 扬雄说："有生必有死，有始必有终，自然之道也。"② 这是说，事死与事生一样，事存和事亡是一样的，生死存亡是一种自然现象。虽然孔子实际上重视现实的生，但也不否定他为一种事业去死的看法。

其二，生死的目标、目的。孔子讲"朝闻道，夕死可矣"（《论语·里

① 阮元校刻：《十三经注疏·中庸》，中华书局1980年版。
② 扬雄：《法言·君子》，中华书局1992年版。

仁》），"志士仁人，无求生以害人，有杀生以成仁"（《论语·卫灵公》），生是为了追求仁道、忠恕之道，这是人生的目的，不应该怜惜自己的生命而去损害忠恕之道，从这个意义上看，死是为了求道。孟子也讲道："生，我所欲也；义，亦我所欲也。二者不可得兼，舍生而取义者也。"（《孟子·告子上》）生，是我想要的，道德，也是我想要的，我宁愿为了义而牺牲生命，这是我生命的意义。为了理想，我愿意牺牲自己，这就是舍生取义。裴多菲说："生命诚可贵，爱情价更高，若为自由故，两者皆可抛。"义同。死不是白白而死，有重于泰山和轻于鸿毛之分。为了没有意义的事去死，是不值得的。从儒家孔子的教导来看，我们为了理想、道义、信仰而死，才是死得其所。所以，我们应该来认识如何死，什么是正确的死。子贡请教孔子，应该如何治理国家，孔子讲足兵、足食、讲信。子贡问如果要去掉一项，该去掉什么？孔子答："去兵。"如果再不得已去掉一个，"去食"。子贡问为何这样选择，孔子答曰"自古皆有死，民无信不立"①。自古以来人都是要死的，民如果对政府没有信心的话，政府就无法继续下去，如果要有政，那么就要有信，所谓讲信即讲道。"人生自古谁无死，留取丹心照汗青"。儒家是重道德、重诚信的。

其三，建立什么样生死观。生命为何而活？是为了理想、事业，否则人生也将毫无意义。到底如何做人，这关系到每个人的切身利益。孟子讲到过人和禽兽的差别就只有一点点，"人之所以异于禽兽者几希，庶民去之，君子存之"（《孟子·离娄下》）。如何提高自己的道德情操，发挥人之所以为人的部分，这是每个人都应该深切思考的问题。所以对待生死问题，就应该有明确的认识，要有正确的生死观。《周易·乾·文言》中讲到要知进、知退、知存、知亡，这才是圣人。如果只是知"进、存、得"这单方面，而不知道"退、亡、丧"，则无法成圣。"知进而不

---

① 子曰："足食，足兵，民信之矣。"子贡曰："必不得已而去之，于斯三者何先？"曰："去兵。"子贡曰："必不得已而去，于斯二者何先？"曰："去食。自古皆有死，民无信不立。"（《论语·颜渊》）

知退，知存而不知亡，知得而不知丧。其唯圣人乎？知进退存亡而不失其正者，其唯圣人乎！"（《周易·乾·文言》）人要在生死、存亡两方面平衡。人要有忧患意识，知存思亡，知得思丧，知安思危。儒家是很强调忧患意识的，《周易·系辞》中讲，《易》是忧患之作，是周文王被囚禁在羑里而演六十四卦。以上讲的是生命的问题，关系到生和死，这两方面我们都要有清楚的认识。

二、命运的把握

对命运，现代很多人看得很重，四处算命，看面相、手相等。在夏、商、周之时，祭祀、战争、筑城、封侯等大事都是通过《易经》占卜，此为占卜之书。所以在秦始皇"焚书坑儒"之时，这本书没有被焚毁。到了汉武帝之时"罢黜百家，独尊儒术"，《周易》成为六经之首，地位得到了提高。《周易》之中的"十翼"，相传为孔子所做，这便使其从卜筮之书提升到哲学义理之书。而民间仍然利用此书占卜、看风水、方位等，为何此种现象几千年来并未间断？因为人们都是想在行为之前知道结果的吉凶。对行为结果的预测这个方面，就由算卦、算命来完成，所以算命这种现象就延续下来。

命，是必然性的问题，人生来就要死，这个大限是无法逃脱的。而运，是具有偶然性的，机遇、时机、时运，命和运是可以分开来看的。《诗经·大雅·大明》上讲，"有命自天，命此文王"。在古代，天是发命令的，根据王的统治好坏而发指令。汉代董仲舒的《天人三策》是对汉武帝提出问题的对策。他讲道，皇帝如果犯错，上天就要对其进行不同程度的惩罚，第一次犯错，上天对皇帝谴告，第二次就发生灾祸，第三次就是要皇帝下台。[①] 在古代，皇帝是万人之上，唯我独尊的，如何

---

① "国家将有失道之败，而天乃先出灾害以谴告之，不知自省，又出怪异以警惧之，尚不知变，而伤败乃至。"（《汉书·董仲舒传》，中华书局 1975 年版）

限制和控制，监督制约皇帝呢？这就需要天。天有最大的权力，天子乃天之子，要用天无限的权力和威力来限制皇帝的皇权。董仲舒所用的方法是非常好的。儒家思想当中，对人的命运，一方面认为它是不可控制道，另一方面认为它是可控制的。《论语》中记载，有一次司马牛忧愁地讲道，自己没有兄弟姐妹，很孤独。子夏回答他"死生有命，富贵在天"，只要做得好，四海之内皆兄弟。① 这里的"死生有命"的命是不可抗拒的，有其必然性。而"富贵在天"，是说我们可以靠自己努力改变的。《论语》中孔子有言："天何言哉！四时行焉，百物生焉，天何言哉！"（《论语·阳货》)，天并不去控制和言说。孔子既讲敬畏天命"君子有三畏：畏天命、畏大人、畏圣人之言（《论语·季氏》)"，又讲知天命，即天命是可以认知的，"五十而知天命"，"不知命，无以为君子（《论语·尧曰》)"。换言之，知命就可以凭自己努力、争取命，如富贵是可以自己争取的。从这个意义上，我们还可以看到孔子所讲的以下内容。有一次公伯寮对季氏讲子路的坏话，孔子的弟子子服景伯就告诉了孔子，问是否要将公伯寮杀掉，孔子答曰："道之将行也与，命也；道之将废也与，命也。"② 孔子的意思是说，自己的主张能否被采用或者被废弃，这都是命，而公伯寮并不能决定，这都是命定的。孔子是承认有命的。

现在讲命运的运。运有人运、国运、世运之分，等等。现在我们会遇到这样的现象，有的孩子会问，我为什么出生在贫穷的家庭、出生在农村？为什么不出生在富人家、出生在大城市？父母是无法作答的。孩子出生的环境自己是无法决定和选择的，这是必然性的命；但是后天的环境是可以通过自己的努力来改变的。这样的例子也比比皆是，很多农

---

① "司马牛忧曰：'人皆有兄弟，我独亡！'子夏曰：'商闻之矣，死生有命，富贵在天，君子敬而无失，与人恭而有礼，四海之内皆兄弟也。君子何患乎无兄弟也'"。（《论语·颜渊》)

② "公伯寮愬子路于季孙。子服景伯以告，曰：'夫子固有惑志于公伯寮，吾力犹能肆诸市朝。'子曰：'道之将行也与，命也；道之将废也与，命也。公伯寮其如命何！'"（《论语·宪问》)

村子弟、贫穷子弟，却事业成功，达到了富或贵的状态。这就是说，人的运，是可以通过努力奋斗来达到的。所以我们不应该单去追究命的必然性，而去追究"运"，反省自己做得好不好，做到位没有。现代年轻人遇到很多压力和问题，都要好好反省。例如比尔·盖茨、李嘉诚，他们的成就和事业都是通过自己努力而得到的。人有贫贱、夭寿、吉凶、祸福的运，运是掌握在自己手里的。我们可以说，命是可以知的。孔子讲过，君子对天命要敬畏，小人是不敬畏天命的。畏天命，是讲人要有一种精神寄托，人要给自己的灵魂以安顿之所。这种敬畏，儒家有很多种说法，例如"慎终追远"、"神道设教"，这就是一种宗教性的精神寄托、精神的家园。孔子所讲是说不仅要敬畏，而且要知天命。孔子讲："吾十有五而志于学，三十而立，四十而不惑，五十而知天命。"(《论语·为政》)只有认识天，才能信仰它。那么如何知天命？《周易》有言："穷理尽性而至于命。"我们应该顺性命之理，格物就是要认识此物。如何格物穷理呢？有个这样的例子，明代哲学家王阳明年轻之时在他父亲北京家里"格竹子"的轶事。王阳明和其钱氏朋友格院中竹子之理，先是其朋友格竹子，在竹子前观察三天三夜，却病倒了。王阳明见状，也亲自去格竹子，试图认识竹子之理，有七天七夜，也以病倒告终。后世冯友兰在《新理学》中，问：是飞机在前，还是飞机之理在前？当时他认为原理在前，后来他学了实践论，认为理在事中，而不是理在事先了，这是需要大家思考的。王阳明在格竹子失败之后读了很多书，儒、释、道各类书籍均有涉猎，最后得出来结论，原来理在心中。就像禅宗有言：佛在心中。王阳明认为心即理，心外无理，心外无事，心外无物。当然这只是王阳明的看法，我们也应该有我们自己的不同见解。格物穷理，格物之后才能掌握事物的理，认识事物的性质，而至于命，才能掌握事物的规律性。所以，如何认识命、认识规律和必然性，必须通过自我的辛苦追求，掌握实际情况和事物的性质，才能把握事物的规律。这种必然的规律性，是可以通过这些方法掌握的。但是，很多事情往往违反规律，荀子讲："遇不遇者，时也；死生者，命也。"(《荀子·宥坐》)这就是说，能否掌握机遇，这是运，这就是时机。现在是我们国家很好的发展机遇期，那么如何掌握这个时机呢？就需要对这个机遇有个很好的认识，加以掌握。运都是偶然的，不加以掌握就会错过。

南北朝之时的梁朝，萧子良和范缜有一场因果问题的辩论。范缜说：一棵树上桃花同时开了，人生如树花同发，当一阵风吹过，花儿落在不同处，有的落在锦绣的床上，有的落在粪坑里。萧子良就像是被吹落在非常华丽的席子上的花，而自己则是后者。吹落在哪里并不决定未来，这是一种运气。但是，运是会发生变化的。① 就像今天的富二代、官二代，并不见得他们的命运比穷二代幸福，穆巴拉克和卡扎菲的儿子虽出身好，但并不见得多么幸福。我们要靠自己来奋斗，不能依赖父母。在国外很多子女都是到 18 岁就独立，自己打工赚学费，生活独立。我们中国的子女很长时间都是依靠父母的，上大学、结婚生子，都是依靠着父母，这是不能培养人才的。时运机遇都是靠我们自己认识、自己掌握的，就是要亲自格物穷理，掌握自己的命运。如何掌握自己的运，荀子讲"强本而节用，则天不能贫；养备而动时，则天不能病"（《荀子·天论》)，这就是说如果增强农业生产，而且日用节俭，天就不会使你贫穷。如果好吃懒做，就不可能丰衣足食。这都是说运要靠自己掌握。从这个层面看，人的财富是靠自己的努力而得到的，事业的成功，也是靠自己努力得来的。

命运的"运"，可以这样定义：运是人的生命在创造和赖以存在的情境互动当中，所构成的一种生命状态和生命历程的智慧。这是一种机运、偶遇和机遇，具有偶遇的偶然性。人们凭自己的智慧、能力和勤劳，唯变所适地掌握机遇、时运、机运，以改变贫富贵贱、吉凶祸福、成败得失的生存状态。

---

① 范缜盛称无佛。子良曰："君不信因果，何得有富贵、贫贱？"缜曰："人生如树花同发，随风而散：或拂帘幌坠茵席之上，或关篱墙落粪溷之中。坠茵席者，殿下是也，落粪溷者，下官是也。贵贱虽复殊途，因果竟在何处！"子良无以难。范缜著《神灭论》，以为："形者神之质，神者形之用也。神之于形，犹利之于刀；未闻刀没而利存，岂容形亡而神在哉！"（参见司马光编著：《资治通鉴》卷一百三十六，中华书局 1956 年版）

三、生活的享受

我们讲生活，人该如何生活，这是人生的内涵。我们必须认识到，生活尽管五彩缤纷，但充满了变数，生活不是自然而然得到的东西。比方说，我们人一生下来第一声是什么？是哭声，而不是笑，这就意味着一生中有困难、悲哀、挫折，甚至是被人攻击。从这个意义上讲，人这一生是在困难、痛苦、曲折中度过的。人的一生遇不到任何挫折、困难，不受打击，是不可能的。人一出生就遇到各种各样的压力，我们是在压力中成长起来的。所以人的生活，首先应该想到困难和挫折，做好心理准备，否则会遇到很多问题，比如说得忧郁症、自杀等。遇到问题，也会很难处理。有人讲一些人遇到这样的压力，如"考奴、票子奴、房奴、车奴、官奴"。我们应该从这些压力中走出来，不要让这些压力湮灭了创造性和自强不息的精神。

我们讲应该如何生活，有以下几点：

第一，生活的原则是什么？孔子讲"己所不欲，勿施于人"（《论语·卫灵公》）。自己不愿意要的，不要加给别人，例如，我不要战争，也不要把战争加给别人，我不要痛苦也不要给别人痛苦。这对于国家和个人都具普遍性。子贡说："我不欲人之加诸我也，吾亦无加诸人。"（《论语·公冶长》）这里我得到一个启发，父母不要强加给孩子一些自己的想法，不要把自己的需求和压力加给孩子，要和孩子做朋友。孔子还讲："夫仁者，己欲立而立人，己欲达而达人。"（《论语·雍也》）讲仁爱，就是自己想立起来，就让别人立起来；自己想通达，也让别人通达。孔子讲三十而立，自己成功立业了，也让别人成功立业。例如，在企业竞争对手之间，不能相互排挤，不是你死我活的竞争，不是大鱼吃小鱼，小鱼吃虾子，而是要将对方的存在当作自己创新和前进的推动力。儒家的"己欲立而立人，己欲达而达人"，同样适用于国家和个人：自己独立了，也要帮助他国、他人独立；自己发达了，也要帮助他国、他人发达。现在我们讲互利共赢，也是这个道理。而有些国家发达了，限制其他国家的发展，这是不对的。从这个意义上讲，中国的思想有种博大的胸怀，它是多元的、宽容的，是我们中华文化博大精深的所在。以现实国家交往为例，我们中国人口众多，中国人有饭吃，经济发达了，本身就是世界和平、发展、合作的一种稳定因素。中国发展本身就是一种对世界的贡献，而且我们发达起来也帮助其他不发达国家发展。

第二，和谐相处。和谐是非常重要的。《论语·学而》中讲"礼之用，和为贵"，和是最可贵的。孔子讲"君子和而不同，小人同而不和。"（《论语·子路》）"君子周而不比，小人比而不周。"（《论语·为政》）这就是说，人与人之间有不同意见是很正常的现象，彼此之间可以和谐相处。但是小人，同而不和，结党营私，排斥异己。儒家是强调和谐相处的，如今我们国家提出的国际主题是"和平、发展、合作"，这是构建和谐世界的一个重要原则。从国家到世界都要遵循这个原则，家庭"家和万事兴"；贸易交往活动"和气生财"；国家团体"和衷共济"；人与人之间"和气致祥"。个人、家庭、国家、世界都需要"和"。改革开放以后我们讲安定团结，只有安定团结、和谐的环境下才能发展经济，国家才能强大兴旺起来。

第三，言而有信，要讲诚信。孔子讲"言必信，行必果"（《论语·子路》），讲话要求诚信，行为必求结果。"言忠信，行笃敬"（《论语·卫灵公》），孔子认为即使是到了蛮夷之地，也该这样做。现代社会有很多不诚信的现象，例如毒大米、毒牛奶等现象，这不仅仅存在于我们国家，在很多其他国家也存在。这都是不讲诚信，而诚信是最重要的。孔子谈到"自古人皆有死，民无信不立"（《论语·颜渊》）。任何人、团体、企业、机构不讲信，没有道德，那是无法立足于世的，无信不立。诚信非常重要，《中庸》有言："诚者，天之道也，诚之者，人之道也。"[1]这是天道、人道的问题。孟子说："反身而诚，乐莫大焉。"（《孟子·尽心上》）孔子讲"富与贵，是人之所欲也，不以其道得之，不处也；贫与贱，是人之所恶也，不以其道得之，不去也。"（《论语·里仁》）这就

---

① 阮元校刻：《十三经注疏·中庸》，中华书局 1980 年版。

是说，财富和官爵，这是人人都愿意得到的，但是如果不以正道得到的话，则不能要。要靠正道来得到，升官要靠行政能力、百姓拥护，而非歪门邪道。贫与贱，这都是大家不希望得到的，如果要是去掉它们，用的不是正道，那么也是不行的，这是做人的重要原则。我们该如何获得我们所欲要得到的，要靠正道，即符合道德的正当的途径和方法。

第四，要严于律己。孔子讲"修己以敬，修己以安人，修己以安百姓"（《论语·宪问》）。这就是要修身，修养自己要严肃认真，同时使人安乐，使百姓能安身立命。所以《中庸》讲不论天子还是庶人，都是要以修身为本。《大学》中有格物、致知、诚意、正心、修身、齐家、治国、平天下，这是其八条目。首先要格物致知，然后意识和思想要诚实，心要正，然后才能修身、齐家、治国、平天下，这都是要从修身做起。有一次，皇帝诏朱熹为侍讲，朱熹从长沙回到杭州，朋友问朱熹，他给皇帝讲什么，他说讲"正心诚意"。朋友说皇帝肯定不爱听，果然如此，皇帝只听了40天，就斥退了朱熹。正心诚意是十分重要的，所以孔子才强调修己，只有修己才能安人、安百姓、安国家。所谓"上梁不正下梁歪"，作为领导一定要正。孔子曰："政者，正也。"（《论语·颜渊》）为政治国就是要端正，这是十分重要的。上正下才能正，上不正，下效而行，国将亡。

第五，怎样生活才能幸福快乐？如何获得幸福快乐呢？所谓孔颜之乐，乐什么？孔子讲，颜渊住在一个很破旧的巷子里，一盒饭，一瓢水，这都是别人无法忍受的，但是颜渊却很快乐。他为什么不改其乐？因为他乐在求道。后来宋代的程颐作了一篇《颜子所好何学论》，说颜渊为学以至圣人之道的快乐。孔子有言曰："学而时习之，不亦说乎。有朋自远方来，不亦乐乎。"（《论语·学而》）在孔子看来，学习求道，这就是很快乐的事情。孔子说，即使我吃粗粮、喝冷水，弯着胳膊当枕头，快乐也在当中。① 从这里我们可以看出，孔子一生为了求道，为了

---

① 子曰："饭疏食，饮水，曲肱而枕之，乐亦在其中矣。不义而富且贵，于我如浮云。"（《论语·述而》）

自己的理想，尽管当时的君主没有采用他的主张，但他仍孜孜不倦地宣扬自己的学说和思想，以至今仍得到人们的尊崇，这是不朽的。孔子一生没有很大的功业，却留给后世巨大的精神财富和启发。所以人们不应该总是追求肉体的生命，更应该追求价值生命，道德生命。肉体生命是要过去的，要消灭的，而价值生命和道德生命是会留存下来的。《论语·述而》："其为人也，发愤忘食，乐以忘忧，不知老之将至云尔。"用力求道，忘了一切的忧愁。

快乐的生活，孔子讲到有三种有益的快乐，有三种有害的快乐。孔子曰："益者三乐，损者三乐。乐节礼乐，乐道人之善，乐多贤友，益矣。乐骄乐，乐佚乐，乐晏乐，损矣。"（《论语·季氏》）第一乐，当时在国家动乱、礼崩乐坏的情况下，如果礼乐文化得到协调，就是一种快乐，人生活在和平的协调的环境中，是会很快乐的。第二种快乐，多言别人的好处，而不去讲别人的坏处。别人好的方面，我就加以学习，而不是嫉妒诽谤，这是交有益的朋友，即交善友，近朱者赤，近墨者黑。至于有害的快乐：第一，不要总是觉得自己高人一等，洋洋得意，骄傲看不起人，这不是真正的快乐。骄傲放肆，丧失理智，危害他人的快乐。第二，不要总是逸乐，悠悠荡荡，优哉游哉，无所事事，这种快乐是虚度年华，并不是真正的快乐。第三，就是吃吃喝喝，荒淫无度，这种乐只是暂时的，并不是真正的快乐。这样，孔子就对快乐加以了区别。人们应该保持正确的快乐观、幸福观，才能得到真正的幸福和快乐。不可求一时的快乐，而应该追求长远的快乐幸福。

关于儒学复兴的几点想法

钱　逊 *

内容提要： 儒学复兴，不仅是对传统文化价值的肯定，也是中华文化复兴的体现，更为中国文化未来发展指引了方向。近代儒学陷入低谷，一是宋儒和唐儒影响儒学自身大道之要的理解与传承，二是受西方思潮的冲击，新儒学已纳入哲学范畴，中西文化融会贯通已成为趋势。正因为如此，儒学复兴，不是简单地以偏概全，不但应当追溯源头吸取儒家真正的智慧资源，结合西方思潮中的精华，继而自身变革、发展，与时俱进，而且要将儒学经典和基础道德教育推广、普及，广泛应用于实际生活中，这才是儒家复兴、中华文化复兴的重要环节。

关键词： 儒学；中华文化；复兴；发展

一、儒学的复兴是中华文化复兴总问题中的一部分

近代以来，如何对待中国传统文化的问题，一直是中国文化发展中人们关注的中心。而儒学是中华文化的主干，如何对待儒学也就成为问

---

* 　钱逊，清华大学教授，国际儒学联合会副理事长，尼山圣源书院顾问。

题的核心。五四时期标志性的口号"打倒孔家店","文化大革命"中最突出的"批林批孔"、"评法批儒",都充分反映了这一点。今天讨论儒学复兴问题,也是关系到中华文化复兴的大问题。没有儒学的复兴,就谈不到中华文化的复兴。

这个问题争论的实质,是中国文化走什么道路,向何处去的问题;争论的中心是现代中国文化是在中华文化的基础上发展,还是要改弦更张,走西化的道路?中体西用和西体中用、全盘西化和中国文化本位、黄色文明和蓝色文明之争,争论焦点都集中于这个问题。所以,今天谈儒学复兴,首先一个问题是,在什么意义上说儒学的复兴?也就是儒学的定位问题。

一种颇有影响的观点认为,中华传统文化整体上已经不能适应现代社会需要了,只有其中某些成分、元素,可以作为思想资料为今天所用;好比一棵大树,已经死了,只有它的某些枝叶还可以拿来为现在所用。所以现在要做的就是从传统儒学中去挑拣那些还有用的东西,拿来用于现在。这样的说法,用儒学有无可取之处、有哪些可取之处、有多少可取之处的问题,取代了中国文化走什么道路,向何处去的问题,回避和模糊了问题的实质。而按这种观点,从总体上根本否定了儒学,儒学只剩下了一些支离破碎的"资源",也就谈不上儒学复兴了。

从整体上肯定儒学和传统文化的价值,不是复古,不是对儒学全盘肯定,更不是恢复儒学作为统治的政治意识形态的地位。复兴是从衰败中的奋起,转而向上发展,不是回到过去,而是向前、向上,发展到新的水平、新的阶段。今天为儒学定位,一方面要肯定儒学作为中华文化的主干,在当代中国文化发展中基础性的地位;另一方面,也要在当代多元文化并存的环境下,处理好与其他文化的关系,找到自己应处的地位,做到各种文化"各得其所"。这是一个需要认真研究解决的问题。

二、从困境中重新兴起，首先必须认清陷入困境低谷的状态和原因，认清病情才能对症下药，找到出路

对困境所由来的分析，包括外部条件和儒学自身发展内在弊病两个方面。宋儒创道学，一方面是针对佛道"异端虚无寂灭之教"的冲击，另一方面也是针对汉唐儒学发展中"俗儒记诵词章之习"。这二者使人"不得闻大道之要"。近代以来儒学陷入低谷，首先是受到社会剧变和西方思潮的冲击。在这种冲击下，近代新儒学的发展出现有许多新特点。在西方学术体制的影响下，儒学被归入中国哲学领域，走向专业化；居主流地位的新儒家们，内容上致力于中西哲学的会通，吸取西方哲学思想阐述儒学；学术范式上放弃经学传统，自立体系，著书立说。这些新特点反映了新时代中西学术文化交汇的趋势和要求；同时也导致某些偏离儒学根本精神妨碍儒学发展的弊病。

近代儒学发展中，也有学者仍坚守中国学术本位和传统学术范式；强调以人为中心的会通之学；重视经学，以劝读《论语》为本。虽不居主流，却也是近代儒学发展之一支，代表着应对中西古今问题的一种路径。

复兴儒学，不能跳过近代儒学的发展。反思总结近代儒学发展得失利弊，继承其优长，纠正其弊病，是找到儒学发展的路径，创设新儒学，促成儒学复兴的前提。

三、复兴儒学要适应新情况，研究和回答新问题，发展到新的水平、新的阶段

文化的发展，在其最初形式中就包含了其全部基因；以后的发展都可在其中找到源头。在发展的重要关节点上，人们总是从源头吸取智慧和资源，以实现新的发展，迈向新的阶段。复兴常常以回归源头的形式实现，然而其内容则必定随着时代进步而更新发展。

宋代新儒学提出"道统说",上承尧、舜、孔、孟,以纠时弊;同时吸取佛道之长丰富发展自己,把儒学推向了新的阶段,以回归传统的形式实现儒学的创新发展。今天儒学的复兴面对的问题更加深刻而艰巨。近代以来中国以至世界,都经历了数千年来未有之深刻变化,传统儒学和现代社会之间,存在着不适应甚至冲突的地方。儒学要复兴,要适应现代社会的需要,在现代社会中存在并发挥作用,自身也必将经历深刻的变化。从世界范围内讲,在多元文化交流碰撞的环境中,面对人类发展的重大问题,儒学也必须吸取其他文化的精华发展自己,对解决人类共同的重大问题、促进世界和平发展作出贡献。这些问题的解决,都需要儒学本身有进一步的研究和发展。儒学只有在现代基础上变革发展自己,才能存在发展,实现复兴;没有自身的变革和发展,儒学的复兴是谈不上的。

四、要使儒学的精神真正落实到现实社会生活中去,在实际生活中发挥作用,成为中华民族共有的精神家园

儒学复兴不只是在学术上的复兴,它是整个中华文化复兴的一部分,是要在整个民族、中国老百姓的生活中间起作用。如果只谈学术的话,那么只是对读书做学问的人而言。在文化中不能没有读书做学问的人,但"若谈文化问题,连不读书人的一般生活趋向都要顾及。……中国古人亦曾注意到文化问题,更注意到不读书不做学问人的如何做人如何生活问题。""今日谈文化问题,自亦该注意到此,不该以专家学者自限。"

这个问题今天尤其重要。经过近代以来长期的冲击、摧残,儒学在民间的基础已极度削弱,百姓尤其青少年,对儒学经典和基本知识,知之甚少;长期以来流行的对儒学的种种偏见,影响犹存。针对这种情况,普及传播儒学经典和基础道德教育,作为儒学复兴的重要的基础的一环,成为当务之急。当代有志于儒学复兴的学者,不可不对此有所关注;不可将儒学研究发展和推广普及视作不相干之两端而忽视或轻视儒学的推广普及。

儒学现代化

周桂钿 *

内容提要：思想传播要因地制宜，即本土化；也要与时俱进，即时代化。对于当代人来说，就是现代化。"现代"是时间性概念，是时代的特指，没有固定内涵。"化"指用而有效，无效谈不上"化"。思想传播是一个过程，要不断时代化，才会传到现代，要继续传下去，还要继续现代化下去。

关键词：思想传播；儒学；与时俱进；时代化；现代化；中国特色

一、什么是儒学现代化

关于儒学，容易理解，它是中国历代儒家共同创造的思想，这些思想是非常复杂的，一是根据原始儒家的说法，二是按照历代儒家共同的基本思想。

如何理解儒学现代化？工业现代化、农业现代化、科学技术现代化、国防现代化，说的都是使这些行业采用最新的科学技术和管理水平。有比较具体的内容，也容易理解。在文化思想方面的现代化，就难

---

* 周桂钿，北京师范大学教授，中国政法大学国际儒学院常务副院长。

以界定了。在科学技术方面，我们按欧美的模式作为现代化的标准，没有太大问题。如果文化思想和价值观都按欧美模式，那就有大问题了。例如美国，实力强大，对外国进行经济制裁或者武装侵略，对国内，从一场飓风水灾，可以看到美国抛弃国内的穷人。一大批穷人死亡，政府不能及时救助，还喜欢指责别国的人权问题。自己的事情做不好，还老想管别人的事，在伊拉克驻军14万，而自己灾民难民，却无人救助。这不是什么国际主义精神！这是霸权主义。法国《新观察家》周刊2005年9月8日发表文章说："卡特里娜飓风暴露了一个人人为自己的社会的弊端和矛盾。"我们国家的现代化不能处处以美国为标准模式。欧洲与美国不同，但也不能成为中国发展的模式。中国的和平崛起，倒是他们应该学习的。因此，关于现代化的问题，有必要重新探讨。它不是西化、欧化、美化。

"现代"，是时间的概念，就是现时代的意思。但是，加上"化"，就不同了，起了性质的变化。"化"，就是变化的意思。理论上说有两大"化"：一是空间上的化；二是时间上的化。例如马克思主义中国化，就是说，马克思主义变化成了中国的用而成功的东西。现在有的用"本土化"这个词。就是说外来的思想为本地所用而成功的思想。这是有普遍性的。马克思主义传到苏联，成了苏联的马克思主义，也就是苏联化了。再传到中国，当然需要中国化。有些教条主义者要坚持苏联化的马克思主义运用于中国，失败是很自然的。中国的传统医学传到韩国，就是中医的韩化；再传到日本，就要日本化。日本化的中医，在日本叫作"和医"，即大和民族的医学。同样，佛教从印度传到中国，产生了中国佛教，中国佛教传到日本，变成了日本佛教。虽然佛教有其共性，各国佛教又有自己的特色。印度佛教不讲孝，中国佛教讲孝，但不结婚，日本的佛教允许和尚结婚，有的方丈就出生在佛寺里，并在佛寺里结婚生儿育女，方丈还可以让儿子继承。

思想在空间的传播有"化"的特点。思想在时间的传播也有"化"的特点。这个特点就是不断地现代化。儒家思想从先秦传到汉代，就被汉代儒者现代化了。汉代是中央集权制度，儒学要适应这种社会政治的需要，就要融合先秦各家思想，经过创造，形成新的思想体系，能够适应时代的需要，这叫与时俱进，得到统治者的肯定，登上独尊的宝座，也是用而成功的一例。否则，它就被统治者冷落了。战国后期，韩非认为："儒以文乱法，侠以武犯禁，而人主兼礼之，此所以乱也。夫离法者罪，而诸先生以文学取；犯禁者诛，而群侠以私剑养。"（《韩非子·五蠹》）说儒、侠（墨）违法乱禁，人主对他们礼敬是不适当的。儒学经过汉代新儒家的努力，汉代化即汉代的"现代化"了，得到统治者的推崇。侠不能与时俱进，坚持自己的信念，受到冲击、贬斥。隋唐时代，儒、释、道三教争立，到宋代，朱熹进行综合创新，形成新儒学，符合统治者的需要，在封建社会后期的 800 年中，他的《四书集注》成为科举考试的必读书，具有意识形态的作用。宋代新儒学，也是儒学的宋代化。同样道理，儒学在进入现代的 20 世纪，也要现代化。有的人将这种"现代化"叫作"时代化"。从历史长河来看，"时代化"对于那个时代的人来说，也都是"现代化"。我们所讲的现代化，是这个时代的时代化，后代人也只能称为"时代化"。不能在世界历史这样宏观角度考察问题的人，容易有时代的局限性和地方的局限性。以为只有现代才有现代化，过去没有，以后也不会有。

什么叫"用而成功"？在工农业上，在科技与国防上，提高生产率就是标准（还有更复杂的问题，不在这里讨论）。但是，在文化思想上，以何为标准？理论只要彻底，就能说服群众。能够说服群众，就能掌握群众。掌握群众，就能产生巨大的物质力量。马克思主义中国化后，产生了巨大的力量，战胜了日本军国主义，战胜了美国支持下的国民党。印度佛教在中国的广泛传播，就证明它已经中国化。中国佛教在日本的广泛传播，也证明中国佛教已经日本化。为什么说日本化的佛教是中国佛教，而不是印度佛教？看那些宗派就知道了。日本佛教的宗派基本上是中国的禅宗，有的则属于禅宗下的曹洞宗、临济宗等。日本京都最著名的金阁寺，原来叫鹿苑寺，就是临济宗相国寺派的禅寺。中国传统思想现代化、儒学现代化，早已在实行中。实际上，思想是否现代化，就看它是否说服了现代的群众。我们可以看到儒学在当今世界受到欢迎。

孔子儒学在教育、伦理、政治、文化诸方面对于当今世界还是有价值的。如果孔子儒学已经过时，没有价值了，那么，发达国家的人们，特别是诺贝尔奖获得者，怎么会讲出那样的话呢？

根据以上的各种界定，关于儒学现代化，可以理解为：将传统儒学变化成现代的新儒学，即可以用于现代并获得成功的新形态的儒学，或者说，儒学在现实生活中得到群众认可。儒学的具体意义是在不断变化的，而基本精神则是超时空的。要将具体意义和基本精神分开，就需要阐释。经过阐释，才能进行继承。这种继承就是冯友兰说的抽象继承。否则，就是僵化，就是教条主义，任何"好经"都会被歪曲了。

二、儒学已经现代化

我们经常讲弘扬中国传统优秀文化，或者中华民族优秀文化。但一般不明确提儒学。20世纪近一百年批儒批孔，给人们留下深刻印象，至今还有不少人"谈儒色变"。一说孔子儒学，就是糟粕，就是落后保守的代表，就是过时的历史垃圾。现在许多人在探讨儒学要不要现代化、能不能现代化以及如何现代化的问题。如果是落后保守的，就不要现代化，如果是"过时的历史垃圾"，就不能现代化。无论是不要还是不能，都没有必要探讨如何现代化的问题。我却有另一想法，我认为儒学要现代化，能现代化，而且已经现代化。这是不好理解的说法，需要作一些必要的论证。

在革命时代，在政治实践中，中国共产党提出理论联系实际，提出马克思主义理论要与中国革命实践相结合。参加革命的绝大多数是工人农民。这些工人农民都深受中国传统文化的影响。马克思主义与这些工人农民相结合，实际上就是跟中国传统文化相结合。中国传统文化的核心是儒学，因此，马克思主义早就跟儒学结合了。表面上看，许多人用马克思主义批判儒学，实际上二者是在批判中结合的。俗话说"不打不相识"，当时叫作"批判继承"。没有不继承的批判，也没有不批判的继承。这是 40 年前彭真说的最深刻的一句话。缺乏辩证法思维方法的人，总是绝对化地理解所有问题，否定与肯定也都是绝对的、全盘的。不能理解用马克思主义批判儒学的过程中，马克思主义跟儒学就开始了融合，逐渐实现马克思主义中国化，同时也使儒学逐渐现代化。这两方面是同时进行的，是合在一个过程中。如果分开来说，我们只说儒学现代化方面，可以看到这样的事实：毛泽东在抗日战争中提出优待俘虏，这是儒学中的仁爱思想的体现。"从群众中来，到群众中去"继承了中国传统的倾听群众意见的民本思想。周恩来倡导的"和平共处五项基本原则"是发扬了儒学中"和而不同"的精神，邓小平的"一国两制"更是中国传统的继承与发展。孔子提出"君子和而不同"，即不同的因素可以和平共处。周代实行封建制，秦代改为郡县制，汉代初期，封建制与郡县制，两制并存，实际上就是最早的"一国两制"。后来清代实行的是一国多制。戴逸教授说："在少数民族地区，设立的行政机构又不一样，实行的是一国多制。比如在西藏设驻藏大臣，在新疆、东北设将军制，在西南地区改土司制为流官制，在蒙古设盟旗制，在维吾尔族地区设伯克制。这都是因地制宜，不把内地的一套全部用到少数民族地区。它们的形式与内容都不一样，但目的都是集中权力使得中央政治便于管理。"[1]国民党时代，故宫内保留一个封建小朝廷，宫墙内外也是两种截然不同的社会制度。中华人民共和国成立之初，西藏保留当时的农奴制，与全国各地实行社会主义，也是两种社会制度并存的局面。1959年达赖叛乱，才取消农奴制度。大约两制并存了 10 年。毛、周、邓的决策，体现了中国的特色。特色在于马克思主义理论融进了中国传统的思想，主要是儒学。有儒学，才有了中国的特色。

与此同时，一批学者也在思想理论界努力做儒学现代化的工作。20世纪有一批学者长期接受儒学的教化，有比较深厚的儒学功底，然后学习西方文化，有的还到国外留学，有的在东洋日本学习西方文化，如徐复观，有的到欧美诸国学习，也有的学者就在国内学习。在西洋文化流

---

① 洪波：《盛世的沉沦——戴逸谈康雍乾历史》，《中华读书报》2002 年 3 月 20 日。

行的时候，到处充满西洋文化的气息，谁也无法隔绝而不受其影响。有识之士开始将自己心灵深处的传统文化与新接受的异质文化进行比较分析，根据自己的理性、悟性，展开激烈的斗争。在斗争中融会贯通，综合创新，形成新的思想体系。有代表性的如梁漱溟的新儒学，冯友兰的新理学，熊十力的新唯识学，贺麟的新心学，张岱年的新唯物论，以及牟宗三、钱穆等人的新儒学。都是在吸取西方文化以后，丰富发展了儒学的成果。2005 年 9 月 28 日那天，全球首次联合祭孔。到了 2005 年在全世界五十多个国家成立了一百多所孔子学院。这些都说明儒学对构建和睦家庭、和谐社会与和平世界具有重要意义。海外兴起"孔子热"、"汉语热"，都不是孤立的现象。联合国教科文组织在 2005 年首次成为孔子文化节的主办方，并推动全球联合祭孔大典的举行。联合国当然要做对国际有意义的事。孔子儒学的现代意义不言自明。孔子儒学已经让世界感到一种需要，这就是儒学现代化的表现。如何能否定其现代化呢？

三、儒学需要继续现代化

现代化是一个过程，不是一锤子买卖。儒学已经现代化，也可以说还在现代化的过程中，现代化是需要长期继续进行的。对于儒学现代化，我们还要做哪些工作，这倒是应该好好研究的。

（一）要改变观念

关于辩证法，讲的是对立统一。过去战争年代，为了发动群众起来闹革命，强调矛盾对立的一面，讲斗争是绝对的，认为斗争的结果是一方吃掉一方。结合现实来讲这些原理，有时非常难以论证。例如夫妻是一对矛盾，工农业也是一对矛盾，能不能共存，如何吃掉对方？现在时代变了，需要安定的环境，和谐的社会，需要强调另一面，强调矛盾统一的一面，这才能实现和谐，才有利于建设事业和祖国统一大业。当然我们不能忘记斗争的一面，因为在统一过程中还存在着斗争，有时也很激烈。但是主流应该是统一、是和谐。与此相关的是阶级斗争观念，阶级斗争原理规定一部分群众与另一部分人是阶级敌人，存在不可调和的矛盾。而现在就要将世界上所有的人看作人类的一分子，都是应该尊重的，只当他们犯罪的时候，才由政府按照法律给予处治。其他人都在西方"博爱"和东方"仁爱"范围之内。虽然社会上还存在许多不平等的现象，但是追求平等已经成为社会风气。美国轰炸阿富汗，进攻伊拉克，虐囚事件以及在灾难中抛弃本国穷人，都受到世界舆论的批评。观念改变，最重要的是变斗争哲学为和谐哲学。和谐哲学不是没有斗争，没有适当的斗争，就不能实现相对的和谐。和谐是动态的，社会和谐是社会的动态平衡。任何社会都没有绝对平衡与绝对和谐。讲绝对和谐，是违背辩证法的。

（二）要研究实际问题

实际问题很多，先是个人的，再是国内的，最后是国际的，当然也还有人与自然的。先是个人修养的问题，那就是儒家说过的"古之学者为己"，为己之学，是为了提高自己的素质而学习。现在许多人是为别人学习，从心理上说是很被动的。因此有弄虚作假、投机取巧的现象；考试舞弊、论文抄袭，也时有发生。有的将儒学当作知识来学习，不能转化自己的思想。虽然也能说一套，却不能用，只是骗人的。首先改造自己，才能改造世界，只有先修身，才能齐家、治国、平天下。

国内贫富不均相当严重，现实存在着贫富差距扩大的趋势。个人所得税，纳税最多的是工薪阶层，而最富阶层收入高，纳税少。个人所得税本义在于"损有余而补不足"，结果却是"损不足以奉有余"。行业差距很大。有些垄断行业，只要能进去，就能发财，不需要有多大本事。在穷的行业，有多大本事也不行，劳动模范也有下岗的。从历史上看，贫富两极分化，社会就不稳定。孔子说："不患贫而患不均。"董仲舒认为"不均","有所积重，则有所空虚"（《春秋繁露·度制》）。一些人财富积累多了，另一些人就贫困了。圣人了解一般人的性情，知道乱是怎么产生的，所以就作出规定，使人有贵贱富贫的上下差别，"使富者足以示贵而不至于骄，贫者足以养生而不至于忧，以此为度而调均之，是以财不匮而上下相安，故易治也"。（《度制》）使富的人足以显示自己尊贵而又不至于骄奢，使穷的人足够生活而又不至于忧愁，根据这种原则来进行调匀，这样就可以使财富不匮乏而上下可以相安，所以就容易治理。调匀的思想应该是指导我们当前经济改革、制定法规的参考。行业垄断，是什么问题？是制度腐败，还是行业腐败？还是部门主要管理干部的腐败？

国际问题也需要研究。现在世界不太平，主要是霸权主义和恐怖主义，恐怖主义是霸权主义逼出来的。这是"优胜劣汰"传统观念的负面作用。它的正面作用是重视竞争，提高社会活力，促进科学发展。为了协调国际关系，需要儒学的补充。"和而不同"，"己所不欲，勿施于人"，这里有反对霸权主义的内容，也反对充当奴隶，不欺侮别人，也不允许别人欺侮。我们强大的时候，像郑和下西洋的时候，明朝国家实力可以将沿途国家变成中国的殖民地，却没有这么做，就是儒学的和平主义表现。后来落后了，各国列强入侵，特别是抗战时期与日本军国主义的搏斗，充分体现了中国人不屈服的品格。如果世界各国都能接受儒学，那么，强者不称霸，弱者不服霸，天下就太平了。如果哪个强者想称霸，那么弱者就会联合起来，共同抗击强者。世界上有许多问题不好解决，如果儒学弘扬起来，也许会好一些。在中国历史上的动乱，往往是经济不平衡引起的。经济不平衡是由于政治腐败严重形成的。自然灾害往往是点火索。因此，国内最需要的是儒学的调匀思想，消除腐败，防治灾害。国际上主要需要和而不同。欧洲有识之士寄厚望于中国的儒学，联合国教科文组织出面推动全球祭孔，全世界各国争相成立孔子学院，美国国会通过尊孔协议，这些都不是偶然的事件。

当今世界存在什么问题呢？主要的问题就是不安定。从美国发生"9·11"灾难以后，世界各地恐怖事件此起彼伏，不断产生惨案。分析世界形势，主要问题是贫富不均衡，关系不协调。以众暴寡、倚强凌弱，以富欺贫、以智诈愚的现象不断发生。特别是超级大国的霸权主义，促使矛盾激化，引起恐怖事件。霸权国家又想以霸权实力消灭恐怖主义，其结果只能激起更多的恐怖事件发生。这叫"火上浇油"，只能使反抗之火燃烧得更旺。同时也会使自己众叛亲离，孤立无援，陷入困境。现在如何解决这些复杂的世界性的霸权主义与恐怖主义的问题呢？首先要探讨问题的原因。

董仲舒说："大富则骄，大贫则忧，忧则为盗，骄则为暴，此众人之情也。圣者则于众人之情，见乱之所从生，故其制人道而差上下也……今世弃其度制，而各从其欲，欲无所穷，而欲得自恣，其势无极，大人病不足于上，而小民羸瘠于下，则富者愈贪利而不肯为义，贫者日犯禁而不可得止，是世之所以难治也。"① 这段文字的大意是：太富就骄横，太穷就忧愁，忧愁无法解决，只好当强盗；骄横就残暴。这是一般人的心态。圣人从群众的情绪，知道乱是怎么产生的，因此就制定人的等级差别，并用制度加以限制。现在社会抛弃各种限制，顺从自己的欲望，自由发展，欲望是无穷的，发展的趋势是没有极限的。这样一来，上头富人不满足，下头平民更穷困。富裕的人越贪利便越不肯施舍，贫贱的人每天违犯禁令又无法制止。这样，社会就很难治理了。我们现在的世界也像董仲舒所讲的那样，弄得很乱，不好治理。一边富者搞霸权主义，一边贫者被迫搞恐怖主义。天下就不太平了，人民生活也就不安全了。董仲舒讲的调匀就是防止贫富差别扩大，因为贫富差别扩大是社会不稳定的重要原因。

孔子说："君子和而不同，小人同而不和。"（《论语·子路篇》）和而不同这个原则，对于个人、团体、国家，都是适用的。我们中国现在说的永远不称霸，现在所提倡的和平共处五项基本原则，是"和而不同"思想的继承和发展。对于强者来说，要承认差别，要尊重别人的价值观，还应该保护并帮助弱者。对于弱者来说，要坚持自己的立场，不屈

---

① 董仲舒：《春秋繁露·度制》），中华书局 2011 年版。

服于经济制裁和武力威胁，敢于坚持真理，敢于斗争。如果强者接受儒学教育，奉行和而不同，尊重别人，"己所不欲，勿施于人"，那么就会得到其他人的尊重和崇敬，就会自然成为大家拥护的中心。强者如果实行霸权主义，欺负弱者，那么弱者就要联合起来，共同反抗强暴，使强者不能为所欲为。在这样的情况下，才会有真正的正义、平等、自由、博爱。如果强者以"优胜劣汰"观念对待弱者，认为弱者就是属于应该淘汰的对象，残暴地奴役弱者，如果弱者没有反抗精神，心甘情愿地挨打受辱，充当强者的奴隶，那么，这个社会就成为强者的天堂，弱者的地狱。在这"弱肉强食"的社会，就不可能有什么正义、平等、自由、博爱。即使有，也是假的、是骗人的。在这种意义上，"和而不同"与正义、平等、自由、博爱是相通的。

儒家王道精神及其当代意义

李景林 *

内容提要：儒家的王道论，体现了一种"道义至上"的精神。孔孟区分"王"、"霸"，既强调二者在内在价值原则层面上的根本区别，亦特别注重二者在惠及社会及其功业成就层面所存在的意义相关性和重叠性。儒家强调，作为伦理共同体的最高原则，必须是"仁义"或道义，而绝不能是"利"。唯以道义为终极目的和最高原则，功利事功乃能被点化、升华而真正作为"人"的价值被实现出来，从而构成为这"王道"的本真内涵和内在要素。儒家的王道论可以概括为：一种在道义原则基础上的道义——功利一体论。在国际关系原则方面，儒家的王道论特别强调天道、天意、仁心、民心、民意、民情之内在一致性，突出了道义至上原则的超越性意义。这种王道精神，在今天仍具有重要的理论和现实意义。

关键词：霸道；道义至上；与民同乐；天下；以大事小；以小事大

儒家主张王道。这"王道"的精神，其核心是对道义原则的强调，可以概括为一种"道义至上主义"的精神。先秦"天下"的概念，略与今天世界或国际社会的概念相当。因此，先秦儒家的"王道"论，既涉

* 李景林，北京师范大学哲学与社会学学院教授，北京师范大学价值与文化研究中心研究员。

及国家内部的施政原则，同时，亦涉及国际关系的原则。儒家的王道精神，在今天仍有具有重要的现实意义。

一、从孔子论管仲谈起

在《论语》中，我们看到孔子对管子有似乎完全相反的两种评论。第一种评论是赞扬性的，见《论语·宪问》篇：

> 子路曰："桓公杀公子纠，召忽死之，管仲不死。"曰："未仁乎？"子曰："桓公九合诸侯，不以兵车，管仲之力也。如其仁！如其仁！"

又：

> 子贡曰："管仲非仁者与？桓公杀公子纠，不能死，又相之。"子曰："管仲相桓公，霸诸侯，一匡天下，民到于今受其赐。微管仲，吾其被发左衽矣。岂若匹夫匹妇之为谅也，自经于沟渎而莫之知也。"

这两段评论是正面的，可以说是对管仲极尽赞扬之能事。另外，是负面的评价。此见《论语·八佾》篇：

> 子曰："管仲之器小哉！"或曰："管仲俭乎？"曰："管氏有三归，官事不摄，焉得俭？""然则管仲知礼乎？"曰："邦君树塞门，管氏亦树塞门。邦君为两君之好，有反坫，管氏亦有反坫。管氏而知礼，孰不知礼？"

这一评论，乍看与《宪问》篇的评论完全相反。这在后人引发歧义，是很自然的事。其实，时人在对管子的评价上，就已存在着不同的看法。上引《论语·宪问》篇的两段评论，就是孔子对弟子相关疑惑的解答。今人对孔子所谓"如其仁"是否是许管仲以"仁"颇有争议。要回答这个问题，不能就事论事，问题的关键在于孔子对仁的内涵的规定。《论语·颜渊》："颜渊问仁。子曰：克己复礼为仁……颜渊曰：请问其目。子曰：非礼勿视，非礼勿听，非礼勿言，非礼勿动。"孔子论"仁"，一个重要的规定就是"克己复礼为仁"。不仅如此，必须视、听、言、动，动容周旋不违于"礼"，才能真正叫作"克己复礼"。管仲为臣而僭邦君之礼，孔子深恶之，谓之"器小"、"不知礼"。以此衡之，孔子不许其为仁，是很明显的事情。

上引《宪问》和《八佾》篇孔子对管仲的评论，表现了两个不同的评价角度。在《宪问》篇中，孔子盛赞管仲相桓公、霸诸侯、匡扶天下、利泽百姓，维系华夏文化的成就，是从事功效果的角度讲问题。邢昺《疏》谓此两章孔子评价管仲，是"但美管仲之功，亦不言召忽不当死"；朱子《集注》亦说《宪问》此两章孔子对管仲的评价，其要乃在"称其功"，谓"管仲虽未得为仁人，而其利泽及人，则有仁之功矣"，都指出了这一点。而《八佾》篇的批评性评价，则是从为政、为人臣和做人或行为原则的角度讲问题。这是两个不同层面的问题，二者并不矛盾。

《论语·雍也》："子贡曰：如有博施于民而能济众，何如？可谓仁乎？子曰：何事于仁，必也圣乎！尧舜其犹病诸！夫仁者，己欲立而立人；己欲达而达人。能近取譬，可谓仁之方也已。"《宪问》篇："子路问君子。子曰：修己以敬。曰：如斯而已乎？曰：修己以安人。曰：如斯而已乎？曰：修己以安百姓。修己以安百姓，尧舜其犹病诸！"这两章都讲到事功成就的问题。"仁"这一概念，注重在德性的内在性一面。"圣"训"通"①，强调的是内外、人我乃至天人的一体贯通。君子成就仁德，必以诚敬修己为本。修己非独成己而已，同时亦要在成人上才能得以完成。"成人"当然必不同程度地显于功业、事功效果。然功业、事功效果之成就与大小，与人所处之历史境遇有关，受种种历史和现实条件之限制。用孔子的话说，此乃属于"命"的范围。因此，就"博施济众"和"修己以安百姓"而言，以尧舜之圣，亦有所难能。君子修己，固有不同程度的功业效果，但却不能以功业效果作为评断仁德之依据。"博施济众"当为己立立人、己达达人之极致，故亦包含于仁、圣之全体大

① "圣"，古书常训"通"。如《白虎通·圣人》篇："圣者通也，道也，声也。道无所不通，明无所不照，闻声知情，与天地合德，日月合明，四时合序，鬼神合吉凶。"

用中。然"仁"之要在"修己",仅以"博施济众"之事功,则不可当仁、圣之名。

在《宪问》篇孔子对管仲的评论中,孔子明言管仲"相桓公,霸诸侯,一匡天下",所行为"霸道"。仅就事功成就来说,这霸道虽可以与圣人的"王道"相比拟,但就价值而言,"霸"与"王",却有着根本性、原则性的区别。《论语·子路》:"子曰:如有王者,必世而后仁。"可见,孔子已经对"霸"、"王"之别作出了明确的规定。而"王道"的根本特性,则在于以"仁"为其根本的原则。孔子说:"道二:仁与不仁而已矣。"(《孟子·离娄上》引)"道",出于"仁"则入于"不仁",不能有第三条道路。"王"、"霸"之辨,在儒家是很严格的。孔子评价管仲"器小"。为什么说管仲"器小"?张栻有一个很好的解释:"管氏急于功利,而不知道义之趋,大抵其器小也。"① 这个解释是有根据的。② 管仲相齐,虽有匡扶天下、利泽百姓之功,然其内在的原则,实为功利;故其所为只能是霸道,而与仁道或王道无涉。

孟子继承和发展了孔子的王道思想,但把"王""霸"之辨,阐述得更明确,这就是:"以力假仁者霸","以德行仁者王"。《孟子·公孙丑上》:

> 孟子曰:"以力假仁者霸,霸必有大国。以德行仁者王,王不待大:汤以七十里,文王以百里。以力服人者,非心服也,力不赡也。以德服人者,中心悦而诚服也,如七十子之服孔子也。诗云:自西自东,自南自北,无思不服。此之谓也。"

可以看到,孟子对王、霸的区分,其思想实源自于孔子。但孟子的

---

① 张栻:《癸巳论语解》卷二,中华书局 1985 年版。
② 上引《雍也》篇子贡从"博施济众"的事功效果角度问"仁"。孔子并不直接否定其说,而是转从"忠恕"行仁之方答其关于"仁"之问。子贡性善言辞机辩,又长于经商,为一器用之才,孔子对子贡亦有"女器也"(《公冶长》)的评价。《公冶长》篇:"子贡曰:我不欲人之加诸我也,吾亦欲无加诸人。子曰:赐也,非尔所及也。"孔子讲"君子不器"(《论语·为政》),《礼记·学记》谓"大道不器"。是子贡不能真正理解孔子的忠恕行仁之道,而仅能从事功角度把握"仁",与其器识之局限有关。

王、霸论，对王、霸的分野作出了更加清晰的概念界定。在孟子看来，霸者非不行"仁"，然其行仁，却只是手段；其为政和治理天下，靠的则是强力。故"霸必有大国"，必须要借助于"大国"的力量。王者之行，则是"以德服人"，以仁德和道义作为其内在的目的和原则，所依赖者非强力。所谓"王不待大"，特别强调，王道所依据者为道义的力量，而非大国之强力。孟子的王者"以德服人"说，与孔子"居其所而众星共之"、"德风德草"、"修文德"以"来远人"的德治、德化思想也是一致的。用"以德行仁"和"以力假仁"来判分"王"、"霸"，特别强调了王道与霸道在内在道德目的和价值原则上的根本性区别。

值得注意的是，在上述孔子有关管仲的评论中，我们既可以看到"王"与"霸"在内在价值原则层面上的根本分野，也可以看到"王"与"霸"在惠及社会乃至人类之功业成就的层面上，具有一种意义的相关性和重叠性。这就使得儒家能够在严厉批评"霸道"的同时，又在价值上给予其充分的肯定。

比较而言，孟子具有一种更强的尊王贱霸意识。他对于弟子拿自己与管仲相提并论，表示出特别的不屑（参见《孟子·公孙丑上》），明确对齐宣王表示："仲尼之徒，无道桓文之事者，是以后世无传焉，臣未之闻也。无以，则王乎？"（《孟子·梁惠王上》）但同时，在《孟子》书中，亦常常表现出对霸者之功业成就的赞赏和肯定。如《尽心上》："孟子曰：霸者之民，骓虞如也。王者之民，皞皞如也。""尧舜性之也，汤武身之也，五霸假之也。久假而不归，恶知其非有也。"都表现出某种对"霸"或"霸者"之成就的肯定。而孟子在论述"王道"时，特别注重王道之惠民的事功内涵。这一点，则比孔子更为突出。

二、道义至上与事功成就

儒家的王道原则强调"道义至上"。这个道义至上的原则，对国家内部的施政和国际之间的关系都是适用的。

就国家内部的施政原则而言，孔子讲德治，孟子则特别强调施政必须以仁义为最高原则。孟子见梁惠王，开篇即提出了这一原则。《梁惠王上》：

> 孟子见梁惠王。王曰："叟不远千里而来，亦将有以利吾国乎？"孟子对曰："王何必曰利？亦有仁义而已矣。王曰何以利吾国；大夫曰何以利吾家；士庶人曰何以利吾身。上下交征利，而国危矣！万乘之国，弑其君者，必千乘之家；千乘之国，弑其君者，必百乘之家。万取千焉，千取百焉，不为不多矣。苟为后义而先利，不夺不餍。未有仁而遗其亲者也；未有义而后其君者也。王亦曰仁义而已矣，何必曰利？"

《告子上》记孟子批评宋牼以利害说秦楚罢兵事，亦论到这一点：

> 先生之志则大矣，先生之号，则不可。先生以利说秦楚之王，秦楚之王悦于利，以罢三军之师，是三军之士乐罢而悦于利也。为人臣者，怀利以事其君，为人子者，怀利以事其父，为人弟者，怀利以事其兄，是君臣父子兄弟终去仁义，怀利以相接，然而不亡者未之有也。先生以仁义说秦楚之王，秦楚之王悦于仁义，而罢三军之师，是三军之士乐罢而悦于仁义也。为人臣者，怀仁义以事其君，为人子者，怀仁义以事其父，为人弟者，怀仁义以事其兄，是君臣父子兄弟去利，怀仁义以相接也，然而不王者，未之有也。何必曰利？

在孟子的时代，时君世主皆以富国强兵相尚。孟子乃倡言王道、仁政，时人以孟子之说为"迂远而阔于事情"[①]，不合时宜，是很自然的。不过，细绎孟子之意，他所谓"有仁义而已"、"何必曰利"，其实并非不讲"利"，亦并非把义利对峙起来。"先生之号，则不可"，这个"号"，就是公开申明的原则。孟子所强调的，是指明一个伦理共同体内部的最高原则，必须是"仁义"，而绝不能是"利"。道理即在于："上下交征利，

---

① 司马迁：《史记·孟子荀卿列传》，中华书局 1959 年版。

而国危矣。"(《孟子·梁惠王上》)《孟子·告子上》篇孟子对宋牼的评论，更从正负两面申述此义，凸显了以"仁义"、"王道"为最高施政原则的根本性意义。《孟子·公孙丑上》记孟子论"古圣人"在王道原则上的相同之点说："得百里之地，而君之皆能以朝诸侯，有天下。行一不义，杀一不辜，而得天下，皆不为也。是则同。"可以看到，孟子对这一最高原则的执行，也是要求非常之严格的。

但是，就前述王、霸在事功层面的意义相关和重叠性而言，儒家又是必然要肯定事功的。从孟子对王道、仁政的论述中，我们可以清楚地看到这一点。在判分王、霸以建立王道的神圣原则这一点上，孟子陈义甚高，其对"道义至上"原则的坚持，亦无丝毫妥协的余地。但是，在论及王道于事功层面的落实时，其身段却放得相当的低。儒家此义，颇值得玩味。我们来看下面的几段论述：

《孟子·梁惠王下》孟子与齐宣王论王政云：

> 王曰："王政可得闻与？"对曰："昔者文王之治岐也，耕者九一，仕者世禄，关市讥而不征，泽梁无禁，罪人不孥。老而无妻曰鳏，老而无夫曰寡，老而无子曰独，幼而无父曰孤。此四者，天下之穷民而无告者。文王发政施仁，必先斯四者。诗云：'哿矣富人，哀此茕独。'"

鳏寡独孤，其生存的条件最差。"文王发政施仁，必先斯四者。"此论王政，实乃由百姓最基本的生存满足讲起。

《孟子·梁惠王上》：

> 不违农时，谷不可胜食也；数罟不入洿池，鱼鳖不可胜食也；斧斤以时入山林，材木不可胜用也。谷与鱼鳖不可胜食，材木不可胜用，是使民养生丧死无憾也。养生丧死无憾，王道之始也。
>
> 五亩之宅，树之以桑，五十者可以衣帛矣；鸡豚狗彘之畜，无失其时，七十者可以食肉矣；百亩之田，勿夺其时，数口之家可以无饥矣。谨庠序之教，申之以孝悌之义，颁白者不负戴于道路矣。七十者衣帛食肉，黎民不饥不寒，然而不王者

未之有也。

此以"使民养生丧死无憾"为"王道之始"。与前所陈"道义至上"的王道原则相比，可以说，其身段摆得是相当得低。这个"王道之始"的"始"字，非仅"初始"之义，同时，亦有"本始"、基础之义。故《孟子·梁惠王上》下文对齐宣王讲明君"制民之产"，即言："王欲行之，则盍反其本矣：五亩之宅，树之以桑，五十者可以衣帛矣。鸡豚狗彘之畜，无失其时，七十者可以食肉矣。百亩之田，勿夺其时，八口之家可以无饥矣。谨庠序之教，申之以孝悌之义，颁白者不负戴于道路矣。老者衣帛食肉，黎民不饥不寒，然而不王者，未之有也。""盍反其本"，这个"本"，即"本始"之义。这个"本"，仍然不过是"使民养生丧死无憾"而已。《孟子·滕文公上》孟子谓行"仁政必自经界始"，强调应先"制民之产"，以使之有"恒产"因而有"恒心"，然后设为庠序之教，使之"明人伦"之道。这里，首先考虑的亦是民生和经济问题。

因此，孟子既不否定一般人的情欲要求，亦不否定执政者的情欲要求。齐宣王自谓有"好世俗之乐"、"好货"、"好色"的毛病，因而不能行仁政。孟子则答云："今王与百姓同乐，则王矣"。"王如好货，与百姓同之，于王何有！"王如能使治下"内无怨女，外无旷夫"，则"王如好色，与百姓同之，于王何有！"（以上引文均见《孟子·梁惠王下》）与民同欲，满足人民的情欲要求，人君虽多欲，亦无碍于仁政之行。《孟子·离娄上》亦说："桀纣之失天下也，失其民也。失其民者，失其心也。得天下有道，得其民，斯得天下矣。得其民有道，得其心，斯得民矣。得其心有道，所欲与之聚之，所恶勿施尔也。民之归仁也，犹水之就下，兽之走圹也。故为渊驱鱼者，獭也。为丛驱爵者，鹯也。为汤武驱民者，桀与纣也。今天下之君有好仁者，则诸侯皆为之驱矣。虽欲无王，不可得已。"这里，更把从民之欲、恶理解为人君"好仁"之表现。

但是，儒家的王道对事功和人的欲望要求的肯定，仍以道义为其内在的原则和价值指向。在这一点上，它与"霸道"有着根本的区别。《孟子·梁惠王下》记载有孟子与齐宣王很有趣的一段话，对于理解儒家道义原则与事功二者间的关系，很有启发意义：

> 齐宣王见孟子于雪宫。王曰："贤者亦有此乐乎？"孟子对曰："有。人不得，则非其上矣。不得而非其上者，非也；为民上而不与民同乐者，亦非也。乐民之乐者，民亦乐其乐。忧民之忧者，民亦忧其忧。乐以天下，忧以天下，然而不王者，未之有也。"

从这一段对话可以看到，人君能够"与民同乐"，从民之欲、恶，其实并不是一件简单的事情。为人子者，以父母之乐为乐，以父母之忧为忧，昏定晨省，冬温夏清，真切地关心父母的饮食起居和喜恶忧乐，其所思所行其实已超越了"忧"、"乐"之情感和情绪及物质欲望的满足本身，而本然地具有"孝"的道德价值。为人君之于臣、为人臣之于君、为人父之于子等，亦皆如此。"乐民之乐"、"忧民之忧"、"乐以天下，忧以天下"，讲的即是这个道理。"乐民之乐"，"忧民之忧"、"乐以天下，忧以天下"，其动机和目的，亦并不在"乐"、"忧"的情欲、情绪和功利本身，而是内在地指向于道义原则。范希文谓士当"先天下之忧而忧，后天下之乐而乐"。非超越个体私己之情，置己身于度外，而怀兼济天下之志者，不能达此境界。因此，《孟子·梁惠王下》所言与民同乐，"乐民之乐"、"忧民之忧"、"乐以天下、忧以天下"，其忧其乐，实已超越了"忧"、"乐"的情欲和功利意义，而具有纯粹的仁道或道义的价值。张栻《癸巳孟子说》所谓"乐民之乐者，以民之乐为己之乐也；忧民之忧者，以民之忧为己之忧也……忧乐不以己而以天下，是天理之公也"①，讲的就是这个道理。由此可知，儒家所谓"与民同乐"之说，实非以功利为原则，而是以纯粹的道义为社会或伦理共同体的最高原则。

儒家强调王政必首先能够使民富庶而无饥馑，其意义亦首在对百姓之"人道"关切，而非出于事功之目的。《孟子·梁惠王上》孟子在批评执政者不能与民同欲、同乐，而使民限于饥馑穷困时，引孔子的话

---

① 张栻：《癸巳孟子说》卷一，中华书局 1985 年版。

说："仲尼曰：'始作俑者，其无后乎！'为其象人而用之也。如之何其使斯民饥而死也?"以人偶像来陪葬，在孔子看来，是不人道的行为。孟子引此以批评使民饥而死者，其深意正表现为一"人道"之原则和对人之存在的"人道"关切。可见，儒家论王政，强调必首先能够使民得其养，其要亦非以功利为目的。孟子言"王道"至平易，然就其内在的原则而言，则体现出一种仁义或道义至上的精神。

孟子所阐述的王道原则，与"霸道"在事功、功利层面具有一种意义重叠的关系。但儒家的"王道"论之特点，是突出了在"道义至上"原则基础上道义与功利的内在统一性。在儒家看来，唯以道义为终极目的和最高原则，乃能点化和升华此功利、事功为王道之本真内涵；同时，唯有保有此被升华和转化了的事功成就在自身中，这王道才能具有充盈丰富的活的生命内容，而不失之于抽象偏枯。我们可以把儒家的王道论简要地表述为：一种在道义原则基础上的道义、功利一体论。

三、论天人——国际关系中王道原则的超越性意义

先秦人所理解的"天下"，其意义犹今所谓世界或国际社会。东周各国间之关系，与当代国际关系，多有相似之处。春秋五霸挟天子以令诸侯，与今日美国、北约对联合国之关系，亦颇相仿佛。先秦儒家的王道理论，对国际关系问题多有讨论，其对我们今天理解和建立国际关系的原则，亦颇有启示意义。

《论语·季氏》："孔子曰：天下有道，则礼乐征伐自天子出；天下无道，则礼乐征伐自诸侯出。""礼乐征伐自天子出"，这"天子"，实即孔子理想中的圣王，并非指时王而言。司马迁论孔子作《春秋》之意说："是非二百四十二年之中，以为天下仪表。贬天子，退诸侯，讨大夫，以达王事而已矣。"又，"夫《春秋》上明三王之道，下辨人事之纪，别嫌疑，明是非，定犹豫，善善恶恶，贤贤贱不肖，存亡国，继绝世，补

敝起废，王道之大者也"。①"贬天子，退诸侯，讨大夫，以达王事"，是以一超越于时王的价值原则以评判现实政治。此所谓"王道"，即是一超越性的价值原则。在现实中，国际之间的关系，往往系于一霸主的力量加以维系。当今美国之于北约，进而之于联合国，即可目之为这样的一种霸主，其所行，是霸道而非王道。因此，必须建立一超越的原则以对之有所约束。对这一点，孟子有很深入的讨论。

国际间有大国，有小国，有强国，有弱国。孟子在论到国际关系中"以大事小"和"以小事大"的问题时，即赋予了国际关系原则以超越性的意义。《孟子·梁惠王下》：

> 齐宣王问曰："交邻国有道乎？"孟子对曰："有。惟仁者为能以大事小，是故汤事葛，文王事昆夷。惟智者为能以小事大，故太王事獯鬻，句践事吴。以大事小者，乐天者也；以小事大者，畏天者也。乐天者保天下，畏天者保其国。诗云：'畏天之威，于时保之。'"

此处从"以小事大"和"以大事小"两个角度，来讨论处理国际关系的王道原则。孟子这里所谓"乐天"和"畏天"，其义实一。朱子《孟子集注》："大之事小，小之事大，皆理之当然也。自然合理，故曰乐天；不敢违理，故曰畏天。""乐天"、"畏天"，二者互文见义，强调的都是对"天"或"天命"作为至当必然法则的敬畏。孟子引《诗经·周颂·我将》"畏天之威，于时保之"诗句以证成其"乐天者保天下，畏天者保其国"之说，就表明了这一点。

在这里，孟子是把国际关系的原则与人君对天、天命的态度联系起来进行讨论的。要理解这一点，需要对儒家的天命观念略作说明。

《易·系辞上》："乐天知命故不忧。"是"乐天"实即"乐天知命"。孔子把是否"知命"、"知天命"、"畏天命"看作区别君子和小人的一个根本尺度。《论语·尧曰》："子曰：不知命，无以为君子也。"《论语·季氏》："孔子曰：君子有三畏：畏天命，畏大人，畏圣人之言。小人不

---

① 以上引文均见司马迁：《史记·太史公自序》，中华书局 1959 年版。

知天命而不畏也，狎大人，侮圣人之言。"孔子自述"五十而知天命，六十而耳顺，七十而从心所欲不逾矩"（《论语·为政》）"耳顺"、"从心所欲不逾矩"，为人之道德自由的表现。可见，知天命、畏天命，乃是人达到德性人格完成的前提和内在基础。

而儒家所谓知天命和畏天命，其内容实质上是人对道义作为人类存在之至当必然法则的终极性敬畏和自觉。

《中庸》："天命之谓性。"是人性禀自天命。此乃就人的存在之整体而言的"性"和"命"。在这个意义上，凡人所得自于天者，皆可称作"性"，亦皆可称作"命"。自天之命于人而言谓之"命"，自人之得此而成就其为人而言谓之"性"。这个意义上的性、命，其内容是相同的，其"命"即是"性"，"性"即是"命"。此一义之性、命，可以称为广义的性、命。

与此相对，儒家又有狭义的所谓"性"、"命"。上述"天命之谓性"的内容，大体包括两个方面：至善的道德法则与情欲要求（及与之相关的事功效果）。从广义而言，此两者皆可以称作"性"，亦皆可以称作"命"。但是，儒家的天命、性命论不止于此。以人作为类的类性及其至当必然法则为判准，儒家复对上述广义之性、命作了进一步的区分。其经典的表述，可见《易·说卦传》和《孟子·尽心下》。前者云："穷理尽性以至于命。"后者云："口之于味也，目之于色也，耳之于声也，鼻之于臭也，四肢之于安佚也，性也，有命焉，君子不谓性也；仁之于父子也，义之于君臣也，礼之于宾主也，知之于贤者也，圣人之于天道也，命也，有性焉，君子不谓命也。"《说卦传》言"尽性至命"，是已在"性"、"命"间作出区分。孟子则明确指出了这一区分的内容：君子乃仅以仁、义、礼、智、圣诸道德规定为"性"，而仅以"口、目、耳、鼻、四肢"诸感官情欲的满足为"命"。这个意义上的性、命，可以称作狭义的性、命。

对"性"、"命"作这种狭义区分的根据在于，人对二者的决定之权及其取之之道，有根本性的区别。《论语·颜渊》："为仁由己，而由人乎哉？"《论语·述而》："子曰：仁远乎哉？我欲仁，斯仁至矣。""求仁而得仁，又何怨?"《论语·里仁》:"有能一日用其力于仁矣乎? 我未见力不足者。""为仁"是人唯一可凭自己的能力而不借助于外力所能做到的事情。人"欲仁仁至"、"求仁得仁"，表明"仁"是人之最本己的能力，行仁由义乃是人之作为人的天职和使命所在。孔子讲"仁者人也"(《中庸》引孔子语)，其根据即在于此。而人的功名利禄、事功效果之事，却非人力所能直接控制者，因此只能称作"命"。① 循此思理，孟子乃提出"可欲之谓善"(《孟子·尽心下》)之说。所谓"可欲之谓善"，实即孔子所言"欲仁仁至"、"求仁得仁"。《孟子·告子上》:"仁义礼智，非由外铄我也，我固有之也，弗思耳矣。故曰:求则得之，舍则失之。或相倍蓰而无算者，不能尽其才者也。"《孟子·尽心上》亦云:"求则得之，舍则失之，是求有益于得也，求在我者也。求之有道，得之有命，是求无益于得也，求在外者也。"人对仁义礼智诸德，是求则得，舍则失，其决定完全出乎我的意志之自由抉择;而人的情欲要求及事功效果，则非人所可以直接决定者，故只能由乎仁义之道而行，而将得与不得的事功效果付之于"命"。

这样，儒家所谓"天命"或"天命之谓性"，便不是一个现成性的概念。"天命"及人所得自于天命之"性"，须经由人的终极性的价值抉择及其担当践履的历程乃能得以实现。这就是儒家所谓的"居易以俟命"或"修身以立命"。

《礼记·中庸》:"君子居易以俟命，小人行险以徼幸。"《孟子·尽心上》:"尽其心者，知其性也。知其性，则知天矣。存其心，养其性，所以事天也。夭寿不贰，修身以俟之，所以立命也。"又:"莫非命也，顺受其正，是故知命者不立乎岩墙之下。尽其道而死者，正命也;桎梏死者，非正命也。"人的价值的实现表现为天人的合一。这个天人之合的意义，集中表现在"立命"和"正命"这两个重要的概念上。所谓"正

---

① 如《论语·颜渊》:"子夏曰:商闻之矣:'死生有命，富贵在天'。"《论语·宪问》:"子曰:道之将行也与，命也;道之将废也与，命也，公伯寮其如命何?"等等，都表明了这一点。

命", 是言"命"虽为天道之必然, 却具有正面（正命）与负面（非正命）的内在价值区别; 所谓"立命", 则揭示出了赋予人的存在以"正命"并由之而达成天命实现的超越性价值之根源所在。

康德以理性的自己立法和自我决定来规定意志自律的原则①, 并通过人同属于两个世界——感觉世界和理智世界——这种存在的方式, 来确立人之遵从道德法则的必然性和神圣天职, 以及人作为道德法则之主体及人格的观念。② 孔孟以"求仁得仁"、"欲仁仁至"亦即"可欲之谓善"为判准来区分义、命或性、命, 确立仁义为人心之唯一能够自作主宰、自我决定的普遍性价值原则。这种确立超越性价值原则的方式和思想, 与康德颇有相似之处。但是, 在儒家的义理系统中, 义、命或性、命虽有内在的区分, 却同出于"天命"（所谓"天命之谓性"）, 并不像康德那样分属两个世界。在儒家看来, 从个体、家族到国家、天下, 在实存上都具有其特定的际遇和历史境遇, 是谓其"命"（即上文所谓"狭义的命"）。但这"命"却非某种现成性的给予。借用康德的说法, 仁义作为道德自律的唯一原则, 乃人之为人的必然选择。孟子讲"无义无命", 正是要强调, 在狭义的性、命或义、命之间, 具有一种价值实现意义上的内在的因果关联性。③ 人在其特定的历史际遇中, 若出于功利的考虑, 意图对之有所改变, 其结果在价值上乃为负面, 亦即孟子所说的"非正命"。孟子所谓"立命", 则是主张人直面承当其实存之历史际遇, 以其人道之抉择, 躬行仁义以正定其命, 乃能赋予其"命"以正面的存在价值, 此即孟子所谓"正命"。由乎此, 作为"天命之谓性"的天命之总体, 乃能得以实现; 而人的行为及人类历史之发展, 方能入乎人道之正

---

① 参见康德:《道德形而上学原理》, 苗力田译, 上海世纪出版集团、上海人民出版社2005年版, 第52页。

② 参见康德:《实践理性批判》, 韩水法译, 商务印书馆1999年版, 第94页。

③ 《孟子·万章上》记孟子驳斥当时"孔子于卫主痈疽, 于齐主侍人瘠环"的流言说:"孔子进以礼, 退以义, 得之不得曰'有命', 而主痈疽与侍人瘠环, 是无义无命也。"是言有德者之"义"的抉择, 乃使之获得"正命"。从这个意义说, 唯君子有"义", 因而有"命"（正命）; 小人无"义", 其所得结果, 乃为"非正命"。故从道德价值言之,"义、命"之间, 乃有一种必然的因果关联性。

途。而这"正命"之实现，正出于人的价值抉择之所"立"。这"立命"所具有的奠立人的存在超越性价值的赋值作用，既出于人的必然的道德抉择，同时亦本原于天道。君子成就其为君子，圣王成就其为圣王，皆本原于此。儒家既言君子"畏天"，又言王者"畏天"，这对天的敬畏，同时亦即对人类超越性道德法则的敬畏。儒家确立其至当必然道德法则的方式，体现了一种天人合一的精神，这是其不同于康德之处。

由此可知，孟子以"畏天"之义讨论国际关系问题，所强调的正是王道或道义原则作为处理国际关系之原则的至上性意义。这王道和道义原则，对儒家而言，是一个普遍的原则，但对比于国家内部的施政原则来说，孟子更强调了这道义原则作为"天道"的超越性意义。这是因为，一国或一伦理共同体内之行事，尚存在着各种外部之制约性或强制性；而处理天下或国际间的关系，在现实中，则已无外部之制约，易流于为强权者所恣意操纵。因此，儒家言国际间的王道原则，尤其强调其超越性，凸显出这种原则之高于强权的神圣性意义。

上引《孟子·梁惠王下》所言"以小事大"和"以大事小"，为国际事务之两端。孟子讨论国际关系的原则，很好地运用了孔子"叩其两端而竭焉"的方法，以"以大事小"和"以小事大"这"两端"为例，对国际关系中的王道原则，作了深入的讨论。

《孟子·梁惠王下》言"仁者能以大事小"，引"汤事葛，文王事昆夷"为例。《孟子·滕文公下》乃举"汤事葛"之事，详细阐发了王政征伐之义：

> 孟子曰：汤居亳，与葛为邻。葛伯放而不祀，汤使人问之曰："何为不祀？"曰："无以供牺牲也。"汤使遗之牛羊。葛伯食之，又不以祀。汤又使人问之曰："何为不祀？"曰："无以供粢盛也。"汤使亳众往为之耕，老弱馈食。葛伯率其民，要其有酒食黍稻者夺之，不授者杀之。有童子以黍肉饷，杀而夺之。《书》曰："葛伯仇饷。"此之谓也。为其杀是童子而征之，四海之内皆曰："非富天下也，为匹夫匹妇复雠也。""汤始征，

自葛载。"十一征而无敌于天下。东面而征，西夷怨；南面而征，北狄怨。曰："奚为后我？"民之望之，若大旱之望雨也。归市者弗止，芸者不变，诛其君，吊其民，如时雨降。民大悦。《书》曰："徯我后，后来其无罚！""有攸不惟臣，东征，绥厥士女，匪厥玄黄，绍我周王见休，惟臣附于大邑周。"其君子实玄黄于匪以迎其君子，其小人箪食壶浆以迎其小人。救民于水火之中，取其残而已矣。《太誓》曰："我武惟扬，侵于之疆，则取于残，杀伐用张，于汤有光。"不行王政云尔，苟行王政，四海之内皆举首而望之，欲以为君。

汤之事葛，是以大事小。然其行事，并非因其无外在的强力制约而恣意妄为，亦一本于天道之必然。

此处所说王政征伐，其行事必仁至义尽然后为之，正体现了上述道义至上的原则精神。孟子言《春秋》大义，特重正名。其对"征"与"战"，尤其有严格的区别。《孟子·尽心下》："《春秋》无义战……征者上伐下也，敌国不相征也。"又："有人曰：'我善为陈，我善为战。'大罪也。国君好仁，天下无敌焉。南面而征，北狄怨，东面而征，西夷怨……征之为言正也。各欲正已也，焉用战？"《孟子·离娄上》："君不行仁政而富之，皆弃于孔子者也，况于为之强战？争地以战，杀人盈野；争城以战，杀人盈城。此所谓率土地而食人肉，罪不容于死。故善战者服上刑。"是王政有征伐而无战争。"征"与"战"，其根本的分野在"正"与"争"。"战"的本质是"争"，其目的指向要在于私利。战争导致残杀，可说是"率土地而食人肉"，故孟子深恶之。这一观念，与孔子"善人为邦百年，亦可以胜残去杀"的思想是一致的。"征之为言正也"，其原则在道义，故孟子亟称之。王道有征伐，而此征伐之"正"或其行为之正义，乃一本之于天。是以王者之征伐，表现出对天的一种敬畏的态度，叫作"畏天之威，于时保之"，叫作"顺天者存，逆天者亡"。（《孟子·离娄下》）

这种"天"的必然和超越性力量，亦有其现实的表现。王道之征伐，在客观上表现为顺乎天而应乎人，在主观上则必以道义为唯一的目的。

所以，征伐之事，必不得已而为之，此亦是对违背道义之国君的一种强制性的力量。这种力量，其实质乃是"天工人其代之"。而此代天工者，则命之为"天民"①、"天吏"②。朱子释"天吏"、"天民"曰："顺天行道者天民；顺天为政者天吏也"③。圣王之征伐，"文王一怒而安天下之民"、"武王亦一怒而安天下之民"。（《孟子·梁惠天下》）文王之"怒"、武王之"怒"，已完全超越了私情和功利，乃顺天之道而行。此就个体言，为能"从心所欲不逾矩"，此即所谓"乐天者也"。就现实言，其能顺乎天而应乎人④，所谓"东征而西怨"、"南征而北怨"，就表现了这一点。故王道道义至上原则之"天"的超越性，仍落实而表现于民心、民意。

关于"以小事大"之例，可见《孟子·梁惠王下》。滕文公问以小国事大国，孟子答云：

> 昔者大王居邠，狄人侵之。事之以皮币，不得免焉；事之以犬马，不得免焉；事之以珠玉，不得免焉；乃属其耆老而告之曰："狄人之所欲者，吾土地也。吾闻之也，君子不以其所以养人者害人。二三子何患乎无君，我将去之。"去邠，踰梁山，邑于岐山之下居焉。邠人曰："仁人也，不可失也。"从之者如归市。

又：

> 滕文公问曰："齐人将筑薛，吾甚恐，如之何则可？"孟子对曰："昔者大王居邠，狄人侵之，去之岐山之下居焉。非择而取之，不得已也。苟为善，后世子孙必有王者矣。君子创业垂统，为可继也。若夫成功，则天也。君如彼何哉？强为善而已矣。"

---

① 《孟子·尽心上》："有天民者，达可行于天下，而后行之者也。"
② 孟子认为，仁者"无敌于天下"，而"无敌于天下者，天吏也"。（参见《孟子·公孙丑上》）齐人沈同问："燕可伐与"。孟子回答"可"。孟子的意思是，"为天吏，则可以伐之"。"天吏"之伐，是代天行道，顺乎天而应乎人者也。（参见《公孙丑下》）
③ 朱熹：《孟子精义》卷十三。
④ 《易·革卦彖传》："汤武革命，顺乎天而应乎人。"

此所谓"以小事大"之"畏天"，与上文所谓"以大事小"之"乐天"，其义实一，皆所以顺天而行，行事之所必至，而非据主观之私意行事。其所奉行的原则，是道义。太王事獯鬻（狄），是以小事大，太王行事，唯百姓之生命为目的，而不以君位为念。此亦体现了一种以道义为上而不计功利，居易以俟命之精神。同时，孟子据此强调指出，德与福之间，有一种必然的联系。

总之，在国际关系原则方面，儒家的"王道"论特别突出了道义至上原则的超越性意义。其表现为天道、天意、仁心、民心、民意、民情之内在的一致性，从而使之具有一种"先天而天弗违，后天而奉天时"的必然性的力量。

结　语

综上所述，儒家的王道论，乃是一种道义原则基础上的道义、功利一体论。它涵容功利事功，却体现了一种道义至上的精神。这种王道精神，在今天仍具有重要的理论和现实意义。

儒家的"王道"论，主张在伦理共同体内部，必须以道义为最高的目的和原则。今人往往认为儒家的道义至上追求陈义过高，无法实行。其实，儒家的"王道"论，虽有很强的原则性，但又很平实。长期以来，我们社会生活中所奉行的实质上就是一种"上下交征利"的原则。我们过去有一个价值理念："毫不利己，专门利人"，又强调阶级、集体、国家等不同层次的利益，其核心实质上就是一个"利"字。既以"利"为号召，"利人"最终将无从落实。中国社会半个多世纪以来道德建设的结果已证明了这一点。20世纪80年代大学生张华救老农牺牲这一事件，曾引起一番大学生救农民"值不值得"价值观讨论。今人衡量成功的标准，仍然还是"利"。这表明，现代流行在我们社会生活里面的核心价值就是"利"，这是要不得的。美国大片《拯救大兵瑞恩》，八个人救一个大兵，值不值得？在一个伦理共同体中，其最高的原则乃是道义或至善的原则。人是目的，应该救人，就不能计较功利，不能讨价还价。这个"应该"或"应当"，是社会的道义原则。一个伦理共同体，这个道义原则必须挺立起来。《荀子·礼论》："人一之于礼义，则两得之矣；一之于情性，则两丧之矣。故儒者将使人两得之者也。"《孟子·尽心上》："形色天性也，惟圣人然后可以践形。"一方面，这个核心的道义价值挺立起来，人的功利性层面作为整体才能真正得到实现；同时，这功利性亦才能被点化、升华，从而真正作为"人"的价值被实现出来。此为中外、古今之通谊，吾人亦当深长思之。

儒家论国际关系原则，亦贯彻了一种道义至上的精神，并特别强调这道义原则作为"天道"、"天命"的超越性与必然性的意义。国际关系的原则，与"天下"的观念相关。对人类的整体存在而言，"天下"为无外，为至大。因此，一方面，国际关系的原则，具有关涉人类存在整体的意义，乃直接关联于超越和形上的境域；另一方面，大国尤其是强国在现实上已不再有实质上的外部制约性，故国际关系的原则极易为霸权者所任意操纵。今日的国际关系，往往缺乏一贯性和自洽性的原则。如美国作为当今国际社会之"桓文"，一方面常以正义的面目在国际事务中出现；另一方面，又常常不加掩饰地以本国国家利益作为出师名义。这实已形成为一种为国际社会所容忍的惯例，由此导致了国际事务处理中行事原则的随意性。如何认识和建立国际关系"王道原则"的必然性和内在一致性，仍是当今国际社会所面临的一项重要课题。儒家王道思想所倡导的道义至上主义精神，在今天的国际事务的处理中，仍具有重要的现实意义。

现代视域中的儒学

杨国荣*

内容提要： 考察儒学在现代的意义，离不开儒学自身的内涵。从现代的视域看，首先需要关注的是儒学的仁道原则，后者所内含的观念有助于我们反思存在价值与社会正义、善与权利等关系。儒学以道的追求为其内核，其中既包含着天道观层面的形上之思，也蕴涵着人道观层面的价值趋向。在"万物并育而不相害、道并行而不相悖"等观念以及人格理想中，儒学对现代社会的意义从不同的侧面得到了进一步的展示。

关键词： 儒学；仁道；正义；现代视域

一

理解儒学在现代的意义，需要从儒学本身的内在观念出发。就儒学的理论内涵而言，其意义无疑丰富而多样。这里首先可以关注儒学的仁道观念。早在儒家的创始人孔子那里，"仁"就构成了一个核心概念，所谓"孔子贵仁"①，便表明了这一点。仁道概念包含多方面含义，其

---

* 杨国荣，华东师范大学中国现代思想文化所所长，哲学系教授。
① 《吕氏春秋·不二》，中华书局 2011 年版。

着重之点则在于把人和物、人和人之外的其他对象区别开来，由此进一步凸显人的内在价值。这一点，在后来儒家的人禽之辨中，也得到了进一步的展开：人禽之辨的实质内容，乃是通过辨析人和动物（禽兽）之别，以展示人之为人的本质特点；对儒家而言，正是人所具有的这种内在本质，使人之为人（人不同于动物）的内在价值得到了彰显。

肯定人具有不同于其他存在的价值，同时蕴涵着仁道的另一内涵，即把人看作是目的，而不是工具或手段。在早期儒家那里，已可以看到这一思维趋向。《论语》中记载：孔子上朝归来，得知马厩失火，马上急切地问："伤人乎？"不问马。这里明确地把马和人区别开来：问人而不问马，便表明了这一点。当然，这并不是说，马本身没有任何价值，事实上，作为代步、运输的工具，马无疑也有其价值。但马的价值主要体现于手段或工具的意义之上，是为人所用，人则不同于单纯的手段或工具，而是有其自身的价值。在此，我们可以看到，仁道的核心意义在于肯定人的内在价值，并以此将人与对象性的存在区分开来。

如果将以上思想与不同文化形态中的观念作一比较，则可以进一步看到儒学相关看法的独特意义。相对而言，西方从古希腊以来一直比较强调正义原则。柏拉图《理想国》的核心论题就是讨论正义。正义当然包括多种含义，其核心的含义则指向权利，从柏拉图到亚里士多德，都一再强调，正义就在于得其应得。每个人都应得其所应得，体现的便是对个体权利的尊重。在宽泛意义上可以说，正义的意识和权利的观念联系在一起。

在正义和仁道之别的背后，可以看到更广意义上善（the good）与权利（the right）之间的区分。善和权利之辨，是当代的自由主义和社群主义依然在关注的论题。社群主义肯定善高于权利，自由主义则强调权利高于善。从健全社会的建构这一角度看，以肯定人的内在价值为核心的仁道观念与侧重于权利的正义观念，都需要加以关注。如果仅仅强调仁道原则，往往引向突出善的观念，这可能会导致普遍的价值原则对个体的抑制：在追求普遍之善的名义下，个体的权利可能被边缘化。仅仅强调权利的观念，则容易导致个体间的疏远及紧张，并难以使人的内在价值及存在意义得到落实。确立、健全社会的价值原则，应该避免以上二重偏向。从以上视域看，儒家所提出的仁道观念，在今天依然从一个方面为现代社会的合理建构提供了重要的前提：我们固然不能限定于仁道的原则，但在走向健全社会的过程中，这一原则无疑仍具有内在的生命力，需要我们加以关注。

二

从形上的角度考察儒学的意义，则需要关注其对道的追问。"形而上者谓之道"，在儒学中，形上的视域和道的追问总是联系在一起的。儒家反复强调道非超然于人："道不远人。人之为道而远人，不可以为道也。"（《中庸》）道并不是与人隔绝的存在，离开了人的为道过程，道只是抽象思辨的对象，难以呈现其真切实在性。而所谓为道（追寻道），则具体展开于日常的庸言庸行："君子之道，造端乎夫妇；及其至也，察乎天地。"（《中庸》）道固然具有普遍性的品格，但它唯有在人的在世过程中才能扬弃其超越性，并向人敞开。

强调"道"和"人"之间不可分割、相互联系的重要含义之一，是肯定道所具有的各种意义唯有通过人自身的知和行（亦即人认识世界和改变世界的过程）才能呈现出来：天道观层面作为万物统一本原之道，其意义总是在人把握世界的过程中不断地展示；同样，人道观层面作为社会理想、规范系统之道，其意义也是在人自身的文化创造以及日常的行为过程中逐渐地显现的。自在的对象无所谓分离与统一等问题，存在之获得相关意义，与人对世界的认识、作用无法相分。正如深山中的花自开自落，并不发生美或不美的问题，只有在人的审美活动中，它的审美意义才得到呈现。作为社会理想和规范系统的"道"，其意义更是直接地通过人自身的知行活动而形成。上述意义上的道，都具有"不远人"

的品格。总之，道的意义的呈现、人对道的理解不能离开人自身的知行活动。与这一观念相联系，儒家强调人可以赞天地之化育。所谓"赞天地之化育"，其内在含义在于肯定人身处其间的世界不同于本然、原初、自在的世界，作为现实的存在，其生成离不开人自身的知和行。本然的世界谈不上意义，意义的呈现无法离开人的知行活动。对世界的这种理解，避免了对存在的超验构造。从哲学的视域看，以上观念的重要之点，在于把人对世界的理解过程和意义的生成过程联系起来。这种进路不同于用思辨的方式去构造抽象的世界。

道和人之间相互关联的另一重含义，是"日用即道"。所谓"日用即道"，亦即强调道并不是离开人的日用常行而存在，它就体现并内在于人的日常生活之中。这一观点的重要之点在于没有把道视为一种彼岸世界的存在或超越的对象，而是把它引入到现实的此岸之中，使之与人的日用常行息息相关。从价值的层面看，它使人始终把目光投向现实的存在，而不是指向超越的彼岸世界。在孔子那里，已可看到这类观念。孔子的学生曾向孔子请教有关鬼神的事情，孔子的回答是："未能事人，焉能事鬼？"（《论语·先进》）就是说，对现实的人尚且不能效力，哪里谈得上为彼岸的鬼神效力？他的学生又问有关死的事，孔子的回答依然是："未知生，焉知死？"（《论语·先进》）鬼神是和现实的人相对的超验对象，死则意味着现实生命的终结，二者都与人的现实存在形态相对。在孔子看来，我们应当关心的，不是那种超越的对象，不是远离现实人生的存在，而就是人自身的现实存在和现实生活。对儒家来说，不存在形上与形下、超验与此岸两个世界的对峙问题，相反，其思维趋向更侧重于沟通这两个世界。这里不难看到儒家终极关切的特点，即始终把终极关怀跟现实的日用常行紧密结合起来，所谓"极高明而道中庸"，也体现了这一点。这种思维趋向，构成了儒家道不远人观念的重要含义之一。人总是无法回避终极意义上的关切，这种关切可以取得宗教的形式，也可以立足于道德的实践。在儒家那里，以上视域中的终极关切不同于对超验存在、彼岸世界的追问。从"道不远人"的观念出发，儒家处处把目光引向现实的世界。

三

儒家对道的追问，同时体现为"中道"的观念，孟子便一再强调中道而立，中庸、中道一直是儒家所肯定的。这里的"中"不是简单的量的概念，量的意义上的"中"，主要表现为直线中与两端等距离的中点。在儒家那里，"中"更实质体现为"度"的观念。孔子说："过犹不及"，这便是度的观念。超过（过度）和"不及"（未达到）都不符合"中"的观念。这里的实质含义，就是把握事物存在或实践过程中最适当的形态。具体而言，这种度的观念可以体现为对事物不同方面之间的协调、在保持张力的同时又注意适当的平衡关系，等等。儒家在看待和处理社会实践与社会交往过程中不同方面的关系时，处处体现这一点。不仅与人外部对象的互动涉及"中"，而且内在精神世界中的不同方面也关乎与此。以精神世界中的不同情感形态而言，在儒家看来，喜与怒、悲与欢之间，都应保持一定的分寸，有一个适当的度。

与度的观念相联系，儒家中道观念另一个重要方面，涉及处理普遍原则与具体情境之间的关系。一方面，不管是社会生活本身的展开，还是作用于外部自然的过程，都离不开普遍原则的引导；另一方面，社会生活总是丰富、多样、复杂的，每一种实践的具体情境也千差万别。在社会生活或实践过程中，一般原则如何与具体情境加以结合？这里也有掌握"度"的问题。在这方面，儒家曾提出有经和权之间关系的协调问题。经是一般的普遍原则，权是一般原则在具体情境中的变通、调节。从教育过程看，孔子便非常注重根据教育对象的具体特点，给予相应的引导。《论语·先进》记载："子路问：'闻斯行诸？'子曰：'有父兄在，如之何其闻斯行之？'冉有问：'闻斯行诸？'子曰：'闻斯行之'。公西华曰：'由也问：闻斯行诸，子曰：有父兄在；求也问：闻斯行诸，子曰：闻斯行诸。赤也惑，敢问。'子曰：'求也退，故进之；由也兼人，故退之。'"这里涉及广义的知与行的关系：了解、把握了某种义理，是否应该立即付诸实践？就一般的意义而言，儒家以知行统一、言行一致为原则，然而，在不同的情境下，面对不同的对象，这一原则却应作适当的变通、调整。在以上例子中，对率性而行的子路，需要以"父兄在"加以约束；对性格较为谦退的冉有，则以"闻斯行诸"加以激励。从教育学的角度看，这里体现了因材施教的原则，就人的实践过程而言，这里又体现了经（一般原则）与权（具体情境）之间的交融。宋明时期，理学家进一步提出理一分殊，理一分殊既有其形而上层面的含义，也涉及实践过程和实践方式，从后一方面看，理一与分殊的关系，也关联一般的原则与具体的情境之间如何协调的问题，这里同样存在把握"度"的问题。

四

儒学在天道与人道领域另一值得注意的观念，体现于《中庸》所提出的如下思想："万物并育而不相害，道并行而不相悖"。从本体论层面上说，"万物并育而不相害"涉及事物之间的关系。外部世界千差万别，但不同的对象，从飞禽走兽到山川草木，都彼此并存、相互作用，现实世界就在天地万物这种彼此并存、相互作用中存在、运行。从价值观层面看，以上观念所指向的则是如何处理社会领域中不同个体，不同阶层、集团、民族之间的关系问题。在这一层面，"万物并育而不相害"意味着给每一个体、每一群体以生存的空间，使之能够实现自身的正当利益并得到发展，避免让个体在社会生活中彼此排斥、相互冲突。具体而言，这里涉及不同的个体、团体、民族、国家之间的共处、交往问题，它以承认不同个体的差异、不同社会领域的分化为前提。个体的差异、不同社会领域的分化是一种历史演化过程中无法否认的事实，如何使分化过程中形成的不同个体、存在形态以非冲突的方式共处于世界之中，便成为"万物并育而不相害"所关涉的实质问题。从社会之维看，重要的是在利益关系上获得共同之点，以此作为达到"并育而不相害"的基本社会前提：当个体之间、社会集团之间在利益上彼此冲突时，达到"万物并育而不相害"是非常困难的。在这里，所谓"万物并育而不相害"，即是保证每一个个体、每一社会阶层或社会集团都有自己生存、发展的基本空间；反之，如果剥夺或限定不同个体、社会阶层的生存、发展空间，社会成员之间的共处就只是空谈。尽管儒家对社会结构、社会关系的具体理解有其历史的局限，但它所推崇的"万物并育而不相害"，却内在地隐含着值得关注的内容，今天无论是处理社会领域中不同个体和群体（包括弱势群体）的关系，还是处理国际关系中不同的民族、国家之间的关系，这些思想都依然有它的现实意义。就健全社会的建立而言，其前提之一是让每个社会成员都享受到社会发展的正面成果，在社会的各个领域中给予他们以立足之地和发展可能；如果社会发展只对少数人提供这种条件，而让广大的民众成为牺牲者，那么，社会稳定和社会秩序便失去了其现实的基础。同样，在国际关系之间，试图在缺乏利益共同点的前提下消除国家之间的对抗、冲突，这也只能空洞的幻念。国家之间也需要寻找利益的共同点或相关点，这种利益的共同点或相关点是国与国之间关系稳定、和平的一个基本前提。体现上述观念的"协和万邦"，也包含着承认、尊重彼此利益之意，后者同时被理解为处理民族与民族、国家与国家之间关系的原则。

与"万物并育而不相害"相联系的是"道并行而不相悖"。这里的"道"，主要是作为社会道德理想、价值理想的道。"道并行而不相悖"意味着对不同的价值原则、价值观念，应当以宽容、兼容的态度加以对待。社会领域中的不同冲突，包括国际关系中的冲突，其背后往往蕴涵着价值观的冲突。在国际关系中，以某种价值观或价值体系排斥其他价值观，往往会导致不同文明形态之间的紧张、冲突。尽管儒家在走向正统化的过程中，也曾表现出某种权威主义的价值趋向，但其"道并行而不相悖"的主张，却蕴涵着避免不同的价值系统冲突的意向，这种观念与"和而不同"的原则相结合，可以引向价值观上的宽容精神。

就儒家自身的发展而言，即使在儒家已成为正统意识形态的背景之下，仍潜在地蕴涵着对其他价值系统的某种兼容。历史地看，两汉已开始确立儒家独尊的意识形态地位，然而，在提倡"独尊儒术"的董仲舒的儒学体系中，便不难看到他对先秦诸子百家(包括法家、墨家，等等)思想的吸纳。事实上，就现实的层面而言，在推行"独尊儒术"之后，两汉的实际国策，依然是所谓"阳儒阴法"。这种现象的具体历史缘由、意义可以暂不评价，但它无疑已从一个侧面表明，即使在儒学独尊的情况下，其他各家也并未完全、绝对地被拒斥。文化思想领域中的所谓儒道互补，则从另一方面反映了儒家与其他学派并存的历史走向。此外，随着佛教传入，儒、释、道之间进一步呈现三教并立的思想格局，三者相拒而又相融，宋明时期的儒学发展，便以儒、释、道的这种彼此互动、相互作用为背景，由此可以更具体地看到儒学在实质意义上对其他各家某种程度的兼容。在全球范围内价值观面临不同层面紧张、冲突的背景下，儒家"道并行而不相悖"所蕴涵的宽容精神，无疑依然有其现实的意义。

五

儒学的意义，同时体现于其人格理想，后者的具体含义与内在的精神境界相联系。作为人格的表现形式，精神境界既有其内在的核心，又展开于不同的方面，由此形成多维度的精神形态。

孔子在《论语·里仁》中曾提出"仁者安仁，知者利人"之说，王夫之从成就德性的角度，对此作了分疏："'安仁'、'利人'，总是成德后境界。"① 在王夫之看来，安仁、利人都构成了德性涵养中的不同境界。当然，以成德为视域，境界又表现出不同形态，当人仅仅以富贵贫贱为意时，其境界便也难以越出此域，反之，如果始终坚持仁道，在任何时候都不与仁相悖，则意味着进入另一重境界："到得'君子无终食之间违仁'，则他境界自别，赫然天理相为合一。"② 在这里，境界之别，

① 王夫之：《读四书大全说》卷四，《船山全书》第 6 册，岳麓书社 1996 年版，第 624 页。
② 王夫之：《读四书大全说》卷四，《船山全书》第 6 册，岳麓书社 1996 年版，第 624 页。

既涉及德性的高下，也表现为内在精神形态的差异。

作为观念的存在，境界也可以视为宽泛意义上的精神世界，而对后者（精神世界）的考察，则涉及更广的视域。孟子曾有如下表述："万物皆备于我矣。反身而诚，乐莫大焉。"（《孟子·尽心上》）这里的"万物皆备于我"，并不是指外部世界以物理的形态内在于个体，而是表现为观念层面的意义境域：以视域的扩展、理性的想象、内在的体验等为形式，"我"把握了作为整体的世界并领悟了其意义，万物则由此进入"我"的观念之域。在这里，世界对"我"的敞开与"我"对世界的开放、世界意义对"我"的呈现与"我"对世界意义的领悟融合为一，而对这种精神之境的真切感受，往往又伴随着超乎感性快感的内在精神愉悦，此即所谓"反身而诚，乐莫大焉"。（《孟子·尽心上》）在以开放的视域接纳世界并深切领悟其意义的前提下所达到的这种"乐"，同时表现为一种精神境界，王夫之已指出了这一点："孟子于'万物皆备于我'之下，说个'反身而诚，乐莫大焉，'是何等境界！"[1]

精神境界的核心，集中体现于理想的追求与使命的意识。理想的追求以"人应当期望什么"为指向，使命的意识则展开为"人应当承担什么"的追问，二者从不同的方面体现了对人自身存在意义的深沉关切。宋明时期，张载曾提出如下的著名观念："为天地立心，为生民立道，为去圣继绝学，为万世开太平。"[2]这里既体现了理想的追求，又包含内在的使命意识。在张载看来，人为天地之心，民为社会之本，往圣之学体现了文化的精神命脉，天下安平则构成了历史的目标；理想的追求就在于真正确立人在天地之中的价值地位，顺应生民的意愿，延续文化的命脉，实现天下的恒久安平；而人的历史使命，便在于化上述理想为社会现实。

从人格理想的层面看，"应当期望什么"的追问所指向的，也就是"成己"或成就自我，后者意味着人自身通过多方面的发展而走向完美

---

① 王夫之：《读四书大全说》卷十，《船山全书》第6册，岳麓书社1996年版。

② 张载：《近思录拾遗》，《张载集》，中华书局1978年版。

之境。在成就自我的过程中，人既赋予期望与理想以实质的内涵，也使自身的存在获得了内在的意义。相对于"应当期望什么"所体现的理想追求，以"应当承担什么"为内涵的使命意识，更多地从人的责任、人的义务这一维度表现了对自身存在意义的关切。二者从不同侧面层面体现了人之为人的内在规定。孟子已涉及这一问题："人之所以异于禽兽者几希，庶民去之，君子存之。"(《孟子·离娄下》)使人区别于与动物（禽兽）的主要之点究竟体现在何处？庶民所去、君子所存者到底是什么？在谈到君子的特点时，孟子对此作了进一步的阐释："君子所以异于人者，以其存心也。君子以仁存心，以礼存心。"(《孟子·离娄下》)对孟子而言，君子作为人的完美存在形态，集中地体现了人之为人的品格，而君子的具体特点，则表现于其"存心"。在这里，所谓"存心"便与包括道德意识的内在的精神世界相联系，其具体内容则展现为"仁"、"礼"。"仁"与"礼"既有德性之意，又表现为"当然"（应当遵循的规范）：作为不同于禽兽者，人都"应当"循仁而"在"、依礼而行，这里无疑既体现了道德的理想（确立以道德意识为内涵的精神世界），也蕴涵着某种道德领域的责任意识（应当循仁依礼，意味着有责任遵循道德规范）。所谓"以仁存心，以礼存心"，也就是确立和维护包含广义道德理想与道德责任的精神世界，在儒家看来，正是这种内在的精神世界，使人"异于禽兽"而成为真正意义上的人。儒家对人的精神世界的如上理解，对今天如何在人格层面走向理想之境，无疑具有启示的意义。

中西文化交融下的儒学发展

儒学与杜威实用主义关于"人"概念的对话

[美] 安乐哲*

内容提要： 本文通过孔子儒学与杜威实用主义关于"人"概念的比较研究，在当代思想前沿的观念上，分析和探讨了儒学与实用主义核心概念中的差异性与相似性。儒学基于人文主义，阐述"儒"的起源、"礼"的演变历史，并以此为基础，侧重于关注成人（human becoming）而不是单纯的人（human being），成人的过程关键是以修身为基础，而修身的关键是类比成人的"心"；另外对于成人（human becoming）工夫论极其重要的是把人放到关系的话语本性之中，尤其是家庭关系之中，在合理的关系之中，从生活整体经验的情境出发，从而酝酿产生人生的意义，而合理关系的维系与培育有赖于语言的本体论结构——"正名"的功效。本文系统而有机地论证了儒家思想中的成人的历程。与儒学相比较而言，杜威实用主义也极其强调关系的重要性，个人成长、社会发展都是通过有效的交流沟通来实现的。约翰·杜威采用联合性与对照性的类推方式，把"个性"概念（individuality）作有益的联合类比，有助于疏通儒家思想中"关联人"这个观念。两者的区别存在于儒家伦理要求道德观念必须先从家庭生活探求，而杜威忽视家庭的功效。最后通过厘定"根"、"源"、"潜"、"因"四定义有助于我们更好地理解"人"的哲学概念。

---

* 安乐哲，美国夏威夷大学哲学系教授、尼山圣源书院顾问。

关键词：儒学；实用主义；成人（human becoming）；修身；话语关系本质；意义产生；正名；关联人

一、儒学是什么

作为中国伟大的哲学家、教育家，孔夫子译为英语便是"Confucius"。"孔夫子"与"儒学"两词，从（中文）字面上并无渊源关系，但英文的孔夫子——"Confucius"，却是儒学——"Confucianism"之词根。孔子无疑是中国历史上真实生存过的人物，生卒于2500年前。他生前可谓已名满天下，其思想深深地渗透在中国文化的点点滴滴之中，兰薰桂馥，万古流芳，历久不衰，孔子思想精髓经过历史的传承与发展，塑造了占世界总人口1/4的华人及东方人的文化灵魂与品格。通过其门下弟子编纂的《论语》中的章节，我们能窥见他伟岸的形象，"高山仰止，景行行止"。然而，正如孔夫子本人所述，他所谈的这些教诲，都是依据古圣先贤的教诲传下来的，他本人与其开新立异，宁愿笃守古学古道。① 或许正由于这一点，所以儒学这个文化传统的名字（Confucianism），没有归功于孔夫子（Confucius）这一个人，没有用"孔学"，反而"儒学"来自于"儒"字，亦即古代知识分子阶级，因为他们历代给此种文化传统赋予了知识分子的学问——"儒学"。

"儒"，据《说文解定》"从需从柔"，含义是"温和，柔雅，谨慎"。因此"儒"通常用来描述生性"温文尔雅的人"，他们通过学习和文化熏染来修身以使自己臻于至善并成为君子。这类人通过演习源自殷商（约公元前1570—公元前1045）青铜时代的器具，追溯和传承殷商青铜时代的礼乐文明，从而过着文雅而高尚的生活。商文化从黄河流域发源，后来因商扩展了领土达到全盛时期。在商朝统治的几个世纪期间，规模庞大的青铜器生产改变了殷商的社会经济和政治格局，催化

---

① 《论语·述而》："述而不作，信而好古，窃比于我老彭。"

了中国古典文明的出现。殷商文化是充满活力和生命力的古代文明，不仅相当进步而且日臻成熟。文化、社会、政治和宗教的高度繁荣发展促成一定的社会分工，促成了贵族的出现——居住在城中的有教养和文化修养的贵族与居住在城外的平民分离出来。李泽厚在《中国美学史》中谈道：

> 尽管青铜器的铸造者是由体力劳动者甚至奴隶，尽管某些青铜器的纹饰也可以溯源于原始图腾和陶器图案，但他们毕竟主要体现了是早期宗法制社会的统治者的威严、力量和意志。①

这些青铜器栩栩如生地讲述了商代的社会结构分层和家庭亲属关系。巨大文化与政治资源由上层贵族官僚所控制，上层社会掌握着文化与社会及所有的话语权，涉及教育、祭祀、卜筮、征伐等方面。这些商代统治者不仅支配这个世界上的农民和渔夫，而且在另一个世界，商王先祖与平民先祖有上下统属关系，即使在天上也依然支配着农民和渔夫的命运。正如历史学家保罗惠特利谈到文化学者定义文化时指出："殷商的青铜器文化以无比精湛的技术水平给人留下极深的印象，尽管这些技术体现了社会的进步性，但是科技并不是高端文化出现的决定性因素，至关重要的是关注祭祀与礼乐文明贵族阶层的出现，能够带来文化繁荣。"②

商朝贵族投入大量的时间、人力和物力用于对上天与祖先的祭祀方面，并竭尽全力缔造了一个异于同时期的其他文化的独特文明，大量青铜器没有用于军事武器，反而用于做祭祀的礼器。"国之大事，唯祀与戎"，并且似乎祀重于戎。形形色色的青铜器被用于宗庙的祭祀，通过祭祀提高社会凝聚力、寻找情感寄托、与先祖沟通，致力于把今生与来世的两个世界紧密结合起来。隆重的祭祀仪式需要乐的配合，从而促进

---

① 李泽厚：《美的历程：中国美学研究》，牛津大学出版社 1994 年版，第 28 页。

② 保罗·惠特利：《四方的中轴：中国古代城市的起源与特点初探》，芝加哥大学出版社 1971 年版，第 74 页。

了青铜乐器的铸造如铜铃、编钟、磬等乐器。① 盛大的祭祀仪式为现世的人与天帝和祖先提供了沟通的平台，尘世的人在先祖的庇护下能得到现世的超越。

从殷商精英集团高雅的青铜器文化成就中，我们可以窥见商朝贵族建立的一套"审美化"的生活方式。② 在之后的西周（公元前1056—公元前770）时代，一些极重大事件都有历史记载的考证，甲骨文和金文为我们提供了信实的证据。甲骨文，又称"契文"、"甲骨卜辞"或"龟甲兽骨文"，主要指商朝王室用于占卜记事而在龟甲或兽骨上契刻的文字，是中国已知最早的成体系的文字形式；金文是指铸刻在殷周青铜器上的铭文，也叫钟鼎文。这些记载为我们提供了最早的文字记载的历史，使我们可以了解商周时代先民的生活方式。③

在周朝（约公元前1056—公元前256）几个世纪的统治中，周王室最初只是商朝西部边陲的一个王国，后来通过战争征服了商，伐商之后继承并发展了商的礼乐文明，"周因于殷礼，其损益可知也"。新兴的文化阶层逐步建立了一整套完备的政治信仰体系，构造了完备的而复杂的"礼"（ritual propriety）来更好地进行统治。后来随着时代的发展，"礼"成为儒家哲学体系不可或缺的核心概念之一。

商朝统治时期，贵族官员负责宫廷的日常事务，比如青铜礼器的摆放、乐舞编排等。因此"礼"就意味着了解一个人在举行规定的仪式时所处的位置，在合适的时间显示的政治和宗教地位，同时突出宫廷祭祀仪式活动的重要意义。在甲骨文中"礼"为 ，在钟鼎文或金文中为

---

① 官宏宇：《商代乐器》，《亚洲音乐》1982年第14期。

② 想了解更多关于以中国思想为特征的"审美秩序"请参照赫大维、安乐哲：《通过孔子而思》，北京大学出版社2005年版。

③ 这些甲骨文中含有约3000多令大多数人难以理解的词汇。事实上，受过训练的古文书学家经过一个世纪艰苦的侦查工作之后，他们只能解释3000多字中的约1000个字符。内容和语言的复杂性是令人吃惊的。因为一个受过教育的中国人，今天可能掌握约4000阅读字和约3000写作字。这在很大程度上可以追溯到西周金文，我们发现写在青铜器上字迹密封的纪念铭文，这种可辨认的书面形式即使有学问的人也很少能看懂。

，描述为祭者持玉行礼之器，意味着举行仪式，祭神，为王室祈求

上苍的保佑与降福。

通过青铜器我们可以知晓商朝的故事，而通过"礼"的概念演变可以窥见周朝礼乐文明体系的建立过程。在商代，"礼"仪式的举行通常限定在商王和贵族集团正式的宗教程序制定中，用以增进贵族与自然界和另一个世界的关系。在仪式中通过灵感感知和模仿宇宙的神秘变化，以至协调人、自然和精神世界的关系，增强人在宇宙事物中的参与和影响，从而达到与天地神灵的沟通。到周代祭祀活动产生了巨大的变化，祭祀活动参加者逐渐扩大了范围，从统治者垄断祭祀发展到吸引更广泛阶层加入到祭祀仪式中，使"礼"作为普遍的、对社会适应的一种程序来完善国家的体系，使家庭和社会的生活更有意义。正是通过这些礼的仪式，把每个个体的身份与"位"结合起来，通过修身修德以达到"德位相配"。

孔夫子自豪地认为自己就是商周礼乐文化的继承者，以斯文在兹的精神扛起传承华夏文明的大旗。然而到春秋时期（公元前722—公元前449）礼坏乐崩。孔子致力于保存和复兴《周礼》中记载的"儒"的高雅的生活方式。[1] 且与孔夫子本人的学说相一致，此种传承文化的学问被称为——"儒学"。作为一种综合性的、生机勃勃的思想体系，"儒学"使中国文化一向聚集在这个多孔而颇有吸收力的核心上。换句话说，自孔子时代以来，中国学者和知识分子就对儒家学术尽心竭力地从事认可、评论、重新诠释、重塑等方面的工作。他们为此"学术圈"作出了卓绝的贡献，使之成为活生生的连绵不断的文化传统———种优化人类生活体验的学问。

---

[1] 孔子暗示"儒"阶层的分化，他告诫弟子子夏："女为君子儒，无为小人儒。"（《论语·雍也》）同时，孔子非常注重个人的责任感，强调"人能弘道，非道弘人"（《论语·子路》）。

二、"Human Beings"（人）还是"Human Becomings"（成人）

以建立在礼仪基础上的古代审美体系为背景，我们可以来具体考察早期儒者对什么是人的问题的回答。这是古希腊哲人常常讨论的问题。柏拉图《菲多篇》和亚里士多德《论灵魂》俱提及。从毕达哥拉斯时期以来，最常见的答案属于本体论的：人的本质是固定、既成、自足的灵魂。苏格拉底之所谓"自知之明"的口号，指的就是知道自己的灵魂。我们每一个人，天生就是一个完整的人。因此"自知之明"至关重要。

在谈到以上问题时，孔夫子没有直接给出答案，而是换了一种稍微不同的方式来思考此问题，即人"如何成为"仁人？这才是儒家思想体系的中心问题。"四书"，即《大学》、《论语》、《孟子》、《中庸》，俱有明言。从孔夫子时期以来，儒家学者的答案一直都属于道德、审美甚至宗教方面。通过尽心培养我们人生中复杂、深厚的交际关系，方能成为仁人。因为这些关系决定我们在家庭中、社会中、宇宙中的定位和前途。[1]"修身"是儒家经典标志，正是成为仁人这项事业的基本工作。修身指的是在礼的约束下，在我们家庭、社会与宇宙的角色与关系中努力体现道德修养。在儒家体系中，我们互相依存，脱离整体的个人是不存在的。[2] 我为仁人并非天生的性质，而是行为的结果，并且我们需要一齐努力才能做得到。另外，需要注意的是虽然儒学具有极强的宗教性，但作为唯一占主流精神传统的成员中没有和尚、道士、尼姑和隐士。"道"路在行走中开辟，但独自一个人不可能踏上"道"路。

探究"礼"的历史演变过程并进一步通晓中国传统中联系性的天人宇宙观，都与儒家思想体系有密不可分的关系。我们希望提供一种异于

---

① 参见《论语·颜渊》："克己复礼为仁。"

② 孔子："除非有至少两个人，否则便没有仁的存在。"参见芬格莱特：《孔子：即凡而圣》，江苏人民出版社 2002 年版，第 217 页。

古典希腊形上学思维定式的哲学体系，尽量避免利用西方哲学话语体系来格义中国哲学，避免古希腊形而上哲学中的那种"多中的一"的本体论模式，因为那种思想体系中的知识全是"向后追溯而得来的"。就是说，先抽绎出万事万物的基础理念而后能看清其本质。

避免陷于找寻事物背后的"理念"与"形式"，比如认为人的本质为孤立的自我或灵魂。如上文所述，笔者将用原汁原味的传统中国宇宙观及其相关术语作为分析儒家思想的解释框架。中国的互相关联宇宙观更重视事物之间的相辅相成关系，个体与领域间的关系，《大学》的思想内容正是可资典范。家庭的意义刚好依赖于其成员的个人修身工夫，引申言之，全世界的意义依赖于其成员的个人修身工夫。个人价值即是人类文化之源泉，而转过来说，整个人类文化为我们每个人修身养性提供了一个机会和场所。

与唯心主义不同，我们发现中国人的宇宙观是共生的、关注整体联系的，在作为儒家经典四书之首的《大学》里有生动、具体的说明。《大学》为儒家学习者定下规模，乃是儒家思想和典籍之最核心经书，它详细描述了成人之过程。只有经严格、系统安排的修身计划方能从道德上、精神上悟道，进而使得其人生最丰富、最充实。这篇简明扼要的论文之宗旨在于，在我们进行家庭、社会、政治乃至宇宙等方面的修养培育之前，都必须从个人层面上的修养开始，它与宇宙层面也是互相联系的。《大学》首段道：

> 大学之道，在明明德，在亲民，在止于至善。知止而后有定，定而后能静，静而后能安，安而后能虑，虑而后能得。物有本末，事有终始，知所先后，则近道矣。

既已将个人修养置于首位，《大学》正文接着叙述了古圣先贤凭此方法而达到的宇宙层面上的道德境界：

> 古之欲明明德于天下者，先治其国，欲治其国者，先齐其家；欲齐其家者，先修其身；欲修其身者，先正其心；欲正其心者，先诚其意；欲诚其意者，先致其知，致知在格物。物格而后知至，知至而后意诚，意诚而后心正，心正而后身修，身

> 修而后家齐，家齐而后国治，国治而后天下平。

对于周围的家庭、社会、政治、世界的状况，每个人具有独特的视角，若能投身于培养好各个方面的关系，则也能将这一切关系最佳化。《大学》的"学"指的正是有益交际行为的培养和修炼。①

《大学》明确告诫我们，为了止于至善，必须将先后、本末等关系调整好：

> 自天子以至于庶人，壹是皆以修身为本。其本乱而末治者否矣，其所厚者薄，而其所薄者厚，未之为也！

《礼记》本的《大学》篇末段又陈述智慧之最高境界便是"止于至善"。其原文曰：

> 此谓知本，此谓知之至也。

此处的"本"及其果——知（智慧）——务必相互依存，不然则皆无。另外，还有一点需要注意的是，儒家价值取向与古希腊哲学尤其是苏格拉底价值取向分道扬镳、产生分歧在于"认识你自己"。在苏格拉底的眼中，这句话是人生的目的，认为"浑浑噩噩的生活不值得过"。而在《大学》中"自知之明"只是实现自我修身过程的一部分，以此为基，然后逐步修齐治平，从而实现和谐有序的天下太平。②

家业的兴旺依赖于每个家庭成员良好的个人修养，以此类推，整个天下的和谐、太平依赖于每个人、每个家庭、每个社区的努力奋斗，并且与这些个体密不可分。人的价值是人类文化的源泉，而反过来，人类文化又成为不断增加的意义源头，该源头为每个人的教化和修养提供环境支持。

当然儒家思想有重要的理论建构，但其真正价值仍然在于它直接本于人生的实际生活本身。从某个角度来说，它属于实用主义的自然论，

---

① 杜威将这样教养出来的习惯（cultivated habits）叫作"habitudes"：习惯的影响是有决定性的，因为凡是有人类特色的行为都是后天学来的，而学习的核心无非就是培育习惯。……习惯的行为并不排斥思维的运用，但习惯决定思维的渠道和模式。

② 苏格拉底赞许地在《斐德罗·多特尔斐神谕》230A 中引用"认识你自己"，在《申辩》篇 38a 中他告诉陪审团，"浑浑噩噩的生活不值得过"。

因为它不依靠形上学的假设或信仰，反而本着日常活动去寻求增加个人价值之机遇。以此视之，平时奶奶对孙子的疼爱既是很平常之事，又是异常伟大之事。

孔夫子本着日常生活中最为基本而又持久的事情建立其学说，诸如父子、兄弟、朋友之间的孝、悌、信用活动之类。这样，他的学说永远具有现实性与普世性（不仅仅适用于中国）。

尽管日益剧增的离心力危害到家庭的稳定，尽管在发达的大工业时代，家庭结构已发生变化，然而今天绝大多数人仍然在家庭中抚养孩子，同时期望着子女也能这样来赡养他们。而且所有的家庭都有自己的小礼节：礼貌的问候、礼物馈赠、分享食物、告辞、共同游戏和体育运动，以及更多。与高规格的大弥撒或国丧相比，这些都是比较小的礼节，但这些小礼节对于我们每个人都富有意义，通过这种具有生活情趣的途径，我们每个人铭记并确认自己是这个家庭的重要成员。

最能让儒家思想具有如此的韧性并历日旷久的特点之一便是其包容性与灵活性（porousness and adaptability）。孔子立说论证，实际上只不过是继承上古之文化遗产，因革损益使其智慧适合于当前的社会形势，然后劝诫后世也这样做。（参见《论语·述而》）

《论语》中所记载和描述的孔子个人形象，并不打算塑造出供大家来遵守的普遍规则。相反，其文字所记载的只不过是一个人，一个特别的人及其所过的日子：通过与他人交往来修身，过着丰富而充实的日子，并得到了身边人的钦佩和仰慕。或许对这部经典的书名本身我们也可以做一点儿自由诠释，将论证式的"论语"进一步具体化而缩改为以角色伦理为论证重点的"伦语"。的确，阅读《论语》时，我们时时所碰见的孔夫子是一个带有丰富社交关系而时刻试图使之最佳化的人物。他所扮演众多角色包括：慈爱的家长（《论语·公冶长》），严格的教师（《论语·季氏》），严谨而清廉的仕宦君子（《论语·卫灵公》），关心邻居的社区成员（《论语·子罕》），敢持异议的政治顾问（《论语·颜渊》），至圣先贤的知恩后嗣（《论语·述而》），热情的文化遗产继承人（《论语·八佾》、《论语·子罕》），甚至在沂水回家路上携朋友、童子载歌载舞、心旷神怡的人（《论语·先进》）。他为后世所留下的便是一个值得效仿学习的榜样而不是原则，是建议而不是命令。本文试图表明的是，孔夫子的见解之所以有持久的价值，是因为其从生活感悟层面上具有说服力，并且很容易适用于后世，包括我们的今天。

的确，正由于我们把中国自然宇宙观当作思想框架，因此儒家哲学可以被视为从根本上比经验主义更加重视经验的思想体系。此所谓根本上的经验重点在于儒家认可个体的独特性，也意识到若欲期望创造性的未来，则必须考虑到具体事物的独特性。儒家思想并不主张某种普遍原则与抽象的自然"种"，反而它从历史与文化的具体事件、人物中吸取道德教训，引为鉴戒，奉为规范。孔夫子本人便是最典型的例证。

三、类比成人（Human Becoming）的心

比喻作为一种修辞方法，用常见的事物来辅助理解难懂之事。在儒家传统中，"人"经常被称为"天地之心"，把人文精神引入自然世界，因此儒家赋予人类在宇宙中重要意义。[①] 心可以与生生不息的生命能量协调一致，无论在何种情况下都能有效地指挥生命能量的流动。

在此我们可以把中医理论引入讨论，从新的视角来阐明"人"作为"天地之心"这个类比。正如医学人类学家张燕华所强调的，在具体的生活经验中，心起到协调和适应自然、社会及文化环境的作用。

……心是一种功能的体系，我们成为人的过程由它组成，它还包含着生理的、心理的、社会的各个方面。……这种以流

---

① 我们把"心"翻译为"heartmind"而不是"heart-and-mind"，以此为视角我们想证明的是心是一而非二，它既是认知的又是有情感的，既是思维又有感觉，既是理性又有激动——心被理解为同一经验的两种互为必要维度的心理活动。没有独立于情感之外的思考，也没有无思考的情感。

程为本的"心式"生理学说最特别的地方是……它处于不断转变状态中，并且这个转变过程一直符合其社会环境与自然环境的实际条件。①

如果一切"事物"皆由其关系所组成，那么我们在探索事物之"所然"及"所以然"的时候就必须先从一整套的综合关系网入手。② 最终我们发现每个人都是以自己广泛的阅历为基础的独特个体。事实上，在中国悠久的传统中，修身的目的规定要以冷静的思考为核心，不管这种活动本身是身体的还是心灵的（或兼而有之），最终的目的都是为了达到身体功能的协调与平衡，血气平和，无论在何种环境下整个身体都气脉畅通，毫无气的郁结与阻塞。

"心"的形象可以作为很好的隐喻来理解关注人概念的儒家思想，尤其需要把人置于所处的文化、社会和自然环境中来考虑。心脏这个器官只要脱离其自然环境（即身体）而隔离起来，不到两分钟就会变成一块死肉。可若从生理学角度看之，便能明白它是"体"和"用"两种活动的结合。身体先得力于外在环境：风、水、太阳、空气及生命所需营养物；这些外来因素都支持和养育体内的循环系统，而心正处在这若干系统与关联的中央。在这若干复杂关系中，等心能达到和维持没有障碍的平衡状态的时候，这就叫作"健康"（health），或者鉴于其流程性质，更为恰当的说法应该叫作"成为健康"（healthing）。就心而言，一定要先置之于其所处的一切关系与系统中再加以探讨。我们务必要从综合体着眼，将之视为大体系的一个中心部分。

但心还不止于此，心也有主观和社会性的特点——心有感情、理智、精神等方面，且各方面能互补。在正常生活中每人都有多样角色及广泛关系，由此而来的情感和思想集中在心上。当我们能够在家庭关系上和社会关系上成功达到畅通无阻的和谐与平衡状态时，这种生活可以

---

① 张燕华：《用中医转化情绪：中国当代民族志概论》，纽约州立大学出版社 2007 年版，第 41 页。

② 参照我们在前面第二章回答"我是谁"的问题。

叫作"快乐的智慧"。

关于心这概念，还有四点待说明（推而广之，儒家的人）。第一，无论从生理学角度还是社会学角度，直接问："心本身是什么"，这个问题是错误的。心最主要的特点便是互动，离不开其所处的环境，一旦脱离关系网，便立刻失去一切功能和意义。第二，虽说心脏具有固定的、独立的形状，但它并不是与其周围器官界限分明的物体，反而是四通八达的中枢，带门带口带管道，不严格区分内外。第三，这样把"心"诠释为处于动态关系中的优化体，不但没有泯灭其自身的独特性与个性，反而承认了其个体的独特性。避免把社会中的人看成本质上一样的自然种类或只是粗描淡写地承认简单的差异性。我们应该从识别每个处于特定关系下的人或事物开始，生物类别的划分应根据特定的标准划分，而不是根据那种自称的、貌似、相似的特征来归类。第四，考虑到人生存经历的整体性与独特天性，最佳的方式是把人看作处于一定范围内的核心的活生生的个体，避免根据常见的外在关系教条来分类。人远不是橱柜里的羹匙和罐子里的游戏弹子，而是处于一定关系环境中的不能孤立的个体，离开了整体个体便消失了，毕竟"我"是"我们"中不可分割的一部分。

中医所提倡的健康生活方法和目标，用"心"这个比喻来解释，就是通过一切社会活动的平衡状态而使人生所有经验最佳化。若能如此，便在施与夺、取与舍各方面，既可避免过，亦可避免不及。

此意义上的和谐跟"度"有关系。……换句话说，在互动活跃环境下，和谐派生于每个个体适度地展开潜质、发挥作用、相得益彰。①

四、关系的话语本性

对于几乎所有的"成人"过程来说，我们修身成长最初的起点是伴

---

① 张燕华：《用中医转化情绪：中国当代民族志概论》，第551页。

随出生就进来的家庭关系，这种家庭关系是我们成长的基础。我们称这种关系具有基础地位的多样性，它把对自我的界定同其在家庭乃至社会的角色相关联在一起。首先，我们并不是分开的"自我"而后来才进入"我们"的关系之中。作为社交人物，"我们"才是始点，一生所发生的真正成长俱以既存的关系作为基础，进而加以扩展与深化。例如，基于已有的母亲、妻子、邻居等身份再去培育加深各个方面的关系。对于以相互关系为中心的人物这个概念来说，一个"关系"含有许多层面，并且具有很强的历时性。通过自己的语言和讨论，我们都互相影响，而这种影响还可以用其他方法和渠道来实现，如身体、触动、手势比划等。再譬如说礼，当然包括语言这一层面，但绝不局限于此，其他还包括肢体语言、音乐、饮食、角色与关系中的尊老尊长态度及体贴的照顾。

简单地说，在宽泛的生活中"叙说"家庭角色是人生体验中条理性与秩序性产生的最根本的源泉。家庭角色沦为获取社会关系最大化的一种策略，推而广之激励并达到更广泛的秩序——社会的、政治的乃至宇宙的秩序。如果这样的话，儒学便只不过是持续不断地把人们生活阅历纳入家庭的企图。真正的儒学是通过家庭与社区的多样化生活，在普通的生活中能够体验到平淡生活的乐趣、日常活动的仪式化、充满新意的熟悉事物，激发常态化的生活习惯，并最终每天共同分享有意义的精神生活。

对孔夫子来说，人通过社交而成就，凭借社交能力与想象力而得到适应性成功。社会并非个人属性的派生物，人亦非社会的产物。实际上正是由于社会中的人及其错综复杂的交往过程，使得个别人跟社会同步形成。① 有鉴于一切事物处于变化过程中，因此任何成就只不过是暂时的，我们永远都是不完善、不完备的人，并时刻准备应付随机出现的新挑战。同时，这种成就也是进步性的、纲领性的、圆满的。

社会（community）不外乎其成员之间的持久对话。社会中的典范人物，即君子，乃是最能出口成章、言行规范谨慎的人。通过对自己关

---

① 杜威先生用"行为与经历"的语气描述这种紧急的过程，"我们用过去的经验来塑造未来新的更好的理想"。

系的成功、和谐调整而最能立人、达人、成人之美。君子的榜样不仅仅影响到身边的人，更会泽及天下与后世。

在早期中国宇宙观中，人（human becomings）及其相互关系便是同一现象的表里两面。他们人生意义正由其健康有益关系的决定。直言之，人类本身就是有意义的关系。由此可见，幸福圆满的家庭由其成员之间对话而来；繁荣的社会由其成员之间的交流往来而来。值得一提的是，在这种儒家思想体系中，一切关系——连天、地、人之间的关系包括在内——都可以使用"家庭"的语言来表达。

五、意义来自何处

在解决这个问题时，我们必须注意到在一开始，关于生命意义的问题不是由孔夫子或他的学生提问的。他们所关注的是遵循个人伦理修养的路径，以天下为己任从而实现人生的意义，并为他人提供向往弘道的路标。在儒家的世界里，人和事物的意义来自于合理的关系调整，是在特定的情境中得到的，绝非由一本原所派生的。人生意义在原处通过培养深化和拓展关系而自发，我们称之为"语境化的艺术"（ARS contextualis）。在这原处自发的过程中，没有无本之木，没有无源之水，言行一致，表里如一。宇宙论意义上没有独立于宇宙之外的造物者，类似的，在社会中，没有独立于话语外的说话者，正是话语本身造就了谈话者。正如威廉·赫尔穆特（Hellmut Wilhelm）在评论"创造过程可以一分为二是早期中国文献里常见的理念"①时所指出的，一切个人、社会与宇宙现实的关联性本质悉属"共同创造"。

威廉·赫尔穆特的卓见从贯穿《论语》始终的一个主题得以印证，便是经过效仿他人作为榜样来进行自我创造：

> 夫仁者，己欲立而立人，己欲达而达人。（《论语·雍也》）

---

① 威廉·赫尔穆特：《易经中的天、地、人》，西雅图大学出版社1977年版，第37页。

当我们说这样的君子欣赏他人，我们认为他们能发现别人的重要性与多样性，这样做，他们会努力满足一个同伴的愿望与要求。除此之外，还有另一个重要意义上的"欣赏"，我们需要铭记。在实现这种关注亲密的过程中，处于关系中的两人的确是非常"欣赏"彼此，在某种程度上，他们从相互关系之中慢慢获得生命的意义，这样做，让彼此成为更加有价值的人。深厚而稳定的关系是个人成长的重要来源，能丰富我们家庭、社会与世界。儒家哲学思想关于个人成长的相关词汇颇能表现此意，例如"德"训为"得"，"神"训为"伸"，"君"训为"群"，"人"训为"仁"等。

正如前面《大学》中所提到的逐步止于至善的过程，从自身的完善开始推而广之直至齐家、治国、平天下，从当下开始最终至世界和谐。这正是孔子在《论语》中所说的"下学而上达"，"能近取譬，可谓仁之方也"。

不是所有的友谊都会孕育重大意义的，在儒家传统中生命意义产生于高质量的、日益增进的、稳固的友谊关系之中，我们需要真正地"交"朋友，且以友谊关系为例。友谊是由两个个别人物所组成的关系，具有真正意义的友谊之能否持久，取决于二人之间能否坦诚相待，二人能否从本义上互相"appreciate"（使增值）。即是说，通过友谊关系，二人相得益彰，两全其美。要注意的是，这种活生生关系的实现并不以取代或牺牲二人的独特性与完整性为代价。此处所谓完整性，既指各个人的特性，也意味着两友人"合二为一"。如此看来，完整既是真正关系的实质，又是其意义的根源。我们这样将相互关系理解成固有的、组织的、高产的东西是具有"审美"秩序感的，在某种程度上，任何审美方面的成就必须追求对整个关系中一切细节的揭示——在此例中，整个关系指的是友谊本身的"关联性"。

人们通常对于孔子曾说过的"主忠信，无友不如己者"（《论语·子罕》）这句话很困惑。其实孔子在此句话中阐明的道理是通过自我修德，每个人都有机会从有缺点的人成长为君子与善人。这种修养过程需要在家庭与社会中扮演好自己的角色来实现，修德从自己的当下开始然后止于至善。"为仁由己,而由人乎哉?"(《论语·颜渊》)而人际关系并不总是有益的,有时候它让我们有利于修身,使我们变得伟大;可是,若择友不当,则对个人修养颇有损害。夫子曾道:

> 益者三友,损者三友。友直,友谅,友多闻,益矣。友便辟,友善柔,友便佞,损矣。(《论语·季氏》)

在《论语》中多次出现小人与君子的对比,"小人"概念不仅仅指的是社会地位和德行方面的个体,关键,小人是社会道德沦丧的根源。相对比的是,文章在多处提到交友的过程中,多次强调"信"在友谊发展过程中的作用,好的友谊是通过有效的交往而培养的。① 不用吃惊,孔子作为"聖"(圣)人的"聖"字由耳和口组成,意味着人类道德最高的聖人在信息接收与表达方面是优秀的沟通者。②

六、正名

孔夫子本人强烈地意识到语言的"本体论"结构——正是"正名"的功效能够为世界的存在命名。给世界命名是为了知道世界,在某种意义上知道世界的目的是为了实现世界的理想,从而"实现梦想"。孔子在回答可爱而有时迟钝的弟子子路③时,明白地阐述了这点,其核心内容便是"正名":

---

① 参见安乐哲、罗思文:《论语》,百齿坛出版集团 1998 年版。

② 在最近发现的简帛文献上我们发现这种简写的汉字,"聖"字由这两部分组成。

③ 子路作为孔子著名和得意的高足之一,以勇力过人而著称,但有时候因过于勇猛与鲁莽而受到孔子的责备,当他问孔子勇敢是最高美德的时候,孔子尽量地压制他的气焰回复道,过于勇猛而缺少勇气的话便会制造麻烦,太小的勇气会像贼一样。孔子对于子路的心情非常复杂,一方面他责备子路的鲁莽与不谦恭并疏于学业,另一方面又很欣赏子路坚定的忠诚与坦率"子路无宿诺"。但可能由于年龄与孔子接近,子路勇士的脾气使他遇到批评没有不还击的。在很多场合尤其是虚构文学中,在当孔子与有争议的不正派的卫灵公夫人南子见面时,子路甚是不悦,孔子只剩下为自己辩护了。直到一天结束,子路内心难以抑制的情感才渐渐平息下来。

子路曰："卫君待子而为政，子将奚先？"子曰："必也正名！"子路曰："有是哉，子之迂也！奚其正？"子曰："野哉，由也！君子于其所不知，盖阙如也。名不正，则言不顺；言不顺，则事不成；事不成，则礼乐不兴；礼乐不兴，则刑罚不中；刑罚不中，则民无所措手足。故君子名之必可言也，言之必可行也。君子于其言，无所苟而已矣。(《论语·子路》)

"正名"这一词历来被译为"纠正称谓"（the rectification of names），意思是在交际活动中必须把握好名称与头衔的规定说法。"正名"的观念诚然包括这么一个重要部分内容。对孔夫子来说，官场称谓的正确与否牵扯到国家安危问题。《春秋左传》记载一则事，一介平民挽救了一位显赫人物之命。赐赏之际，匹夫谢绝采邑，反而请求授予公子的服装、干戈玉帛等物品。孔夫子一闻便怒斥一顿，其用语也类似上文所引《论语》一段，道：

仲尼闻之曰，惜也，不如多与之邑，唯器与名，不可以假人，君之所司也，名以出信，信以守器，器以藏礼，礼以行义，义以生利，利以平民，政之大节也，若以假人，与人政也，政亡，则国家从之，弗可止也已。①

贯穿《论语》始终的一个重要主题便是，孔夫子坚决主张维系某些祭祀礼拜仪式及其主持者相关等级地位的相对应。假若做不到，则全国具有崩塌之险。② 具体而言之，孔夫子屡次斥责鲁国的权门季氏僭礼篡权，因为季氏实行和采用本属国君特有的礼乐仪式活动。③

活的语言当然在一定程度上是回顾性的，因为其内容特色以历史为背景。可"正名"的含义不局限于此，它也有展望性。就是说，活的语言同时也需要考虑到其使用者的实际情况，需要反映人与环境的变迁。《论语》中弟子问"仁"于孔夫子共有六处，每一处孔夫子所答皆不一。

---

① 《韩诗外传》卷五也记载类似的故事，讲孔子侍季孙而操心正名的问题。

② 例如《论语》中《八佾》、《先进》等篇。

③ 例如《论语·八佾》篇的记载。

这是因为贫困的、寡言的、恭敬的、认真的颜回与富有的、镇定的、过分自信的、自得的子贡成为仁人，所需要弥补改善的地方不一样。必须留意的是，语言不仅仅有文法与结构方面的因素，而其词语具有自身的力量，从而也很讲究句中的位置。能传达意思不光要考虑所说的内容（什么），而且也要考虑说话的场景（哪里）、时间（何时）与对象（谁）。①

对孔子来说，合理的论说不仅仅是根据公认的、约定的定义来语言论证，重要的是此种论说是产生恰当关系的引擎。此处解释的"正名"实际上应该理解为"核实责名"——坚持不懈地探求某种关联性与相互关系，这种关联性构成了繁荣社会的创生能力的必要因素。"名实相副"指的是在世界持续发展的重塑中，利用语音的、语义的联系，为我们理解的、诠释的、表现的术语进行重新定义。

在《论语》中，孔子试图利用"正名"来澄清我们混乱的常识，以正视听。但是在接下来的亚里士多德中，却划分那些基本的元素，比如：区分"制作"（poietin，在使某事物进入存在状态的意义上指的生产）与"实践"（prattein，在行动的意义上指做事情），动力因与引起变化的第一推动力，定义变化结果的质料因、形式因与最终原因。

而孔子没有从分离的动力因素和产生性活动的臆断出发，相反，他从生活整体经验的情境出发，以此为前提，把处于一定关系中的自己表达清楚，根据相关联生活中的所说和所做来培养艺术感。再进一步说，我们只不过是芸芸众生中激荡起来的和沉淀下来的多层次话语的一小部分而已。我们的所说、所做和表情显示与对其他人的影响；我们的正式活动交往与对方的仓促应付；我们的肢体语言和手势指示与他们的如何接受与诠释；我们传递给对方的声音与歌声和他人的如何迅速反应；我们是在社会的生活中行径和经历表现出丰富的多样化的生命有机体。

在儒家的社会关系模式中，我们不是与社会关联的个体，相反，我们因为在社会中的出色联系从而作为个人脱颖而出；我们不是因为想做什么才跟他人交流，相反，因为我们的有效交流从而在共同的目标中成

———

① 马蒂斯说，若要了解"正名"这观念，则需要用回顾与展望两种视角予以考量。

为志同道合的朋友；我们不是因为不忍心才与他人产生感情投入的，相反，我们是因为感到有效的情感共鸣，我们才会全心全意地为社会奉献。① 实际上，"核实责名"——在相关联的生活中命名——这正是儒家式的在家庭和社会的交往联系中产生生命的意义。

七、互相关联人的实用主义观念：联合性与对照性的类推

笔者力倡类比与类似说法的重要性，对文化比较而言，这既是必然的，同时也是不可避免的。笔者又论述过，为了更好地理解异国文化、思想，或者可以使用联合类比，或者可以使用对照类比。并且寻求这些联系与关系的时候，应当用零售式类推，不应当用批发式类推。譬如说，要想弄清楚儒家观念中互相关联、一直发展变化中的"仁人"，便可以用约翰·杜威的"个性"概念（individuality）作有益的联合类比。杜威之个体说，的确可以为疏通儒家思想中的互相关联人这个观念，作联合类比和对照类比。在其现象学思想体系中，杜威将威廉詹姆斯之流程心理学与乔治·贺伯特·米德（George Herbert Mead）之社会心理学结合起来，把人置于其应有的自然与社会关系中给予探究。米德力争，"自我"（self）与世界有共同边界：

> "自我"不能在没有他人情况下形成。一个小孩子还没感受到自己身体之前，已经有声音等方面的体会；孩子没有任何内在自生的东西可以用来去认识世界。……只有最肤浅的哲学思想会坚持旧的看法，即以自我为起点。……没有先于世界的自我，亦没有先于自我的世界。自我的形成过程具有莫大社会性。②

---

① 《论语·为政》中表达了儒家哲学的要点，把相关联的术语定义为"耻"或"面子"文化。子曰："道之以政，齐之以刑，民免而无耻；道之以德，齐之以礼，有耻且格。"
② 大卫·米勒编：《个体与社会自我：米德·乔治·赫伯特未出版著作》，芝加哥大学出版社 1982 年版，第 156 页。

这些实用主义之俦，在哲学发展史上不愧为革命家，因为除了所谓"旧心理学"，他们还嫌弃以超然、独立心灵（psyche）为主的旧说。在《人性与行为》一书中，杜威与唐君毅人性说有若干相似之处，皆认为人性与行为不得分开讲。唐、杜威二氏都以奥康的剔刀刮目相看人性，解构超然的"人、灵魂、自我"等概念，坚持成为仁人或君子的实际内涵便在于惯用行为培养出来的道德素质，而不必要求助于分开独立的"施事者"或"秉性"，它们使得人及其动力必须存于其自然、社会关系之外。

唐君毅始终强调"性"的相互关联与镶嵌性质，而杜威却还得努力摆脱西方哲学史上根深蒂固的一些观点：

> 单一、简单而又不可分解的灵魂这种教义，使人无法认清，具体行为才是知识与思想的真途径。自以为不受科学指示而迷信灵魂的人，实际上在保留着错误的认识论，因为误以为有一个身外的"知道者"。①

与此相左，杜威力主一种跟儒家思想类似的互相关联人学说，只不过用语有异。他把人视为习惯与冲动的动态结合：

> 我们现在可以斩钉截铁地声明，从心理学上，我们已经无法接受（思想与灵魂的）座位、施事者、动载工具等观念。凡是观察、识辨、幻想、回忆、判断、构想、推理等思想活动，全来自于具体习惯。"意识"，不论是流水式的还是个别的感觉与影像，所表达的是我们的习惯及其形成、运行、断绝与重构。……观察、记忆与判断活动的存在都要求习惯与冲动精致结合。②

杜威进一步指出，不管我们在社会上立足的基本条件是什么，这些条件都需要经历实质性的培养和成长的过程："我们一生下来就跟他人有血缘上的联系，但一出生并不是社会的会员。"③ 依杜威所论，"个体"

---

① 杜威：《人性与行为》亨利霍尔特公司 1922 年版，176 页。

② 杜威：《人性与行为》，第 176—177 页。

③ 杜威：《实用主义、教育与民主》，载杜里·希克曼、托马斯·亚历山大编：《杜威选集》第一卷，印第安纳州立大学出版社 1998 年版，第 297 页。

不是数量的观念：既不是先于社会的一种潜能，又不是独立因素。实际上是质量的，经过服务社会而兴起的。"个性"指的是区别于他人，对自己特性的认识。① 这种认识仅能从广泛交际关系中形成。杜威又道："个性不得与联系对立起来。正是通过与他人的联系，人方能获取个性，又是通过联系方能付诸行动。"② 如此构建的个人不是一个"事物"，而是"有规律的事件"，并只能运用独特性、完整性、社会活动、理性、质量、成就等词汇予以描述。

以下逐条引用杜威对个人成长习惯的观点，以便与儒家观念中对应性个人行为构成联合类比。首先，杜威极力反对行为的人格化，即把个人都当作独立、自由的施事者，以为本能全部存在于个人内心之中：

> 诸多心理学家之所以最近认为本能是一切行为的泉源，认为其主导作用驾于习惯之上，是由于传统个人主义与近期对进步、进化之兴趣的结合。心理学界的正宗传统建立在一个概念上：人及其周边环境是分开的。所谓魂魄、心灵、意识等一直被视为自足的、自我封闭的。③

杜威推崇实际人生经验及个人关系的有机网络，排斥理论上的自治"自我"。他还议论本能与公用文化生活方式的关系，认为婴儿如果被隔离开自己所依赖的关系便会很快死掉，就是说，逼得婴儿离开养育他的关系，他可能活不到一天。即使是婴儿的小动作与比划的意义也派生于其身边的成熟文化环境：

> 婴儿的零星、未定型的本能和冲力不足以发展成为有用的社会能力，除非受社会关系的指导。其小小冲力只不过是起点，等着吸收他所依存的已成熟人员的知识与技能。其冲力好比一种触手，采集吸收周围风俗习惯的营养物，时间长了便有

---

① 杜威：《伦理学理论批判纲要》，载乔·安·博伊兹顿编：《杜威早期著作（1892—1898）》第5卷，南伊利诺伊大学出版社1969—1972年版，第304页。

② 杜威：《讲座笔记：政治哲学》，载乔·安·博伊兹顿编：《杜威早期著作（1892—1898）》第5卷，第38页。

③ 杜威：《人性与行为》，第93—94页。

独立行动能力。也可以说一个交易中枢，将社会力量输送到个人身上，进而产生个人能力，是重建性成长的手段。①

在自己的思想发展史中，杜威乃是名副其实的革命家。因为他大胆认为，积累社会智慧与追求道德人生这两种崇高活动，皆植根于具有互相关联性质的具体情形。生活中无数连绵不断的变化与纠纷，都只能从中得到妥善的调解，而个人主义意义上的自我做主仅只是对此的抽象概念：

> 我们说具体情形拥有独特而又最终道德的特质，这样便等于把道德考虑的重量和负担转移到智力上去。这样做并不毁坏责任，而只是把它安于具体位置。有关道德的情况，要求判别与决定先于行动。情况的实际意义与解决方案，并不自明。必须搜寻。②

关于人的社会构造，杜威的思想旋乾转坤。他全盘否认独立于人际关系之外的人仍能算完整的人。的确，他曾道："除去了与他人的关联以后，人就什么都不是。"③詹姆斯·坎贝尔（James Cambell）曾经指出，杜威这句话经常又容易被误读，以为杜威在否认个体。④不过从以上杜威论述"个性"的文字中便不难看出，主张人的不可削减社会性质，并不等于否认人的完整性与独特性，正好相反，社会性正好可以保证人的完整性与独特性。

坎贝尔专门讨论杜威及人所从来的社会过程时，也认同亚里士多德所用"潜在"、"实际"之类术语：

> 杜威主要论点不是说在适宜条件下事物可以实现潜在的能力，就像我们理解种子之长成植物那样。他的宗旨在说明，没

---

① 杜威：《人性与行为》，第94页。

② 杜威：《哲学的改造》，灯塔出版社1960年版，第173页。

③ 参见乔·安·博伊兹顿编：《杜威晚期著作（1925—1953）》第7册，南伊利诺伊大学出版社1969—1972年版，第323页。

④ 坎贝尔·詹姆士：《理解杜威：自然与协作的智慧》，Open Court出版公司1995年版，第53—55页。

有社会因素人总是不完整的。只有在社会环境的不停发展过程
中才能长成真正的自己——即社会团体的成员。①

我们同样可以立论，孟子的心中"四端"并不是天生的、本质上的
特点，从而使我们成长为"人"。这"四端"确实是固有的，让我们能
够与家人建立初步的原始的联系。不过它们只是关联生活成长过程中的
起点，还需要认真培育，才能成为家庭上、社会上的积极成员。"四端"
概括的是人生来就以伦理、道德、审美、知识与宗教的良知为出发点。
由此看来，儒家工程旨在使未定型而又相依存的人结合于家庭的聚点
（之中），又使其人变成欣欣向荣社会的热情成员。

杜威非常重视语言及其他交流对话模式（如符号、象征、手势、典
章制度等），用以解释社会如何树人：

通过语言的运用，一个人能够把自己与可能的行动、行为
有力挂起钩来；他扮演若干角色，不是在相续阶段中，而在一
折同时发生的戏中，心灵（mind）如此形成。②

对杜威而言，心灵是有知觉的生物后天得来的属性，等能够通过语
言交流而实现与其他生物有组织的交往，③ 那么对杜威来说，我们所谓
的"心"是在认识到世界的过程中创造的。心，同世界一样，是一个"成
为"的过程，不是"存在"的状态。我们的任务便是对此过程行之有效，
从中自得其乐。心与世界得到变化的办法不但是人态度的问题，而是我
们个人的真正成长与变化，又是从我们在此过程中所达到的效率与乐趣
得来的。假若不然，假若社会做不到有效的交流对话，社会只好衰退，
社会中充斥着那些没能修身"成人"的恶人，从而给世界带来无知的暴
力、无情的邪行。

在儒家思想中，如同杜威式实用主义一般，个人成长、社会发展的
都是通过有效的交流沟通来驱动的。杜威观点如下：

① 坎贝尔·詹姆士：《理解杜威：自然与协作的智慧》，Open Court 出版公司 1995 年版，
第 40 页。
② 杜威：《人性与行为》，第 176 页。
③ 杜威：《人性与行为》，第 176 页。

凡是人类独有的特点，都是习得的，不是天生的，即便离开天生条件便习不到，这些天生的条件能够区分人类与禽兽。用所谓人类方法学来东西，不光指在固有潜力的基础上加以修炼改进而获得新技能。学习成人实际上指着通过与人沟通的往来而在社会上获取个性感；要做到一个把握社会的信仰、情感和方法的——社会会员，效力于把人体的力量转换为文化资源与社会遗产。①

在表面上杜威所论述立场貌似与《孟子》中的引文互相矛盾：

人之所不学而能者，其良能也；所不虑而知者，其良知也。孩提之童无不知爱其亲者，及其长也，无不知敬其兄也。亲亲，仁也；敬长，义也；无他，达之天下也。《孟子·尽心上》②

不过杜威与孟子都会同意，一切活动皆属人及其环境之间的合作，既然如此，每个人给其所参与若干不同活动带来重要的能力，而这些能力全来自于其原始条件。这二人之间的区别只不过是杜威着重强调人类行为的交易性质，认为之一直在发生与变化，孟子则更加注重一切活动含有主观的一面，认为成为仁人并非是全是外在因素所臻。我们需要了解的是，孟子否认道德行为全是外来的，他并不主张道德行为乃实现、发挥内在本性，而全独立于外在关系与角色之外。（参见《孟子·滕文公下》）相反，他主张的同杜威一样，人与个人成长皆是形成中的主体与基本客观的世界之合作。

杜威的分析有助于了解人与环境之不可分。可是，尽管他的互相关联的人性观念大大背离了传统个人主义的正统观点，尽管他长期致力提倡具体情形的终极作用与复杂性，极力反对抽象的道德理想主义，以及特别重要的是，尽管他正确认识到儿童教育的重要性，他本人又是个非常积极、非常负责任的父亲，但是他仍然没有认识到一个看似相当明显

---

① 杜威：《人性与行为》，第176页。

② 笔者对此段的理解依从朱熹的注，把良能理解为本能，把良知理解为本知。

的思想底蕴，即绝大部分个人成长的发生地点便是家。因此，儒家的独特成仁观念与杜威修身说的主要差异便在于，前者主张家庭角色与关系乃成仁之切入点和基础。①

区别于实用主义，儒家角色伦理要求某些基本的道德观念必须先从家庭生活探求。例如，实用主义者务必从自己的传统哲学领域中对"自由"、"平等"、"正义"等常用词汇进行修改，而儒家经典却根本不使用。这是因为这类词汇以及"道德原则"、"是非观"、"美德"等概念，不言而喻，都来自于家庭、社会的角色与关系所产生的实际人生经验。

如上文所述，回顾一下西方史上最优秀杰出思想家及其贡献，我们毫无例外地难以找到注重家庭之道德作用的人。柏拉图《理想国》明白地拒绝家庭，亚里士多德贬家庭为生活匮乏的缘故，这是典型实例。②即便是约翰·杜威本人，虽说其宇宙观与社会观跟孔子思想具相当类似之处，但在这方面上他仍沿袭自己的守旧观念，认为中国需要摒弃以家庭为中心的制度，方能实现民主制。③

---

① 沙利文曾注意到杜威作品中关于男女平等问题的缺陷。尽管"至于女权问题杜威是个政治积极分子，又他的实用主义与女权主义学说都十分重视多元论、透视主义以及理论、实践的关系，但虽然如此，杜威的著作极少论及性别问题。这点很令人失望"。沙南·沙利文（Shannon Sullivan）重点指出："杜威的丰富作品中对女性个别生活经验，包括男女之间的区别，很明显缺乏专题论著。"这一点跟杜威基本学说具有矛盾。令人更为诧异的是杜威本人也很清楚社会上固有的重男轻女倾向。杜威知晓众人不关注个别女性的情况并对此表示遗憾："作家，往往是男性作家，喜好阐述女性的心理，好像是在谈一个柏拉图式一般观念似的，不过同时将男人当作个别人物看待，对男人总是因人制宜。"（杜威：《人性与行为》，第153页）

② 西姆确实指出，亚里士多德在一定程度上表示重视家庭的重要角色，不过同时也说，家庭对于社会秩序的作用总次于法律及由此派生的一般知识（1180b15—20）。的确，沈美华（May Sim）认为，可以使用这般客观原理去解决儒家文化史上固有的以任人唯亲为中心的腐败问题。或许黑格尔可以视为例外：他在《法哲学》一书中重点论述家庭的道德价值，还论述家庭成员之间的团结与相互依存特点。关于西方哲学史上不重视家庭作用这一说法，另一个例外是简恩·亚当斯（Jane Addams），她对杜威思想的影响很大。

③ 参见乔·安·博伊兹顿编：《杜威中期著作（1899—1924）》第15卷，南伊利诺伊大学出版社1976—1983年版，第230、103页。

西方哲学坚持轻视亲情所产生的所谓"残缺"关系。这种观点无疑派生于更大的传统观念，即道德行为应以不偏不袒为核心标准；而整体道德秩序应以一般原则、客观流程、机械目的论为终极源泉。西方哲学如此轻视家庭的道德作用，大大异于儒家世界观：家庭便是主要的治理和统治比喻，且一切关系属于家庭关系。[①] 正是儒家道德观（和道德感）的这方面独特性质，致使了笔者与同行友人罗斯文管它叫"儒家角色伦理"，以便区别其他熟悉的伦理学说。下面将细谈儒家角色伦理的核心思想部分，即亲情不仅仅是成为仁人的切入点，而且也是最佳化人生各方面的灵感与楷模。诚然，亲情乃是孔儒哲学思想的基础道德认识观。我们主要经过同情之感而互相认识。

八、弄清楚"根"、"源"、"潜"、"因"四个观念

在《孟子》与其他儒家经典中，经常利用园艺学与畜牧业类型的比喻，例如知"本"。学者们也常用这一例证，说明植物、动物等能够成为完整植物、动物只不过顺其本质而使然，即实现其固有潜能而已。但实际上园艺与畜牧业之所以作为互相关联"成人"的恰当比喻，便是因为它们很大程度上依赖于一定的环境条件及人为的努力。在没有持续干涉的情况下，大部分种子绝不会顺其自然而成形，反而会成为各种各样的他物。如果不得力于我们认为需要付出的精心关照与培育，通过细心利导以便成全其"自然"，那么大部分橡树子则会成为松鼠，大部分玉米会成为奶牛，大部分鸡蛋会成为蛋炒饭。任何事物的"本"或"子"及其成熟的形态，既取决于起初所具备的原始条件，又取决于环境的具体情形。

关于"源"，"道"经常被描述为一种源。"道"与"源"的关系也能有助于我们了解"源"与"性"的关系。从传统意义上看，不论其派

---

① 社会学家金耀基（Ambrose King）持有此见解。

生物，"源"只是一个起点。从地理学来讲，长江的源便是喜马拉雅山脉。我们要是用"动力因"（efficient cause）的概念加以分析，那么"源"完全独立于其所生产、推动的成果之外。万事万物皆分别来自于其创造者而已。这一层意义上的"源"与"道"毫无关系。"道"并不站在实际经验之外，相反，它是一切世间现象的全体。"道"便是一切流程加起来的整体。为了更好地了解以"道"为"源"的观念，可以参见《道德经》第二十五章中一句话："道法自然。"成长、变化的动力能量居于世界自身之中，一切互相关联的事情与现象俱是全世界的缩影。

我们现在把这个较抽象概念具体化。说"性"乃人之"源"时，意思是所谓人性是个临时的一般概念，需要从总体上看一切人生及其所处的自然、社会关系。成为仁人过程的具体、个别情形之重要性，一点儿不亚于人之所从来。源就是人际关系及其产物的合作与开放的本性。在成为人的过程中，就和成为朋友的过程一样，不分创造者与被创造物、手段与目的、前因与后果、起源与成果。

我们还是进一步澄清"潜"的含义，以便说明儒家观念中人与环境之密不可分。成为仁人的"潜能"不仅仅是起初的端绪，它出生便有并且独立于家庭关系之外。首先，这种人是不存在的。人既然由其关系所组成，因此某人的"潜能"实际上来自其个人家庭环境及其中具体关系。有鉴于此，我们给"潜能"重新下定义如下：潜能并非事先存在的既成之物，反而与不停变动的情景齐头并进；并非一般或普遍规律，反而与每个个人一样独一无二；并非天生而固有，反而只有成人之后方能认清。① 这样，我们的观点便是，若用"仁"、"义"、"礼"、"智"等观念去理解人性，便不难看出人性的大部分内涵是得来的，不是天生的。"性"与"仁"都不是天生的，实际上又是源又是结果，那便是说，都是在成人过程中所体现与发挥的未定型原始条件。"用智慧去行事"不

---

① 与此相似，杜威说："只有交往过了以后才会认出'潜在性'（Potentialities）。"（杜威：《实用主义、教育与民主》，载拉里·希克曼、托马斯·亚力山大编：《杜威选集》第1卷，第223页）

是将先存的智慧施于具体情况，而是指与行善（即有成效的行为）共同形成的行为高标准。

"人性"之可变性来自于我们所处家庭、文化的多样化及其不同质量。如果一个人所属家庭道德意识强，文化教养浓厚，其中成员之间拥有成熟又健康的关系，那么这人便有充裕资源可取材以成人。如果家庭道德败坏、精神窘迫、文化匮乏，那么此人成仁的道路就坎坷难走。但即便是传说中的舜，他侍奉的是道德败坏的瞽及其后母，还依效尧帝之榜样，吸取社会上的良风尚俗，经过勤奋修身养性，自己也逐渐成圣了。舜的情景足以表明，人人都有足够的文化资源可以用来帮自己成为仁人，使其行为合乎圣道。

经常引为表述儒家宗教性精神的名句："天人合一"实际上也可以用来印证与补充这个"潜"观念。受文化环境培育的人才能成为仁人！同时，仁人所作所为，为社会提供所需文化资源与表率，令社会能够继续培育下一代人才。从人才与文化环境的合作之中，"潜"才出现。

我们最后把注意力转移到因果关系上。基于人际关系的互联性质，因果关系不是事情的先行、外在规律或主导力量，不是什么独立的"第一推动力"，反而是关系自身的创造性质与因果性质。我们从此很容易联想到古代军事观念中的"势"。势概括正成形情景中的空间、时间、存在主义等诸方面因素的具体、总体情况。势必会同时考虑到阵形、惯力、时机、地形、士气斗志、装备、后勤，等等，以便从总体上观察和推测情形的可能趋势，然后可以有针对性地调整自己策略，因事制宜，百战百胜。

有的学者认为人性是构成原因的、引起一定结果的力量，以为人性有自我复制的特质，就是说我们的行为属仁因为我们内心有仁。这是种谬论。实际上，道德行为的习惯与原始条件相辅相成。当人问："鸡与鸡蛋，谁先谁后？"我们只能说要么两个都有，要么一个也没有。从传统西方形而上学论之，可以说中国宇宙论运用了奥康剃刀不止一次，实际上用了两次：中国宇宙观不乞灵于超然又独立的上帝，不以上帝作为万事万物的独立起源，反而以世界的自生特性为起点。中国宇宙观也不乞灵于一种独立的本性或魂魄作为行为的出发点，反而从人类行为之中寻求积累性道德习惯。我们既然已经认识到儒家观念中"成为仁人"的过程及其互相关联性质，现在可以转而开始探索研究儒家角色伦理的实质，即以儒家角色伦理作为家庭、社会上行为的具体准则，作为实现道德行为习惯的途径，又作为儒家宗教情感与精神的终极泉源。

（本文译者：张少恩，山东大学儒学高等研究院 2012 级中国哲学博士，河北工程大学文学院英语讲师）

"文明冲突"、华尔街崩溃与全球金融秩序震荡之际看西方文化没落及中华文化复兴之必要

熊　玠 *

内容提要：从世贸大厦被炸到华尔街崩溃以致引发全球金融海啸，美国将已发生的事实归咎于文明冲突以及政策失误，频频出台法案却无法遏制在政治、金融中出现不断恶化的丑陋现象，追根究底，实质上却暴露出美国文化中存在的巨大缺陷。美国文化深受西方亚伯罕意识形态以及资本主义价值观的熏陶和影响，排他和斗争成为文化的主题，宣扬个人主义以及对人性本恶的观念根深蒂固，从而造就了以贪婪为主轴的美国文化。在美国文化的影响之下，政府对内欺诈民众，对外强权定是非、侵略他国。相比较之下，中华文化中所秉承的兼容并包、和谐一体的文化理念却正是时代发展下所需要的，也是现今追求和谐社会的保障。西方文化的没落从美国出现的种种问题中可见一斑，而解决这一问题还要从根本上也就是在道德、文化之中改变。中国固有的克己复礼的"仁"文化，将节制、恢复人性原善、规范行为归结于心，是美国文化中的贪婪、原罪及争斗的最好良药，也足以挽回西方文化没落的狂澜。但复兴中国文化，让其与以美国代表的西方文化相交共鸣，也需要中国作出坚定的决心。

关键词：西方文化；贪婪；排他；和谐

---

* 熊玠，美国纽约大学终身教授。

导　言

自 2001 年纽约的世贸大厦被阿拉伯恐怖分子爆炸夷平、到 2008 年以来华尔街崩溃以及由其带来的全球金融海啸的这段期间，先是美国、随后是欧洲各地均遭遇空前未有的重创。2001 年的"9·11"事件，由于被炸的世贸大厦是美国资本主义霸权的象征，所以美国人仍可用亨廷顿教授首创的"文明冲突"理论 ① 作为托词，来自我解脱，认为是伊斯兰教对基督教文明冲突之极端化，并不认为有自我检讨之必要。可是，等到 2008 年的华尔街崩溃，至少有相当多的美国人承认已不可以再赖到别人身上了。美国人一向不惯于自我检讨，从来也没听过曾子所云"吾日三省吾身"的教诲。可是华尔街的崩溃，令美国人无法再逃避现实。首先，美国联邦储蓄银行前主席戈林斯潘公开承认，他高估了那只"看不见的手"对自由经济作及时调整的功能。

尽管如此，在初期还没有人看到（或认知），美国的问题不仅是经济缺乏监管，而最终还是文化大有缺陷。虽然在 2008 年已发现华尔街有一位名叫马道夫（Bernard Madoff）的巨骗，以类似老鼠会的办法利用高回报诱惑投资人的巨额投资，实则是假投资真行骗。倒账 650 亿美元之多（这些钱来自 4800 个投资人；其中包括大多数人的终身积蓄，甚至养老金）。但是，一般人总以为这只是个人行为，仍不相信它是代表了华尔街投资业普遍的贪婪甚至欺骗文化。到了 2010 年年初，美国联邦证券管理委员会（下简称为管委会）深入调查结果出笼。世人才知道原来华尔街欺诈投资者，甚至蓄意倒账或倒闭、亏了公司中饱的总裁与高层领导的恶绩，远比一般人想象为多为剧。稍早之 2001 年的安然公司（Enron Co.）恶性倒闭案，近至雷曼兄弟公司（Lehman Brothers）2008 年倒闭前之误导投资者吞噬他们的投资金，只是其中最显著例子

① 　Samuel P. Huntington, *The Clash of Civilizations: Remaking of World Order*（New York: Simon and Schuster, 1966）.

而已。破产法庭对雷曼兄弟公司经过一年调查后公布了一份长达 2200 页报告。美国民众才开始知道该公司一直运用一种报虚账隐瞒其因冒大风险投资而亏空的丑陋秘密,直到最后纸包不住火的时候,只得公司破产瓦解以终(本来该公司还以为它大到一个程度政府会伸救援之手,绝对不至让它倒闭)。甚至负有盛名的高盛公司(Goldman Sachs)也涉嫌欺诈。上述的管委会控诉高盛公司出售房贷投资产品,并没有向投资者透露他们已事先知道这种产品价值可能会惨跌到血本无归。后来,高盛公司因此被纽约证券交易所罚款 5.5 亿美金,作为清偿因其欺诈而兴起的大批民事诉讼。另外,一家名 AIG(美国保险集团)的公司,是美国保险业最大者。由于俄亥俄州三名投资人代表所有其他受骗的投资者对该公司的欺诈向法院提出诉讼,因此纽约证券交易所也要求 AIG 公司拨出 7.25 亿美元的赔偿基金。

至此,人们才真正觉悟,原来一直从 2001 年安然公司恶性倒闭以来之金融界丑闻,不只是偶然事件而已。这一连串恶性倒闭,我们无以名之,姑且称为"安然倒闭症候群"。原来这些竟是恶性倒闭或欺诈,悉皆蓄意之作。安然本是坐落德州休斯敦市的一个能源公司。经营电、天然气、信息、与纸张各种行业。堪称世界上最大公司之一。单论其 2000 年之收入,即达 1010 亿美元。可是在 2001 年年底,安然公司宣布破产倒闭。后经调查,发现其倒闭是一庄"制度化、有系统及有计划的会计欺诈"。为了防止未来此类蓄意欺诈案再度发生,美国国会在 2002 年通过了《萨尔班-欧克斯理法案》(Sarbanes-Oxley Act)。原先帮助安然公司做假账的亚瑟安德森会计公司也因此倒闭而解散。孰知此法案并没有带来预期防范的效果,没有防止 2008 年以来更多的恶性倒闭与欺诈案件。究其缘由,乃因欺诈缘于贪婪。而贪婪已把持金融界,形成一种毫无忌惮的风尚。美国国会激辩之后,又于 2010 年 7 月 15 日通过了对金融界管制的新法(简称 Dodd-Frank Act 托德-发兰克法案)。奥巴马总统于 7 月 21 日签署通过。该法旨在授予政府监管部门更多对金融界监管之权限,包括对经营不善的金融公司进行清算甚至勒令关闭之权柄。

虽然国会一再立法，旨在防范华尔街以及整个金融界贪婪欺诈的案件，但要从根本上找出美国江河日下的问题，恐怕还需要彻底检验美国承袭自西方亚伯拉罕意识形态（Abrahamic ideology）以及由资本主义价值熏陶而来的总体文化。已有人呼吁，要彻底检验究竟什么地方出了问题，并要"再找回美国的国魂"①。另外，还有人写书立著，呼吁必须透视这次金融危机所透露的丑闻，发掘它们究竟对美国社会与总体文化作了什么启示。譬如有一本名《门槛：西方文化之危机》的书，即有这类的论点②。他们认为西方（主要指美国）的问题很多，但主要显示于自由市场之失去平衡。譬如，所谓的自由市场几乎完全由（少至1%的）一小撮人所拥有、经营与榨取。而所谓的文化危机，都是西方人（主要指美国人）的思维方式、宇宙观以及自我陶醉的人生观孕育而来。虽然由不是所有的评论家都是从文化角度来衡量这次的金融风暴，但很多论著都认为经过这次的金融海啸以后，那自20世纪60年代以来因反对"凯恩斯主义"而日正中天的"新自由主义"（neo-liberalism；亦即经济放任主义，laissez faire economics），已面临为人唾弃之下场③。

假如我们把文化定义稍微扩大一些，可以发现金融海啸震撼所带来的启示，还不止是美国的个人或公司文化贪婪问题。更需要检视的，还有美国历来相信它自己属于的一种"特殊主义"以及支持这种"特殊主义"信念的意识形态（亦即上述的"新自由主义"），甚至连带到了美国自身霸权帝国为何没落之更大问题。不过，由于篇幅关系，本文无暇兼顾这么多课题；所以将尽量集中在与文化有关的某些主要论点，尤其是在这次金融危机中所透露出的美国（甚至一般西方）文化缺陷之主轴。加以讨论再和中华文化相比，最后再来探讨复兴中华文化意义深长的结论。

---

① Paul Krugman, "Reclaiming America's Soul," *New York Times*, April 24, 2009, p.27.

② Thom Hartman, Threshold: *The Crisis of Western Culture*（Viking Books, 2009）.

③ Andrew Gamble, The Spectreat the Feast: *Capitalist Crisisand Politics of Recession*（New York: Palgrave-Macmillan, 2009）.

一、此次金融海啸所透露的美国（西方）文化缺陷之主轴

（一）贪婪文化之泛滥

美国文化缺陷的主轴，乃在贪婪。这不只表现在华尔街金融界而已。在政治圈与美国社会，处处可见贪婪的事迹与例证。譬如，除了以上所提华尔街巨骗马道夫蓄意欺诈吞没了 650 亿美元一案以及安然倒闭症候群诸实例以外，近来在美国政坛也发生了一桩巨大的贪婪丑闻。事关伊利诺伊州的布拉革也维奇州长。由于该州原联邦参议员奥巴马已于 2008 年年底当选美国总统，所以他在联邦参议院的遗缺，按法律规定应由该州的州长提名递补。可是，布拉革也维奇州长却半公开地要将该参议员一职出售给能出最高购价的人选。后来虽然他被伊利诺伊州议会弹劾而遭罢免，然而在他面对州议会质询时，竟然大言不惭并用粗鲁言语宣称："老子玩政治也得花很多钱，哪有把放在眼前赚钱机会白白送掉之理！"

在美国社会上，贪婪还出现在医药保险被人（包括医院与医生）虚报滥用的很多案件上。这种滥用普遍程度已到了一个无法统计其详确数字的地步。据一般专家估计，一年的损失至少在美金 1000 亿元以上。按照美国政府的 G. A. O（政府审计室）的估计，对美政府的 Medicare（医药照顾保险制度）的申报补偿。每 7 元中至少有 1 元是虚报或滥用。仅 1998 年一年里，美国政府在医药照顾保险上，就因人欺诈而损失了近 120 亿美元。医药申报欺诈，通常是呈交不实的账单，包括以下情况：（1）没有提供的医药服务、试验、或器材；（2）虚报或报假账、或提供莫须有的病人或医生；（3）并不需要的医药服务或测验。而且，医药保险的欺诈，几乎全国俱有。譬如，2010 年 7 月 16 日一天之内，在芝加哥有 6 个整形术医生被起诉对 Medicare 欺诈；同时在密执安州的底特络城有几十个人被抓；另外，在迈阿密、休斯敦、纽约，以及路易斯安那州也有数十人被逮捕。据报，他们的罪名是对 Medicare 欺诈。他

们由虚报欺诈而得来的赃款，总数 2.51 亿美元。

另有贪婪之实例，发生在华盛顿市的一个行政法官（名皮尔逊）身上。他在 2006 年由于洗衣店不慎遗失了他的一条裤子，因而向洗衣店索取巨额赔偿（6700 万美元）并诉讼。其所持理由，是洗衣店并未按照其广告做到让他满意，使他受到物质与精神之损失。店主自知理亏，允许赔偿 1 万美元。虽然皮尔逊将索赔降为 4600 万美元，但仍然非洗衣店主所能担负。终至诉讼经年。承审法官最后判决皮尔逊败诉。但此案所透露皮尔逊（一个行政法官）贪婪之骇人听闻程度，几乎可与以上马道夫（投资商人）诈骗 650 亿美元的案例相比。

当然，贪婪在金融界表现得更深入、更恶劣，甚至还表现在高层管理者（譬如总裁、副总裁以及资深经理人员）由公司取得的巨额分红上；分红数目多少，都是由这些管理者自己决定的。譬如，最大的投资与证券商美林公司（Merrill Lynch），在 2009 年因亏空了 80% 的资产而不得不让美国银行（Bankof America）收购。可是在收购前夕，美林公司的 10 名最高管理者（executives）却自己决定由公司总共领取两亿零九百万美金的红利。另外，AIG 公司因亏空几至倒闭；在 3 月里刚从美国联邦政府领取到国会通过的巨大"救市"拨款中的 850 亿美元补助，聊解崩溃命运。可是钱一到手，立即拨出 444000 美元，以作该公司高级管理者在加州的一个富丽休闲中心渡假之用（其中 23000 美元，是花在三温暖的开销上）！而在后来此公司从政府接受到更多"救市"的补助时，这些管理者又给他们自己发放了一亿六千五百万的分红。由于政府"救市"的补助金，都是来自纳税人的钱，所以经媒体报道后曾一度引起公愤。但是，这种分红与特别开支，在金融风暴以前是例行发生的。不同的是，那时是来自投资人的钱而已。

（二）贪婪背后以及所牵连与衍生的种种问题

贪婪好像是一个填不满的沟壑。为了要填这个沟壑，就造成了急功近利与冒险好赌（指赌博性的投资）的需要与作风。这二者比贪婪更坏事、更可怕。以上所言马道夫巨骗与"安然公司恶性倒闭症候群"的现象,背后之动力全是来自这两个源泉。由于要成全这两种作风的需要,在意识形态上,金融界极力喧嚷"自由市场"(即无监管的"放任市场")之功德。这样才可以让冒险好赌的"人才"大大施展其"才能"。而这些"人才"及公司在赚到(或"欺诈"得来)庞大资产以后,就利用其中一部分作为捐助议员们以及靠票选的政府官员们的竞选所需费用。彼此造成一个特殊的依存关系。所以议员们与这些政府官员,也特别支持资本家所需要的"自由市场"。说穿了,这就是美国资本主义市场经济永远没有足够监管的症结所在。一定要等到出了问题(譬如这次自2008年以来的金融风暴)国会才会立法,以图亡羊补牢。但是,这种亡羊补牢的心态,证明了国会议员们并没有觉得贪婪是一个文化上应该消除的问题。如此永远缺乏足够监管的"自由市场",可以说已形成了一股奇异的公司文化(corporate culture)。因为在没有(或只有薄弱的)监管情况下,每个公司只顾及自己的corporate power(中文无法找到恰当翻译,仅能说公司的威力)。而为了达到一个公司最高威力,公司文化常常教导贪婪是必要的动力。公司文化通常也灌输公司成员,其应努力达到之目的乃在使公司出人头地,建立优先(dominance,即有制约其他公司的威力)[1]。所以这种公司文化,对内造成剥削雇员;对外造成要打倒同行(排他)的结果。

更有甚者,这种公司文化表现在整个国家层次上,就变成一种对外好勇斗狠的倾向,以及"强权决定是非"("Might makes right")的信念[2],甚至独树一帜、称霸于世的雄心。这也就是美国"特殊主义"思

---

① Joel Bakan, *The Corporation: The Pathological Pursuit of Profit and Power*(New York: Simon Schuster, 2004).

② 参见 Louis Henkin, et al., *Right vs. Might*, 2d ed.(New York: Council of Foreign Relations Press, 1991);Louis Rene Beres, *America Outside the World*(Lexington, MS: D. C. Heath & Co., 1987);Clyde Prestowitz, Rogue Nation: *American Unilaterialism & the Failure of Good Intentions*(New York: Basic Books, 2003)。

想的来源①。（以"美国特殊主义"眼光来看，美国人早期屠杀本地土著印第安人，绝非纳粹德国所犯的种族灭绝的滔天大罪；而美国历史上的黑奴制度亦绝非一般人所谓的奴隶制度。在历史上屠杀当初仍是独立的夏威夷女皇并掠夺她的土地，也并非一般侵略或灭他人之国的罪愆。因为美国"特殊"，祖债孙不还也。）

在世界上，以美国之大之强，如一味只相信强权决定一切是非，难免会有1998年的军侵巴拿马，并以武力拐虏该国总统诺瑞耶佳回到美国审讯其滋养贩毒的罪愆②。更难怪有2002年与2003年先后进军攻打阿富汗与伊拉克的侵略行为。（如果美国进军伊拉克真的如某些人所说是为了它的石油，那么这也等于是贪婪文化在国家层次上的一种表现。）要等到发现在这两个地方仅靠美国武力不能解决问题时（尤以阿富汗为然），才会想到如何能够在不损美国体面的条件下撤兵（奥巴马总统还在揣摩中）。这也是上述"亡羊补牢"做法的一种表现，就像在对待贪婪问题上，并不觉得在文化上甚或在道德、法律上有什么亏欠。

综上所述，我们看到美国无论在公司文化上，或是在国际行为上，俱是由于贪婪而带来争夺与排他的作风。我们也可以说"斗争"与"排他"是西方文化整体的主轴。这正好与中国文化基本精神背道而驰。首先，中国的先哲老子之教诲，即是知足常乐，不可贪婪成性。故曰："多藏必厚亡。知足不辱。知止不殆"（《道德经》第四十四章）。而孔老夫子也强调"和为贵"的思想。就是反对斗争与排他的作为。其实，我个人以为西方文化与中华文化间最大不同乃在：首先，"排他"与"兼容并包"；其次，"斗争"与"和谐"这两点上。譬如在西方人大谈"文明冲突论"之际，中国的领导人却提出在世界上建立"和谐社会"的创见。懂了中西文化之别，就不难了解个中的道理。

---

① Seymour Martin Lipset, *American Exceptionalism: A Double-Edged Sword* (New York: W. W. Norton, 1996).

② The U. S. *Invasion of Panama: The Truth Behind Operation Just Cause. Report of the Independent Commission of Inquiry on the U. S. Invasion of Panama* (Boston: South End Press, 1991). 美国动用了24000军力；巴拿马的伤亡是1000—4000人。

二、检视中西文化大前提（出发点）之别

中西文化在"排他"与"兼容并包"主轴上差异之外，还需加入他们对天与人关系的宇宙观上的不同。西方自古以来的宇宙观就是"天人对立"。而中国上古祖先就教导我们"天人合一"道理。另外，还有两个中西方文化的大前提正好背道而驰的，即对人性善恶的界定，以及对于人与群（团体／社会）关系的看法。现在就以这三点（宇宙观、人性善恶界定以及对人与群关系的看法）之差异，作一比较然后追问其所以有这样差异之缘由何在。

（一）中西方在宇宙观上之差异与其缘由何在

至于中西方在宇宙观上为何有如此大之差距，其答案牵涉甚广，本应由考古人类学家提供。但他们在这个重要课题上，似乎并没有做应做的功课（也许有而我是孤陋寡闻）。我想越俎代庖提出一个大胆理论（或许应该说是假设；因一个理论在得到充分证实以前，统统应该说是假设，即英文的 hypothesis）。我这个理论的主要论点是：一个民族的文化与习性，是因其上祖之生态环境与经济生活方式而定的。这个理论，实际是来自哲学大师冯友兰教授的一个创新建议。[①] 他认为中华文化之特性，可用华夏先民的生态环境来解释。由于华夏先民的大陆性农耕经济生活方式，所以中华文化深深反映了生活在这大陆性环境内一般农民的心态与夙愿。譬如"天人合一"就是他们必然的体会。由于生活在大陆性生态环境的农民须依赖大自然（"天"）的四时正常运行，故中华文化特别注重永恒性与周而复始的规律性。（孔子曰："天何言哉，四时行焉；天何言哉，百物生焉。"）再由这样大陆性农民眼光来观看大自然的日月

---

① *A Short History of Chinese Philosophy*, by Fung Yu-lan, Edited by Der Bodde. (New York: Free Press, 1948). pp17 – 21.

更替，难怪有阴阳互补的阴阳学以及"日中则仄"的中庸之道产生。再由于大陆性农耕作业需要密集劳工，所以华夏祖先学会必须集体共耕共存之要诀；强调集体，而非个人。故中华文化中"合群"与"和为贵"之思想根深蒂固。（必须指出，所谓"和为贵"者，并不表示忽视冲突之存在，而是人们既不应在冲突前面畏缩，又不该趁火打劫。而在矛盾冲突之时，将其化解为和谐。故曰"和为贵"也。）

我认为冯友兰的这个说法，可以相应地引申到其他先民的生态环境，来解释他们文化之形成。譬如日本渔岛生态，再加地底火山之威胁，所以产生了日本人随时准备应变之文化传统。用这样的方法，也可以演绎出以下对西方文化来由之解释。

（二）西方文化之渊源

我们一般认为西方文化渊源于"亚伯拉罕"传统（包括基督教、犹太教与伊斯兰教）。这些教义均发源于今日之中东。而中东的先祖多为游牧民族。抓住了这点我们对亚伯拉罕文化之特性，已思过半矣。所谓游牧民族，就是说他们既牧亦游徙。他们在草原牧养牲畜为生。如目前草原上水草资源用尽时，就必须向外另寻草原（oasis）。故这种先民生活方式，几乎永远为了生存而在追寻新草原。故隐含了对外扩张、竞争与排他之习性。从寻找新草原第一步开始，即须有"排他"（放弃原来草原）的准备。而如所追寻的新草原已为另一帮游牧族群所占领，则在"有你无我"的状况下，非尽力将他们排除不可（这是第二次的排他）。所以，游牧民族文化就反映了这种无可妥协的"排他"特性。对这些游牧先民而言，人与"天"的关系，是短暂的；人是与天对抗。犹太教的神是动辄发怒的神。伊斯兰教的教义规定，如若违背神的旨意将遭灭顶。基督教的《旧约》中，讲起神，也是鞑笞之声四起。唯有到了《新约》里才着重表扬神的仁慈。这是因为《新约》记载神派遣耶稣基督降世为众人钉在十字架上，用鲜血洗净他们的罪孽而来。但按照基督教教义，每人仍必须先接受耶稣基督然后才能"得救"。

包含三个宗教的亚伯拉罕文化，有两个共同点：其一，神与人的关系是一对一的关系（故西方文化以个人为单位）。其二，人必须先接受神（纳入他的系统）才能享受"得救"之恩典。这仍是来自"天人对立"的大前提。说穿了，除非得救而纳入神的系统，人与神永远是对立的。由于耶稣基督的关系，基督教对此作了修改。建立了"得救乃本乎恩(是经过基督而来的神的恩典)、也是因着信"的新教义。基督教常喜引用的《约翰福音》第3章第16节，虽然上半句说"神爱世人，甚至将他的独生子耶稣基督赐给他们"，但是后半句说"叫一切信耶稣的不至灭亡，反得永生"。在这种教诲产生出来的西方文化，与中华文化的"天人合一"观念相比，仍有天壤之别。中国的"天"（有人考证过，中国的"天"本来就是神），是主动普遍向人类施展仁慈（除了老子认为"天地不仁"以外）。天对人的仁慈，没有选择性，是对全体而非仅对某些被挑选的个人，故没有排他的前提。虽然后来佛教输入了人须"积德"以祈福的观念，但中国的"天"仍然不是基于个人必须先被接纳的条件上。当然，任何人不得自暴自弃，或违背天理，亦是不言而喻的。正因为此，所以在中国政治思想中，政府主动造福全体老百姓，乃天经地义的事。这与西方认为政府应该照顾选民（主要是指拥有选票而曾投票选它，并且声音最响的那些人）；而且认为议员们需向自己的选区负责。二者相比，有极微妙（但常被忽略）的差别。

（三）西方"天人对立"所孕育出来的文化

西方的"天人对立"观，可说散布甚广。而教人需用知识以克服大自然（即"天"）的信念，在亚伯拉罕文化圈以外亦可找到。譬如在古希腊神话中，人类最初是没有火（代表知识与科技）的。在诸神中，有一个心肠善良名叫普罗米修斯（Prometheus）的神，偷偷给人类带来了火种；他自己却因此被诸神之首宙斯神（Zeus）大大惩罚。由此可见其中微妙"天人对立"的寓意。另外，在德国古典戏剧中也有一个名叫浮士德（Faust）的角色。他与魔鬼达成协议，将自己灵魂出卖，以交换魔鬼所拥有的知识。意味着人有时需不惜一切代价获取知识，才能克服大自然（"天"）的约束。所以，<u>反约束</u>也是西方文化的特色。换成现代的观念，就演变成自由经济要反对政府监管的意识形态。"天人对立"的寓意就是：人类必须有知识才能战胜天（当然这里所说西方的"天"，与西方的"神"的含义，并不是完全重叠的）。

知道了这些，我们就不难了解为什么在金融风暴爆发之前，贪婪在华尔街金融界不但不是坏事，反而被认为是"成功"的先决要素。一则，这符合浮士德精神的：只有手中掌握了钱财，才算是"胜"，无论它是如何取得的（包括出卖灵魂的手段都可以）。二则，在公司文化的要求下，必须争取自己公司有威力，能超越其他公司而建立其优越性(domi-nance)。而英文的 domance 就是要"胜"而"出头天"（台湾话）之意。再将此点从个人或公司括充到整个国家，我们可以看到美国另外一点。美国最先是以基督教立国。清教徒的后裔认为自己是神的选民（是神经过"排他"而拣选了美国），所以，美国的右派认为美国是"得天独宠"，因而有"美国特殊主义"的想法。除了以上所言美国做什么都没错（因为它"特殊"）以外，美国人下意识还有"说教"式对人指指点点的习惯。譬如批评别国的人权记录以及政治制度等，全是"说教"的表现。甚至，在美国金融崩溃之余，国会还有人不思反省（因为美国"特殊"），反而责怪都是中国人只储蓄不买美国货所害的！这一切看似荒唐的表现，全是美国文化导致的。文化使然，非人之罪也乎？

（四）对人性的看法

西方自亚伯拉罕精神笼罩以来，其文化一直建筑在"原罪"大前提之上。按照教会的解释（也可以说是曲解，见下），人性是邪恶的。因而社会全是尔虞我诈、充满冲突与斗争。故不相信人世间有"和谐"之可能。如有，也只有在"天国"才会出现。中国文化对人性，虽然在孔子门生之间有性恶与性善之争（譬如荀子对孟子），但自汉朝以还，均以性善为主流思想。

虽然人性究竟是善是恶难以确切论定，但我想提供两点意见。第一，由心理学角度观之，这可能牵涉一个在英文里常说的 self-fulfilling prophecy（暂译为"预言自我兑现"）。譬如，在一个相信人性邪恶的社会里，每个人从小就被教导人性是险恶的；需要处处戒备。因此他绝对会以防盗贼之心待人。于是，与他相处的人在感受自己被视为盗贼之时，必定亦以盗贼心情防范盗贼以回之。在如此猜忌衍生（更大）猜忌的恶性循环中，可能最后真的产生了盗贼的结果（"既然别人都认为我是盗贼，那我为什么不干脆就做个盗贼"）。相反的，在一个相信人性善良的社会里，可能形成一个良性循环，到最后会看到人性果真善良的结果（"既然别人都当我是个好人，那我可不能做个不肖之徒"）。第二，西方关于人性"原罪"（即原恶）之信念，深入民心并影响了西方社会秩序与政治制度理想。我们且看在西方启蒙运动（即 17 世纪开始的"世俗化"运动）以后的大思想家们。由于"原罪"观念仍然深植民间，所以从马基雅维利（Machiavelli）到卢梭（Rouseau），再到霍布斯（Hobbes），一皆以人性本恶的观念为他们推理论证的大前提。他们认为由于人性本恶，所以一般人均是不顾他人（或群）的利益而只顾钻营与扩大一己之私，故有"反社会"（anti-social）之本性。因此，他们的结论是：政府的责任乃在如何用法律将个人与其他人隔离起来，这样才是保护社会稳定之道。为了防止政府被本性邪恶的领导人与官员所败坏与垄断，故国家必须有政府的分权与限权以及人民必须监督政府的（民主）制度①。

（五）人与群的关系

西方自古希腊开始即强调个人主义。西方在宗教影响之下，大体可分两个阶段。

第一，在罗马（天主教）教会当权下，由于政教合一，教会大于个

---

① 对此，最有代表性的莫过于霍布斯（Thomas Hobbes）的 Leviathan（利维坦）。

人（亦即群大于个人）。连个别教徒向神祷告忏悔时，也必须经过教会的神父，才能上达天听。所以在那个时期，没有什么个人主体或个人自由可言。

第二，自从马丁路德于1517年向罗马教会张贴55道檄文以后，跟着而来的宗教大革新（Reformation），见证了新教（即基督教，或称耶教）教会的兴起。因而推翻了过去罗马教会专揽与对个人思想与良心的绝对控制。重点又回到个人。基督教（新教）的教会里，主张个人与神直接沟通。这种对个人的承认，在政治领域助长了"民权"观念在欧洲大陆普遍流行（殆至近代由于一般人对纳粹集体屠杀犹太人的反弹，再变成"人权"的观念）。所以，近代西方的自由主义，首先是反对任何群体（包括社会，甚至国家）控制个人自由（英国自1215年有《大宪章》以来即有个人自由的保障，故较欧洲大陆为早）。其次，是反对任何政府压迫个人"人权"。如果说这样的自由主义过分崇尚个人权益，甚至牺牲某些群体利益，也不太为过。在这种标榜个人中心忽视群体的前提下，社会上的斗争以及强求个人峥嵘，纵使牺牲群体利益也在所不惜，本来也就无可厚非。再加上资本主义自由经济所形成强调竞争搏斗的公司文化，导致在华尔街甚至全社会贪婪泛滥成灾，也是无法避免的。

中国人的"天人合一思想"，实际代表一种高度的自觉。即个人与环境分不开。环境可能是自然环境，也可能是社会环境。后者即群与团体。意即人脱离不了群。故中国人讲的"人"，即群中的个体（"群中人"）。用英文来说，就是 man-in-society，而非 man-unto-himself。这一点，与中国对人性定位不可分。如果人性是生来善良（原善），但以后受环境（社会）不良影响而变恶，那么整治办法就是保持（或恢复）人性的原善。其方法在于祛除（社会）环境的污染。所以，孔子曰："性相近，习相远"（《论语·阳货》），正是指此而言。孔门注重修身，以期达到"修己以安人"与"修己以安百姓"（《论语·宪问》）之目的。《大学》曰"自天子以至于庶人，壹是皆以修身为本"。用我们的语言来说，修身也者，即要达到防止和祛除环境对人性之腐蚀。如能达到此目的，方是社会和谐之开端。当然修身需要教育（见下）。其理自明。

三、中西文化出发点（大前提）各异；尖锐地表现在和谐与冲突的关键问题上

（一）再论西方"冲突"观念之突出与对"社会和谐"缺乏认识

西方文化自古希腊以来"冲突"之观念深植民间。"冲突"几乎变成一切的核心。譬如古希腊神话中，最高至上的宙斯神（Zeus）和在他之下的众神之间就有冲突。同样的，众神之间也彼此有冲突。在世界文艺上，古希腊以戏剧著称，而戏剧学开宗明义第一课就是：没有冲突（conflict）就没有戏剧。要面对冲突，就需要搏斗（甚至于斗争），遂而产生了人生就是竞争搏斗的信念。如果人与天（即古希腊的众神）的竞争搏斗是虚拟的话，人与人之间的竞争搏斗却是真实的。奥林匹克的竞赛发源于古希腊，即反映了这种竞争思想的制度化与理性化。这虽然表面上与孔子的"君子无所争。必也所射乎、揖让而升，下而饮。其争也君子"（《论语·八佾》）很相似。但却有一个最大不同点。即孔子所谓的君子之争，是偶尔（或不得已）为之。故曰："必也……"（假如一定要的话）；而非像奥林匹克竞争的制度化与周期化；更没有将赢得竞争、击败别人而得奖牌者加以英雄化。更确切一点，尽管奥运的口号与理想是：公平、公正、和平、平等、友谊、团结等，却独独缺少了和谐一项。需要指出，虽然有团结，可是它与和谐并不一样。譬如"兄弟阋于墙、外御其侮"是指兄弟们对外有团结，可是内部并无和谐。这种西方竞争搏斗的思想，还得到达尔文在生物学上"物竞天择、适者生存"原理的旁证，变成社会达尔文主义，为西方殖民、侵略、掠夺他人提供了理论基础。在这种思维下，没有社会"和谐"观念的产生，也是可以想象的。

中国人自孟子以来，均接受人性本善的大前提。故政府（与家族）

之责任乃在如何保持社会环境纯洁、不至沾污败坏个人的心灵，导致其丧失原善之本性。自汉武帝接受儒家思想为国教（前136年）以来，政府即负有教育黎民之责任；并用科举制度发挥两个重要功能：第一，开科取士，吸收民间人才纳入社会精英之行列。第二，导使民间求好上进，并且推广主流（正统）思想，以避免杂学邪教引人误入歧途。当然，以今日眼光观之，其流弊乃造成了国家（国与家）大于个人。尤其，如果今人以亚伯拉罕文化眼光来衡量，甚至可以诟病其对思想之控制，可能造成遏制有创造性或更有朝气的思想与文艺。但有一件事，值得一提。即这种"在上者"需负有教育平民的责任感，在古希腊先圣柏拉图（Plato）的思想中就有同样主张。在他的教导中，他公开提倡理想的政府总监应由哲学家担任（他的 philosopher-king 理想，酷似中国儒家要效法"先王"之道与圣人之治的热衷）；而且他认为好的政府要保护人民不被环境精神污染；甚至要限定他们只听"正确"的音乐。因为音乐可以陶冶性情，但也可以败坏人性。我们如果记住柏拉图（前427—347年）生在西方被亚伯拉罕文化笼罩之前，我们就懂得其中的道理。原来他虽然认为人性好像常在"自我交战"的状态，但他仍相信人性可以用教育来塑造而导之于善。这反映了他从老师苏格拉底那里得来的"道德即知识"的观念①。这一点也跟中国固有文化很接近。譬如孔夫子常对弟子言"吾未见好德如好色者也"，即是同样观念的另一种表达。

但是，尽管柏拉图没有"原罪"的思想，并且他也认为教育可以引导人性至于善良；他并没有社会和谐的观念，更谈不上信心。再者，他也以个人道德操守的高低将人分别定为不同等级。有"低人"与"高人"之分。所谓"低人"（lower men）相当于儒家的"小人"。他的"高人"（higher men），相当于儒家的"君子"。但他担心后者会被前者污染与带坏；所以，他呼吁"高人"必须自我警惕，以免被"低人"拖下道德的泥沼。显然，他完全没有孔子认为"君子之德风"必偃"小人之德草"

① 见柏拉图（Plato）的 "The Republic"（《理想国》）；与他的 "The Statesman"（《政治家》）。

的信念。柏拉图在他的《理想国》巨著中，认为政客的无知与无能是民主政体的两大"诅咒"。他没有中国儒家对"君子之德风"的看法。故他对政府(以及精英的"高人")能够教导群众回归于善的信心并不太大。也许因为这个原因，他不奢谈社会和谐。在西方的思想家中，柏拉图在对人性以及德育可以挽救世风的观点上是最乐观的。连他都缺乏社会和谐的理想与信念，其他人更可想而知了。

　　也许有人会问从基督教的眼光来看，耶稣基督以"道成肉身"的方式来到世间，是否标志人间有社会和谐的希望。这个问题可由三方面来回答。第一，耶稣自己说他不是来审判人的，而是要拯救人。其拯救的方式即耶稣自己要钉十字架，代替世人洗刷罪愆。但世人必须先接受他与差遣他来的神（父神）以及他的复活，然后才能得救（罪愆被洗刷）并得永生。不但整部《圣经》没有一处能查到我们这里谈的社会和谐之说，而且耶稣自己还宣称"我来并不是叫地上太平，乃是叫地上动刀兵"（《马太福音》第10章34节）。当然我们不可断章取义。他立刻解释说：因为如果一个家庭里有的因信耶稣而成为基督徒，可是其他人不信，那岂不闹得举家不宁?又如社会上，甚至于国与国之间也有这种信仰分裂之现象的话，岂不冲突得可能动刀兵?欧洲在11—13世纪基督教徒"十字军东征"与回教发生圣战；欧洲历史上因宗教革新与反革新势力之争夺而频发的诸多宗教战争等，可能都是耶稣所预言的"动刀兵"的实例。第二，耶稣只讲信徒与神之间的个别纵向关系。而我们中国人讲的社会和谐，是人与群的横面关系。这与整个基督教教会的关怀，是大不相同的。由基督教教会强调的"原罪"大前提看来，各个信徒应该关切的是自身原罪之洗刷（"得救"）以及争取更多人"得救"，而不是关切"社会和谐"本身的问题。第三，如果真的要打破砂锅问到底的话，基督教教会的答复一定是：信徒离开世间而返天国时，不就是有"和谐"了吗?但纵使如此，那还是指纵向的和谐。总之，从教会"原罪"的大前提来看问题，在人世间找寻社会（横面）和谐，并非如拯救世人那样的当务之急。第四，在教会眼里，社会和谐如有的话，应该是来自神的恩典，而不是以任何人为的办法（包括德育、修身）就能实现的。因为由教会观点观之，人性"原罪"的桎梏，不是世间任何力量能改变的。

不过，我要加一附注（也是修正）。这种"原罪"观点，我有一个狂妄的意见。我认为是由罗马教会到基督教会对《圣经》的曲解所致。因为在《圣经》的旧约，按照"创世记"所言，人是由神按照神自己的"样式"而造的（《创世记》第1章第26节）。按照基督教自己的教义，神是万能与十全十美的。那么，怎么神会按照自己的形式造出了一个有原罪的缺陷产物?何况，《创世记》在第一、第二章描述神创造天地万物（包括人类始祖的亚当与夏娃），在造物之初，俱无问题。等到了第三章，才讲有蛇（代表邪恶影响）出现，花言巧语地诱骗夏娃吃下神不许吃的禁果；一切人的罪愆由此才开始。所以，按照《创世记》的原意，从第一、第二两章，再到第三章之顺序演变，应该是显现了人是先善后罪，才有道理。何况，在《圣经》新约的"以弗所"书，保罗① 讲到人因信耶稣得救而能使旧人变成新人。而这新人"是照着神的形象造的，有真理的仁义和圣洁"（《以弗所书》第4章第24节）。这更证实人性是先善后罪；然后靠接受耶稣"得救"（罪得赦免）才能回归当初神按照他自己形象所造原始人的形象。换句话说，所谓得救后的"新人"，就是恢复到"（原善）后罪"以前的"旧旧人"。保罗此说，也证明了"先善后罪"的观点。可是，尽管如此，基督教教会，从古到今，一直坚持"原罪"（以别于"先善后罪"）的看法。这也提醒我们，对西方文化，不能只知其一而不知其二。

所以，经以上东西文化之比较，可知"社会和谐"思想的形成要件有如下条件：(1) 要有人性原善后恶（或原善后罪）的观念；(2) 要有"群中人"(man-in-society) 的观念；(3) 要确信德育（修身）能导使人性回归善良的观念；(4) 要有"君子之德风"可以偃"小人之德草"的信念。(5) 更重要的是，整个文化必须对社会和谐有肯定的期盼与嘉许；即对"和为贵"的认同。这些要素都是互为牵连而形成一个逻辑系统。

---

① 保罗是耶稣的弟子中对教会兴起最重要的一人。《圣经》的《新约全书》27篇中，有一半是他（受圣灵感召）写的。

在亚伯拉罕精神笼罩（与教会垄断）下的西方文化，缺乏条件（1）与条件（2），故而就没有其余的几个要素。难怪西方文化没有像中国人提倡社会和谐的热忱；相反地，却特别强调冲突、竞争、搏斗（包括与原罪之搏斗）的必要性。而这些，又变相理性化了贪婪动力之"正常性"。

（二）社会和谐与和谐社会

与西方文化相反，中华文化因有以上五大因素，所以特别讲求社会和谐。这个说法，是在深入比较中西文化后才能确切达到的结论。下面，我要温故而知新地看中国人往圣先贤如何看待和谐。

一般人谈和谐，通常都引用《论语》里面的"礼之用，和为贵"（《论语·学而》）。其实"和谐"一词最早出现于《尚书》的《虞书》篇。原是指依律和声，八音克谐；而不致逾越轨范，互相争夺。这是用以形容声乐的协调情况。同理，社会上若能恪守规范，互相协调，不相争夺，才能出现"和谐社会"。我要附加一点：有鉴于以上发现中国文化与（被亚伯拉罕精神笼罩的）西方文化间的差异，可以认定如果不是先有"社会和谐"之观念，就不会有和谐社会之理想；也就不会有创建"和谐社会"的目标。上面对社会和谐已谈得很多，现在要谈"和谐社会"之渊源与含义。我们在上面比较中西文化对"人"的看法时，提出了中国的"群中人"的观念。如果和谐社会是指"群中人"彼此遵守基本和谐规律而造成的结果（"横面和谐"），那么这样产生的社会就是"和谐社会"。对此，我国主流文化的儒家学说，曾有许多论述。经过家兄熊琛整理①，归纳而得两大主轴：一为弘扬"仁道"，另一为推行"仁政"。

简单地说，弘扬"仁道"，主要在于：克己复礼、推己及人、互助合作、重义轻利。简而言之，即我们上面所讲要恢复人性原善的本来面

---

① 这一节的讨论，主要是根据家兄熊琛所著《醉墨轩心声录：阐明儒学纠谬正俗》（台北：柿叶山庄文艺社2008年版）中，第二章中的"也谈'和谐社会'"篇，特别是第60—64页。

目。这是对于社会基层人群而言的。

而在推行"仁政"方面，则是牵涉对"在上位"者（领导阶层）的要求，有四个要项，能实行之，方能有"和谐社会"。这四者即：制民之产、发展福利、公平正直、重视教育。至于这四者的含义，以及胡锦涛主席所提倡的"和谐社会"是否可行一节，本人已另有专文讨论①，在此不赘。

四、中国传统"克己复礼"之教诲能挽救西方贪婪文化之颓丧乎？

我之所以提"克己复礼"，有两个原因。第一，"克己复礼"可说是要了解儒家"仁"的入门课程，而儒家的"仁"又是代表中华文化的精髓。第二，"克己复礼"之教诲重点在于教人节制，而且是由于礼之为用发乎内心的克制。所以，它是贪婪的最好对药。

"克己复礼为仁"是孔子答复弟子颜回问"仁"。孔子的智慧与教诲总结为一个"仁"字。可是什么是"仁"，很难一次讲清楚。孔子有很多弟子，每次都因材施教，只告以所应致力者；皆为求仁之方法。从未明确说明"仁"究竟为何。因为颜回是孔子最得意、最能体会老师教诲的弟子，所以老夫子最直截了当地指出：只要克制自己，回复到礼的规范，就是"仁"了。有人说孔子之道在"仁"，孔子之学在礼②。我认为这里的礼，恐怕包括了良知（即人在"原善"的心理状态所能体会到的）。

何谓"礼"？据《荀子·礼论》的说法，"礼"的起源是：

> 人生而有欲。欲而不得则不能无求。求而无度分界则不能
>
> 不争。争则乱，乱则穷。先王恶其乱也，故制礼义以分之。以

---

① 熊玠：《从社会和谐之思想比较中西文化差异》，《中国评论》（香港）2009 年第 5 期，第 36—37 页。

② 熊琛：《醉墨轩心声录：阐明儒学纠谬正俗》，（台北）柿叶山庄文艺社 2008 年版。我这一节的讨论，主要是根据他书中第 174—184 页之宏论。

养人之欲，给人之求；使欲必不穷乎物，物必不屈于求。两者
向持而长，是礼之所由起也。

又据班固《汉书·礼乐志》记载：

人涵天地阴阳之气，有喜怒哀乐之情。天地禀其性而不能
节也。圣人能为之节而不能绝也。故象天地而制礼乐，所以通
神明而立人伦，正性情而节万物也……

由此可见，"礼"是用来规范人类行为的。中国文化可爱的地方就
是它非常务实，绝不存幻想或好高骛远。以上二位先贤的说法，可说代
表了中国文化人世务实的看法。它不否认人有欲有情（包括贪婪），但
只是说如何节制情欲。故曰："发乎情，止乎礼"。虽然"礼"之为用，
不仅只是它的节制功用而已，但在我们谈论美国贪婪文化泛滥成灾如何
挽救之际，中国文化"礼"的有关节制之教诲，似乎只得特别推介。

《礼记》云："礼之教化也微，其止邪于为形。使人日徙善远罪，而
不自知也。"又云："礼者，因人之情而为之节文，以为民坊也。"此种
礼的预防，也常被称为"礼防"。节之外，还有约。节是节制，有遏制
之意。譬如劝人节哀。约则有折中或者"辅之"的意思。譬如，颜渊喟
然叹曰："夫子循循善诱，博我以文，约我以礼。"（《论语·子罕》）。另
外子曰："君子博学于文，约之以礼，亦可以弗畔矣"（《论语·雍也》）。
二者之间，以节最难做到，但功效也最大。孔子对颜回说"非礼勿视，
非礼勿听，非礼勿言，非礼勿动"（《论语·颜渊》）。是皆节也，防患于
未发之前。如果用在前面讲的巨骗马道夫身上，节就是"非礼勿取"。

中国传统文化所讲的"礼"与"法"（律）有什么不同？第一，礼
是一个内在的道德制约力量。用现代语言来说，好像是写进电脑的程序
（program）指导电脑作业（或不作业）一样。这股道德的程序也同样地
指导一个人的行止。法律则是外在的制约力量，虽然它也会起相当的威
慑（吓堵）作用，但是在罪行犯了以后才能起得它正式的作用。第二，
礼的道德约束力是无形的。一旦深植人的心灵中，有自动约束的功能；
不须有人监视、揭发甚至缉捕归案。而法律则不然，除非犯法的罪嫌被
发觉并缉捕到案，法律起不了它的惩罚（或弥补）作用。第三，法律可

能有漏洞或空隙，宵小之徒可以找漏洞、钻空隙。而"非礼勿Ｘ"的程序，是无隙可乘的。

结　语

美国文化太过依赖法律的制约。故在教会影响力消退而监管法律又极不健全（已如上述）之状况下，类似马道夫巨骗之流、"安然公司恶性倒闭症候群"遂即不断发生。虽然最近有"托德－发兰克法"的成立，但究竟能发挥多少作用仍是未知数。何况，贪婪是一个道德的问题，属于文化的领域。如若仅是思想上的贪婪，就好像嫉妒或仇恨一样，只要没有具体行动；甚至有行动而犯罪者并未抓到之前，都不成为法律的问题。归根结底，美国在近日贪婪泛滥成灾之际，需要的不单是更多监管法律（当然那也需要），而是怎么样在文化上能道德重整。达到"非礼勿取"并臻"徙善远罪，而不自知"的地步。在这点上，中国传统文化中"克己复礼"之教诲，对美国今日而言，岂止是他山可以攻错之石而已耶？

言至此，反观今日中国国情，肃贪似乎也是一个严重课题。我们重温传统文化，特别是"克己复礼"之教诲，亦此其时欤！

在我结束以前，另外还有一点需要交代，也是与复兴中华文化有其紧迫性有关。美国在后冷战时期独霸于世，往往借"文明冲突"借口，以作掩饰。譬如阿拉伯世界反美，"基地组织"恐怖分子反美等，美国俱以伊斯兰教与基督教文明之冲突轻率置之。此好比掩耳盗铃。本人亦另有专文论及之 [1]，在此也无用赘述。但就本文所谈之范畴，有一点是中华文化足以化解美国四面楚歌困境之奥秘。有鉴于以上中西方文化之比较，美国承袭自亚伯拉罕意识形态中的"排他"与不重视"和谐"之

---

[1]　熊玠：《"文明冲突"与中华文化》，《文化自觉与社会发展》，《二十一世纪中华文化世界论坛论文集》，商务印书馆 2005 年版，第38—48 页。

两点美中不足，完全可借助中华文化之"兼容并包"以及对"和谐"世界之推崇，来加以克服。故曰，与其美国处处忐忑忌讳中国复兴所可能带来之"威胁"，不如多多关顾中华文化之复兴如何能辅助美国式西方文化之不足。关注中西方两大文化交融交错所能形成的文明共鸣，岂不比日日为那不幸（与不必要的）"文明冲突"忧虑更为有意义得多？孔子言"不以力假仁"，因"以力假仁者，霸"。说得更白话一点，如果美国在世界上的领导地位，不是建筑在"排他"与"以力假仁"的霸道之上，而是建立在"和谐与共"以及"克己复礼"的仁道基础上，则伊斯兰文化要反美，将师出无名，甚至无懈可击。由此观之，中国之复兴不是为对美国之威胁，其理自明矣。

英国前首相撒切尔夫人曾讥笑中国之兴起，除贱力劳工以外，将何以贡献于世界？我的答案是：中国固有克己复礼的"仁"文化，可为救世之甘粮，足以挽回西方文化于没落之狂澜。问题反为是，中国自己对重整传统文化作为中国再起之大国文化后盾，有无决心。

儒家的崛起和柏拉图的衰落

李瑞智 *

内容提要： 21 世纪西方金融危机、经济衰退、政府管理等出现诸多问题所带来的严重后果——证明了柏拉图思想已开始走向衰落。与此同时，亚洲东南亚国家经济正迅速发展并逐渐成为了全球经济的新兴领导力量。这一全球新局势否定了历来由西方思想引领政治和经济的权威性，同时在全球秩序发生转变的紧要关头彰显了儒家思想传统和儒家管理的智慧和优势，也给新儒学运动提供了良好的契机。当然，新儒学运动同时也面临着西方根深蒂固的柏拉图思想的严峻挑战。如何让人们意识到当今世界局势发生变化的深层次原因，并让更多非汉语国家和不懂儒学文化价值和经验的地区的人们开始认识、了解儒家思想的价值并借其智慧解决自身出现的问题，促进东西方共同发展已成为当今全球的重要课题。

关键词："普世价值"；新儒学；崛起；衰落；挑战

---

* 李瑞智（Reg Little），澳大利亚邦德大学教授，原澳大利亚外交官，国际儒学联合会副会长。

总　述

　　儒家思想和行为让东南亚地区成为了全球经济的新兴领导力量。虽然有点姗姗来迟，但已开始让人刮目相看了。这种形势实际还否定了历来由西方思想引领政治和经济的权威性。也正是这种西方柏拉图思想传统，建立了以往数百年来英美全球秩序。从根本上说，东方的儒家文化，是务实、视情况而定、整体和经验性的，而柏拉图思想却是抽象、简单化和单线理性的。

　　儒家传统被受过高等教育且接受过专业的行政和商业训练的精英阶层所践行。相比之下，柏拉图思想更多的是教士阶层的一种工具，他们首先制定罗马教会的教义和信条，欧洲启蒙运动之后，他们经常装扮成"专业的经济学家"，替西方善于谋算的金融和公司的强权服务。这种西方传统举着"文明"的旗号，在公司组织和科学侵略上通过开拓、创新来占领全球经济的制高点。但是，在刚刚过去的半个世纪中，却输给了更机智、更有战略素养的亚洲儒家精英。有趣的是，在西方占据几个世纪的主导地位之后，儒家的思想与行为的影响更多呈现的是一种潜意识与传统经验的结合，而非外在显性的。

　　理解和处理这两种矛盾的思想和行为，将在全球秩序发生转变的关头起决定性作用。因为要从对西方柏拉图思想传统的依赖到适应东方儒家式的金融与经济权威。尽管西方对这点表现出急切、蓄意、虚伪的否认，可儒家思想还是在过去半个多世纪中证明了自己在经济、科技、教育、文化上的优势。其成功在很大程度上离不开现实经验的战略，这种战略素养深深地植根于中国的政治思想之中：观察西方宣称的其优越性的所有形式和方方面面；同时，采取缜密的行动，从西方思想信仰系统的明显漏洞中获利。西方信仰植根于简单化的抽象与理性之中，错误地宣称其超绝性、普世性的强权形式，致使变成其真正的缺陷。

　　然而，21世纪的新儒学运动是对更为传统的儒家教育形式进行再评价、再建构、再调整的开始。这一趋势会随着欧美金融、经济和政治的衰退而日益明显。此外，人们对西方大利益集团牟取暴利和理论科学给环境、自然生态系统和人类健康造成的危害的日益觉醒，会导致像《论语》、《道德经》、《易经》所倡导的更全面的商业、技术文化的强大的复兴。

新儒学运动将面临两方面的机遇和挑战：首先，在中国和亚洲其他地方儿童经典诵读的学习方式已悄然兴起。其次，如何让那些非汉语国家和没有经典学习传统、不懂儒学文化价值和经验的地区的人们也享有类似的机会。对于一个准备工作做得并不充分的全球社会来说，迫切需要提前做好应对挑战的准备。

一、亚洲的崛起和西方思想的危机

近半个世纪以来，两大主要的对立力量已经在全球发生变化。学术研究并不能很好地确认这一点。一般来讲，主流学术工作必须在严格规定的抽象框架内开展，在很大程度上被数百年来英美全球秩序和权威所控制。在这半个世纪里出现的很多最重要的问题都被故意避免了。主流学术工作的限制现在已经开始从根本上削弱了西方领导人在 21 世纪管理他们未来的能力。

这种来自一个由丰富的中国经典和优良的教育传统形成的中国文明的主要的能量改变了世界。在关键方式上，这是由东亚和东南亚的行政和商业精英共享的。这里的人口超过 20 亿。在 21 世纪的第二个十年，该地区拥有世界上最大的生产能力，高科技制造业技能和财政储备。

第二能量来源于危机中的西方文明，不良的思想发展的习惯产生了"积极的"经济和政治行动的形式，却越来越适得其反。西方教育标准和理论习惯一直缺乏智力训练、知识基础、丰富的文化和微妙的共同战略，但是在这些方面，我们总能在中华文明里找到其影响力。非常有趣的是，这些品质在亚洲国家政府已经普及，但在西方学术界和国家政府基本上是不存在的。

我们可以越来越明显地看到，西方思想缺乏解决 21 世纪根本挑战的特质。这些挑战包括以不破坏人类环境和健康为前提的在全球市场和经济生产力的竞争。中国思想已经在第一个挑战上证明了自己，并且将在第二个挑战上让人们看到更大的希望。

现在的西方是以危机中的柏拉图思想传统为特征的。这一传统思想可以追溯到古希腊的西方传统开创性的哲学家——柏拉图。Tarnas 在他所著的《西方思想的激情：理解塑造了我们世界观的思想》里承认柏拉图式的形式表示我们常规方法现实的深刻变化。后来，他证明了基督教的普世性和成功、有效的传播及其哲学普遍性在很大程度上都归功于这个希腊思想传统。中世纪罗马教会的教义和教条利用根深蒂固的直觉思维，在先验和"普世"的真理的基础上建立一个直观的基督教的合理化论证的精细结构与信仰习惯。

他同时也表明在现实世界中这些论证导致了宗教、哲学甚至科学都进入了一个死胡同。尽管柏拉图断言形式仅仅是人类头脑创造的不完美的抽象概念，它们总是随机地随着个人利益的无限可能性发展着。

在西方和世界上很多其他地方流行的政治话语已经开始对西方传统思想关键方面的重大缺陷妥协。因此，欧洲启蒙运动的"普世价值"仍为更多的政治修辞提供基础。此外，他们进一步鼓励和合法化倾向于抽象的理性思维或直线思维。这是特别的经济理论的案例，同时给有着更灵活策略的亚洲领导人创造了很多机会。持续遵守衰退中的英美世界秩序被标榜为"普世价值"的规则。进一步削弱西方，禁止任何有关思想的系统问题的流行。抽象、简单化和单线理性的西方柏拉图思想传统的持续影响正在迅速导致某种形式的衰落。

此外，在东方（除印度次大陆——今印度共和国、孟加拉国、巴基斯坦和缅甸以外），灵活且博大精深的儒家思想传统体现在生活的方方面面。这一思想的起源早于孔子诞生数千年，留下了很多具有深远影响力的经典著作，和儒学著作一起构成了中国古代经典体系。随着历史的发展，这种思想也在不断变得更丰富。所有这一切在全球范围内被没有竞争的、严密的教育理念所保护。自 20 世纪中叶以来，这种思想就和世界上最具活力的经济体密切结合，往往这些国家也成为了最稳定的政体。

从根本上来讲，东方的儒家思想是务实、视情况而定、整体和经验性的。在不同的方面，《论语》、《道德经》和《易经》这些经典更凸显了具有先验性的普世权威的柏拉图式观念的不足。在一个不断变化的自然环境里，儒家思想从思想和心灵上给生命的基本面和不可预见性提供永恒的滋养和引导。他们不反对承认人类经验和思想的模式，但同时也提防对在西方受青睐的、恒久不变的理性结构的简单依赖。

简单地说，我们正生活在一个伟大的从西到东，或者说从占主导地位的柏拉图思想到普遍的儒家思想的全球大变革时代。现在，全世界的人们开始意识到在他们生活的很多方面被中国经济不断增长的活力和所影响的范围所改变。但是，只有极少数的人认识到正是儒家传统和儒家思想的影响带来了这些显著的变化。

二、管理者与知识分子

那些受过良好教育的行政和商业精英阶层通过其精明的混合政治和经济策略，使儒家世界具有新的活力，这在过去的半个多世纪的西方没有出现过。在西方，一些常设的官僚机构模仿中国行政传统的一些特点，但在很多方面都失败了。失败原因包括在教育准备上缺乏足够的严谨、文化自信的缺失、管理政治的连贯性打击、对固有危险的历史意识不足过度依赖整体战略、附属于一个没有终极权威的政治阶层。

在英美，他们的政权可以随意中断已经制定且明确的战略方向和长期目标。相反，无论是日本的资本主义还是中国的共产主义都没有偏离自己的国家战略和目标。

有些人可能会用日本 20 年的"经济衰退"来反驳这种说法。但忽略了一个事实：日本利用这次"经济衰退"建立了庞大的外汇储备，大大提高了生活质量。对许多战略性高科技材料和零部件生产进行了垄断控制，对其经济进行了微妙的重新定位和重组。

西方的民主政府处在无情的柏拉图传统的抽象理性的政治颤振中心。东方儒家管理，即使是在民主形式的日本，也关注正统观念，同时注重实现小的主要目标和慎重的策略。

在20世纪90年代早期，日本非根本性地改变了这种行为的外在形式，试图缓解美国担心的"日本第一"的言论。在过去十年，中国的"和平崛起"是同一主题的变化形式——经济的繁荣与发展以及最少的政治角逐。

至关重要的是，日本和中国利用政府控制和战略管理中央银行，近年来建立了庞大的以美元为主的外汇储备。同时给他们带来了重大的金融影响力，这也引发了西方的超支甚至破产。

西方的无情且故作姿态的"普世价值"，例如，民主、自由、平等、人权、法律和市场经济实际上是伪善的且运用它们来为自己谋利。西方柏拉图式的知识分子和政治精英们似乎对东方儒家的实用性精英人才没有需求，也不愿意培养他们。这个谜语的答案可能可以从基督教的精神世界到金融和企业精英的世俗的世界的西方"普世价值"的转变中找到。

结果，不仅"普世价值"对超验权威作出虚假的柏拉图宣言，而且这些宣言都是被从操纵大众思想所获得的金融回报来控制的。当然，这只是乔治·奥威尔（George Orwell）在他"未来主义的"小说《1984》中对世界的一种讽刺。不幸的是，在西方，它们的金融和企业权力经纪人没有研究或了解儒家的世界和其精英素质。结果，他们允许他们的知识分子和政治傀儡一次又一次地犯战略错误。

西方肤浅的唯智论的矛盾点让柏拉图"普世价值"有着广泛的吸引力，而关注儒家战略成功的东方精英实例的并不多。从一个重要的程度上来讲，这种欣赏上的差异已经成为儒家世界的战略优势。因为"普世价值"失去了它们的信誉，他们需要另一种可选择的、易懂的、流行的风气，来支持儒家权威公开的精英人物。

三、西方柏拉图思想的危机管理

因此，了解和协调东西方文化的思想和行为的争辩，将为适应全球秩序从西方柏拉图的"普世价值"到普遍的东方儒家的金融和经济权威提供关键来源。西方的绝望和故意欺诈，只会更凸显儒家思想在过去的半个世纪里在经济、技术、教育、文化活动所取得的成绩的基本事实。

在东亚受过高等教育的社区精英对已经发生的事情会有一个谨慎的理解，已不需要做任何努力去提高民众的认识水平。亚洲成功的原因在中国政治思想里能找到答案。这可以追溯到三千多年前周朝的建立（早于柏拉图诞生 500 多年）。在姜太公所著的《六韬》里的 12 民事攻势，对于周王朝的建立起了重要的战略作用，详细介绍了如何利用对方的性格弱点，以智取胜、以弱胜强。

英美权利的性格弱点，首先是从各种形式的帝国特权不劳而获地得到财富，导致对国外借款和无价值的纸币的日益依赖，没有经济生产能力维持现有的社会。一些政治上的期望甚至让西方经济体正面临破产的威胁。西方的优越感和对简单抽象及理性知识的信念错误地断言某种形式的超越性和普世权威增加了它的脆弱性。

在这种情况下，西方柏拉图式的"普世价值"连同过去两个世纪的很多全球思潮都将名誉扫地。它们缺少能与中国经典古籍相比较的东西。随着对历史教训的深刻理解，会发现这将是一个严重的问题。这将加剧对神话或者"普世价值"的心理依赖，像发展、创新和科学一样，所有这一切都被粗暴地用来构建英美全球秩序。

此外，在过去的几个世纪里，西方一直用"知识种族隔离"的形式来强化它的优势和凸显其他文化和价值体系的劣势。西方政权是建立在商业侵略、科学开发和军事部署上的，它也有效地培养了自己作为启蒙文化力的形象。这让很多人很难支持"西方或柏拉图思想是被东方儒家思想在混乱中遗留下的"这一概念。面对这种怀疑，重要的是要认清是什么让西方挑战了曾经在世界上经济最发达、技术最先进的中国。中国的领导优势用错了地方，如周朝的衰落。但更重要的是西方两个相对简单的创新吸引了中国和很多其他毫无准备的国家。

首先是企业制度创新。西方国家，尤其是英国的东印度公司，动员大量以前的雇员，在世界各地进行抢劫和掠夺。这样的做法有个特别的优势：对于国家和政治领导几乎没有成本或风险，它由私人企业和资本来承担。欧洲以外的人对这种新形式的企业和征服完全没有准备。当传教士精神动员将这种前所未有的商业企业作为一种高尚的文化使命时，对非欧洲人就更加不利了。这将使如果不是基督教义就是启蒙运动的柏拉图式的思想让人变得落后或不文明，从而进一步加强对"知识种族隔离"的信念。

第二个创新是积极开发利用煤和石油的化石燃料。这些丰富、浓缩的新能量转化为新的军事力量形式。这种优势一直被极度保护着，直到最近，英美公司垄断了全球的石油供应，而且这种垄断的环境和其他费用都很难明确。

重要的是要明白公司已成为主导西方经济学说、教条、行为的形成和制定西方民主政府政策的重要影响力。这一事实也能作为最近几年来亚洲儒家经济崛起的明显证据。亚洲已经建立了一个模式来挑战和否定企业在不发达的地区进行财富掠夺的行为。首先驱使企业对殖民地财富掠夺进行不懈努力的是一些腐败的国际机构。如世界银行和国际货币基金组织。然而，后来这些战略受到挑战，公司被迫向内转，通过多种战略利用国内群体寻求利润最大化。如通过有害的加工食品、合成药物、利用国内廉价劳动力的制造业、创新的金融欺诈形式来牟取暴利。

在儒家的国家管理这些破坏性能量的一种重要工具就是"选择性执法"，Eamonn Fingleton 在他所著的《龙颚之下：即将到来的中国时代下的美国命运》（*In The Jaws of the Dragon: America's Fate in the Coming Era of Chinese Dominance*）一书中提到过。这给了儒家管理者用纪律和战略管理公司的能力，使其具有更广泛的社会意义。在美国不存在这样的情况，公司会通过公开购买来获取任何他们需要的政治和法律的影响力。在一个更重要的意义上来说，对于这一儒家或法家的有效战略的运用，可能已经成为控制西方思想出现的当代危机的主要因素。它强调了在当今世界公司的压倒性的力量和柏拉图思想里的一个重要的漏洞：对一种轻率形式和对战略无能的心理服从的依赖。除了对短期目标的和狭隘的利益最大化追求以外，越来越多的西方社会已经允许这些思想和行为小范围的出现。在这些国际的领导人开始接受追求卓越的、操作性强的、具备动态思维的儒家传统教育以前，是无法解决这些问题的。

在某些方面可以确定的是西方遇到的这些两难问题，在中国历史上，当根深蒂固的特权产生了缺乏战略领导才能的、不称职的领导，从而导致朝代终结时也遇到过。有三个关键点来回顾这种相似情况。第一，过去两个世纪以来英美帝国秩序也取得过前所未有的显著的成就；第二，提醒中国记住各种"帝国终结"的教训；第三，在过去的两个世纪里，全球化和技术的进步给全世界带来的改变有利有弊，但却没有被好好地总结经验教训，因为执政权力的自我约束和自我学习的能力已经弱化了。第三点最有可能成为定义新儒学的最大的优势。

四、21 世纪的新儒学

随着中国将成为无可争议的全球领导力量，上面说的最后一点将定义新儒学的内涵。与很多期望相左的是，最重要的挑战将不是对西方"普世价值"的采纳、吸收和适应，而是重新评估这些价值观和遗留问题。它们对环境、有机生态、人类健康，甚至现代社会结构所带来的危害越来越明显。当代美国在政治、军事、金融、经济、医疗和食品方面所犯的愚蠢的错误成了在网上被评论的最多的话题。很明显，我们需要明白我们人类的生活已经严重受到了影响，即使这产生了大量的企业利润。

21 世纪的新儒学将要解决当代广泛存在的并不是传统的儒家理论、儒家管理者关注的问题。幸运的是，"儒家传统"或者说"儒家思想"已反映在中国古代经典里，最大范围地涵盖了可能存在的问题。像《论语》、《道德经》、《易经》等中国经典也许是世界上最成熟和先进的教育和管理文化。

弄清"儒学"、"儒家传统"、"儒家思想"、"中国古代经典"这四个概念很重要，但是也有点困难。因为评论家有时会在对其赞美、理解和解释的部分和那些嘲弄、批评和否定的部分产生分歧。

这些分歧和混乱可能会得到解决。然而，东亚和东南亚的经济持续增长，这些地区的行政和金融精英将越来越多地受儒家教育、思想和教育的影响。这一过程将会成为全球强国里的重大变化。对这些精英将会有更多战略技能方面的要求。在过去半个世纪经验的基础上有很多证据证明那些艰难的挑战都能被有效的管理方式所解决。

问题在于西方极少有人能接受这种儒家强大的过程。甚至更少的人会理解这种文化的智慧。西方将有部分公司会从西方正统的领域向新的方向转型。像一直都在被滥用的像民主、法治、人权、平等等政治原则，一定会被重新评估和重新定义。更重要的是，西方医药、食品加工、化学农业和科学模式都将成为重新审视、重新评估和重新发明的对象。

西方的基本问题是企业利润的动机核心，以何种方式采取民主法治进程的命令及越来越忽视健康和其产品的环境后果。这些问题已经被定义了西方意义上的科学和技术的柏拉图的抽象和理性混合了。为了追求特定的目标不顾一切后果。

部分问题源于这样的事实：那些侵略性的企业和科学创新已成为英美全球秩序的建立和兴起的根本。因此，这两种形式的创新已经成为西方现代性、活力和经济进步神话的基本素质。这遮掩了西方文化产生的严重问题。亚洲儒家成功的这些公司一直受到儒家的科学管理，并且有自己的纪律和战略方向，比起突破和创新，他们更专注于制造改良品。事实上，靠创新走出经济衰退已成为一种绝望，像煤和页岩气的创新破坏耕地和供水系统、杀虫剂杀死那些给重要粮食作物授粉的蜜蜂种群等。

替代和更全面的文化商业和技术的复兴，可像《论语》、《道德经》、《易经》支持的那样采取很多形式，一些会成为西方中部正统和信仰的主要挑战，尽管他们宣称柏拉图思想的超验性和普世权威。管理这种冲击将会给西方社会打击，这种将会成为新儒学的新挑战和新机遇。这将是复杂的事实，儒学传统是基于对古代文献和直觉思维习惯的背诵，相比较于西方柏拉图传统的知识性和学术性，它更是一个行政实践活动。

五、新儒学的基础

关注上述观点，会不可避免地对儒学传统和儒学思想的不同形式产生浓厚的兴趣。如果你想要更好地理解这一点的话，必须审视中国儿童过去、现在以及将来所受的教育。这将不可避免地对3岁或更小的儿童采用传统的形式来背诵经典这一教育方法进行审视和评估。

从最基本的层面上来讲，这种教育的当代利益将帮助东亚的儒家管理者和商业战略家利用简单的西方柏拉图式的观念为自己谋利。看来要证明这种学习优于西方聚焦于抽象理性的学习方式将成为可能。幼儿掌握中国经典原本正是这种无与伦比的传统最引人注目的地方，而同样引人注目的是整个西方对这种文化力量的无知和否认。人们不难看出，在西方处在盛世的时期已经作出深思熟虑的决定要尽一切可能破坏这一可能对从欧洲启蒙运动中产生的"普世价值"存在威胁的文化。

经典背诵有很多好处。其他国家没有小孩在如此小的年龄就开始学习两千多年前的经典的。

其好处列举如下：

1. 知识。中国经典诵读首先让人收获的是在人生开始阶段就可学习到丰富、广博的基本知识。事实上，追溯到数千年之前，它确保打下深厚历史感和人生事理的知识基础。汲取了《论语》、《道德经》和《易经》等经典中反映的通变思维方式，人的一生都会获得保护，都将免受过于简单化、局限性思想的影响。这能够让非常年幼的孩子乐在其中。

2. 判断。与之相随的另一个收获是：这种深刻的、塑造性格的知识基础是存储在一个人年幼时期的意识和潜意识之中的。这个在孩童进行严肃思考和作出决定的年龄之前就已经储存好。成熟的自信力与相关经验的感性意识，早已为人走向生活准备唾手可得的资源。

3. 精神。还有一个重要收获，它常常被人忽视，那就是这种学习方法能给予孩子们的愉悦与心灵能量。在如此年幼之时便培养了中华文明标志性载体人物所应具备品质的潜在因素，似乎是已经赋予他们在世界寻找自己位置的轻松感。

4. 学习。年幼时期养成背诵和学习经典的习惯，自然地引导儿童迈向值得一生学习的品格，让他们在现代社会的复杂形势中居于优势，培养他们对进一步学习满怀渴望，这一过程让他们将旁人视为负担的工作变为是对精神营养的追求。

5. 灵活性。与西方培养僵化刻板性格不同，早期对《论语》、《道德经》和《易经》等不同经典的学习确保人得以用不同、对照的方法审视现实生活问题。在西方经济学及其他理论中的不适当抽象与单线理性的局限，在具有这种灵活能力的人面前，是可以被轻松地辨识、掌握和利用的。多样性的意识可以培养杰出的灵活思维能力，甚至它在目的是保持和谐社会关系和实行审慎个人思考礼仪行为背后也是具备的。

6. 智慧。终身积累经典之中的智慧可使人们在需要它的时候立即呼之欲出，它提供了一个对付任何新挑战所需进行应对可能方法的储藏仓库，不用因为要对付出乎预料的状况而去做花费任何气力和已经来不及的寻索。经典是那么斑斓多彩、丰富无比，以致对它们所含意义的充分理解与运用只是更待数十年之后成年时期。

7. 社会。儿童对在家庭和社会的地位，有一种轻松、坦然之感；为未来成人所负责任打下的早期基础，这是传统学习方法的另一个核心特征。它使得一个中国人可以轻松地融入几乎所有的群体或社会，接纳并不熟悉的价值，同时又不至于失去自我。

8. 历史。对经典的诵读培养解决当代现实问题的天分。当代现实问题是处于无法想象的、最繁杂多样和丰富的人类行为记载的环境之中的。而且在某种程度上，问题的根本总是回归到人性上。尤其是当对进步、科学、人权及其他"普世价值"的狂热崇拜而致使很多人失去对基本人性的理解之时，这一点显得尤为重要。深厚而永恒的知识储备是对人可能实现的最好的保护，它可以使当下的人们避免成为难于辨认、艰于看透的贪婪力量的玩偶。

9. 纪律。幼年时期接受的诵读学习的规矩有利于培养人行为的社会方式，它有利于形成与他人之间的能动关系，也有利于遵守礼仪形式，而且在遵守礼仪形式同时不失去人格与思想个性特点。尤其是在对很体现西方政治意见与辩论特点的有关个人人权、自由的大肆误导宣传的现实条件下，非常有效。它还可以培养无可比拟的持重的工作伦理，能够让人投身到为了一种目标，能够让人带着目的工作，以务实的方法实现目的。

10. 语言。早期的大量背诵有利于掌握对语言使用（古籍经典和成语的使用）的精练有素与有效方法。它为培养进行高层次和深入表达沟通能力奠定基础。这也赋予人们接受其他语言训练的能力；因此，这种背诵式的学习模式是价值无比的。

即使背诵的不是中国经典，单纯背诵式的学习方法也是有好处的：

愉快。背诵可以鼓励学习者通过吟诵或者与班上其他同学一起大声朗读来获得学习的愉悦感。即使他们以后走向了社会，这可以让他们有一个积极的心态来学习。

直觉。可以培养他们从对最初并不熟悉的文本的学习和掌握中得到的回报——直觉的理解力，这样可以让他们产生学习的欲望。能够让一个人在未来成长的过程中内心孕育出在自己的人生道路上凭借成熟的直觉作出正确的人生判断的能力。

自信。在一个积极的、有教养的环境里，养成对学习的自信心会成为一种根本的收获。因为这已经成为一个人很自然的部分。对别人来讲看起来是艰巨挑战的东西对他们来说就像漫步在越来越熟悉的存储着智慧的秘密花园里。

信任。可以让孩子尽早树立向古代先贤学习的信心，鼓励他们成为成熟的人且承担更多成人的责任。

专注。这种教育方式的日常习惯和轻松的专业培养往往会激发一个人一生的学习兴趣，这是一种训练有素的专注的行为。

习惯。这种自律学习的形式有助于社会和个人其他纪律形式的养成，使年轻人在年幼的时候养成好的行为习惯，这能让他们懂得如何和别人相处。

上面列举的素质是深刻的，是对性格和生命的定义。虽然这还不是今日亚洲或中国儿童教育的通用标准，但在中国和亚洲其他一些地方存在着致力于培养具备以上素质的孩子的学校。我们可以得出一个结论：这样的学校会越来越普及、数量会越来越多。另外，虽然在体制内的学校里没有这样的学习机会，有些家庭还是会保留这样的背诵习惯。

对这种教育方式的广泛理解将变得越来越重要。否则，在今后的一段时间里，只有少部分人才能接近这种长期以来形成中国文明且正在改变全球文明的深刻教育类型。这种挑战在被传统实践和智慧影响的亚洲可能被很好地理解和管理，但大多数非亚洲国家无法做到。因为他们没有这样的传统，同时瞧不起背诵的学习方式，并且贬低对历史认真研究的价值。他们不仅在教育阶层的竞争技能、知识、智慧方面处于不利地位，而且也无法理解亚洲振兴的原因。

像《论语》、《道德经》、《易经》等中国经典培养出了世界上最先进的技术，鼓励医学和科学的发展，远没有西方习俗那么教条和武断。西方习俗以各种方式提出关于企业专利和公司实践的质疑，鼓励一个贪婪的垄断市场的商业文化。在农业、食品、医药、能源等重要产业谋取高额利润。而儒家管理已经显示出了掌控和制定战略的能力，并且尊重公司，这在大多数西方国家里是绝不可能的。而且从医学、科学和技术获益的灵感源于中国经典这一事实已经越来越明显。少数一些西方经济体可能有一些必要的制度、价值和教育结构来竞争。

现在对不同国家将如何应对和管理这种挑战下结论还为时过早。东亚和东南亚国家受过儒家良好教育的行政和商业精英已经给世界带来了好处。此外，1945 年以后的日本是除中国以外的能借鉴儒家传统和思想的国家，并且推进了中国的领导地位。在儒家传统和思想定义了卓越的标准和行为的具有竞争前景的世界里，给了那些最初感到沮丧不已的国家一个重要的教训。

当然，显而易见的，非亚洲地区的人们将面临比日本更大的挑战。他们没有相同或相似的语言基础，他们对儒家思想在历史上的影响力没有感知。他们有自己根深蒂固的与儒家思想和价值敌对的文化传统。然而，这些都不能改变前方将面临的挑战。如果你不能使用一种基于字符的语言，不能用中国经典博大精深的内涵来影响你的思想和行为，那么在正快速成为世界政治、经济、科技和金融资本的中心做生意会很困难。

今天全世界的教育普遍存在英语语言维度，很多功能学科在柏拉图思想文化里形成。中国金融、贸易、科技、文化成功的影响无处不在。在过去没有被儒家思想影响的人至少需要背诵一些长期以来形成了东亚文明的中国经典。当代西方教育的正统观念似乎会觉得这些想法很离谱，但这些仅仅是对那些已经明确的、不可逆转的趋势的后果的反思。

或许有人会软化这种投射到未来的注意力。在西方已经有多种不同的声音主张拒绝西方主流的柏拉图式的观念。这些"正确的"柏拉图式的观念，用他们假装的至高无上的权威在加工食品、合成药物、化学农业、环境破坏、无知媒体、因循守旧的学术环境、自我毁灭性的战争中干了很多坏事。很多人都带着绝望在一个似乎无望的企业迷宫里寻找出路。

用创新的电子媒体来展现中国传统思想作为解决这个普遍存在的困境的办法，将为所有文化下的人们的利益服务。这一战略需要多种语言来支持。然而，最重要且最困难的是，这将需要在前面通过实践和公众的中国的创意，采用必要且务实的办法来解决在中国发生的问题，这是近几十年来西方柏拉图式的正统做得不理想的方面。没有必要再去注意那些对中国未来的发展不会有很大贡献价值的方式。然而，任何此类改革活动都将面临来自国内外的利益承诺，这个经常被称作"美国模式"。

结　论

如果一个看上去有文化、有教养的人深受作为世界领先的全球权力的中国崛起的广泛影响，在一个亚洲以外的没有几个人在幼年时期背诵过中国经典的世界里会有什么样的影响呢？

首先，我们必须承认，在一个 3 岁儿童身上开展实施这样的计划是一项至少要等 30 年才能得到回报的投资。为了便于观察整个过渡的情况，中国可能会隐性地支持摇摇欲坠的英美全球秩序，确保这 30 年里 21 世纪的美国政策不产生反作用。但事实上，他们有效地破坏了这种可能性。我们似乎正在快速地接近一个时代：我们将会看到在西方，美元不再是世界储备货币，出现破产和生产能力不足的现象。

在这样的环境里，一个知之甚少的中国权威的兴起，将给全球造成威胁。1945 年后的国际组织、北约的军事影响力、伦敦和纽约的金融中心可能会突然变得功能失调，仅仅成为历史注脚。他们的生存将取决于中国领导人对管理过渡的欲望、取决于美国教育和中国的影响、取决于中国在寻求避免受到美国模式下的食物、医药、科学，甚至更多方面更大伤害的办法时的判断力。换句话说，一些表面上的英美全球秩序似乎不可能再延续。结果，那些没有儒家传统的国家将面临采取紧急措施、对未来准备权宜之计。

第二个含义是目前许多西方教育规范是由失败的柏拉图传统思想形成的。这样的结果破坏了政治、社会、经济，必须成为认真讨论和评论的对象。然而，回避这种做法，只会导致长期的更严重的困难。残酷的事实是，在西方，几乎没有人为这种可预见的未来做准备。矛盾的是，中国和亚洲也出现过类似的问题。但中国人和亚洲人在不自觉地、直观地实践儒家思想和价值观。

第三个含义是正在复兴的儒家思想和价值观将在亚洲和其他地区对最近发生的好事和坏事做重新评估。西方的食品、医药、农业和科学将在《论语》、《道德经》、《易经》等经典的驱动下得到大幅度评估。这将让大家越来越认识到需要通过对西方的文化侵略、短期、狭隘的重点企业利润最大化等观念的重新评估来扭转其对环境、对人类健康所带来的危害。换句话说，美国模式可能会成为越来越负面的重新评估的对象。

第四个含义是即将到来的全球文化影响力的重大变化将导致人们背

诵中国的经典的需求日益增加。即使反应会因国、因地区而异，但相信全世界都会越来越关注这种教育形式的成效。现在面临的挑战是寻找合格的教师。这种挑战首先会出现在中国，然后会扩大到全世界。先行者会更获益。

其实，在这个话题上还有很多可以分享。这里提出的问题将会触及最偏远地区的人们的生活。这不是因为儒家的野心或布道，而是因为英美全球秩序的动态已经让人们变得不快乐、不甘心了。值得一提的是，中国、日本、韩国的主要儒家社区没有寻求这种参与。也许真正的文明使命才刚刚开始，但它是儒家的智慧而不是柏拉图式的。

怎么会这样？这是对柏拉图思想优缺点的一种思考。就像中世纪罗马教会展示的，新柏拉图理想的理性抽象可以用来定义教条形式，控制人的思想。在欧洲，他们创造了一种宗教和文化形式的统一。欧洲启蒙运动使用类似的策略，围绕"普世价值"来发展他们的教条和学说，例如，自由、平等、民主、法治和人权，进一步控制人的思想。这段时期，这些价值观让西方的政治和文化实现了统一。后来他们也试图把这种统一扩展到别的国家和地区。

一些评论指出，这些"普世价值"已经被谨慎地隐藏在西方金融和企业实体里。从这里我们可以看到正是这些"普世价值"和相关的经济教条形式定义了政治的思想和行为。这些价值观、教义和信条与乔治·奥威尔在他的小说《1984》里描写的关于一个暴君、极权主义的未来对洗脑的讽刺有很多相似之处，即所有的思想都出自一个强大的"老大"。

西方柏拉图思想在教育上注重对抽象概念、合理结构、科学理论和机理认识的培养，这些可能都是对培养直线思维方式的一种讽刺，以确保人们的思想必须始终沿着预定的铁路旅行，不能转弯。柏拉图传统思想与《论语》、《道德经》、《易经》等中国经典中所蕴涵的微妙、整体思维、直觉洞察力、变化性是敌对的。

西方有一段支离破碎的历史，不同的国家在不同时期扮演主导的角色来发展独具特色的思想特征。这样就混淆了一个事实，古典希腊思想的广泛影响与罗马和耶路撒冷的投入，一直保持着某种形式统一、至高无上的权威。与此相反，中国文明和思想有其完整的政治品质。在几千年的历史里，有很多争端和政治斗争，但它们总是能把重点放在与实际一致的连贯和管理上。

在西方，权利和影响力是在教会和国家之间波动的。在中国，在柏拉图时代之前，其社会和政治凝聚力就通过正确的仪式和行为得到了发展，这是由深受儒家传统教育且重视公共管理的权威机构来强制执行的。这就出现了如 Eamonn Fingleton 在他所著的《龙颚之下：即将到来的中国时代下的美国命运》（*In the Jaws of the Dragon: America's Fate in the Coming Era of Chinese Dominance*）一书中所批判的"选择性执法"。这种做法被认为缺乏正当程序，同时也标榜公正——西方法治的美德。

这种评价有两个缺点：第一，他故意忽略了一个事实，西方法律是为金融和企业权力服务的，它实际上破坏了社会公正、经济竞争力和生产力。第二，它否认东方的"选择性执法"实际上是受儒家管理权威严格控制的，它能确保让更多人受益。

西方柏拉图思想已经不能打破它的抽象和理性确定性，中世纪基督教的上帝成为了他们至高无上的权威。它未能识别出让儒家经济成功的品质。在约翰·霍布森（John Hobson）所著的《西方文明的东方起源》（*The Eastern Origins of Western Civilisation*）一书中已指出，"知识种族隔离"作为一种障碍是普遍存在的。被边缘化的"普世价值"已经不受欢迎。但很难严肃地探讨替代这些传统的素质。当亚洲的一些知识分子继续信奉这些"普世价值"时，亚洲国家领导人和管理者正利用其盲点实践自己的伟大战略。

这最终导致了西方的危机，或者说柏拉图思想是这些失败的根源。"知识种族隔离"的普遍存在让很多处在亚洲以外的人很难意识到这一点。这也导致了对西方教育价值的普遍误解。对于一个具备中国传统思想教育基础的人而言，接受西方教育能让他对全球经济市场有更深、更具战略性的理解力。反之，西方教育只会让你深受柏拉图思想毒害，最终成为一个思维单线、简单的、全球经济市场上的受害者。

中西文明比照视野的 21 世纪尼山新儒学

田辰山 *

内容提要：为尼山新儒学叫好！尼山新儒学应以其今日跨中西文明之比较视野为"新"。比较中西文明是开发对整体范畴结构差异的认识，以理解差异统领认识表面似同。"新"还要开拓出与现代新儒学相区别之路径，其根本在于甩掉鞋拔子，反对以西方概念话语扭曲儒学。加强对西方哲学"一多二元"结构的意识，因此但凡儒学的传承与创新，都需在"一多不分"脉络上。尊重中国马克思主义为中国哲学的现代形式。儒学将参加也引领非局限于西方的世界人类第二次启蒙；完成西方第一次启蒙未竟的事业校正其走偏的事业。学习辜鸿铭，在贯通中西视野中占领 21 世纪学术制高点。

关键词：中西文明比照视野；一多二元；一多不分；新文艺复兴和启蒙；后现代；辜鸿铭

以中西文明比照分析出发，作 21 世纪尼山新儒学思考八种大义，为儒学国际化出谋献策，与师长道友共襄研讨。

---

* 田辰山：美国夏威夷大学中国研究中心、北京外国语大学东西方关系中心主任，尼山圣源书院副院长。

一、第一大义：拓展中西文明比照的视野

儒学今日之新，大义与史上历次之不同。其所谓新处，委实是在于它从 21 世纪的尼山出发。21 世纪意味着：一是人类从世界各个角落的空间接触，二是尼山作为儒学历史复兴与国际化的符号；这两个因素把今日之儒学置于时刻不可脱离、必须将视野有效地延伸至中西两种文明比照的宽阔视野。这是 21 世纪尼山新儒学的第一大义。原因是自从西学东渐和列强用武力打开中国大门，中华文明于西洋思想洪水冲击之下，不仅早已无法固守传统语境，而且是在懵懵懂懂之间，鹦鹉学舌般生硬地将一套翻译西学的话语结构强加于中华传统语境之上，使得中华传统延续数千年的娴熟天下道统、互系通变思维、尚仁价值与在这一哲学文化体系形成的中华语言叙述结构统统解构、支离破碎；夹生的半中半洋现代概念和话语让中国人陷入难堪和被动，让中国人自己的思想与行动的事业变得难以自圆其说。中国在西方话语的紧箍咒下思维，在穿着它蹩脚的小鞋走路。几乎中国近现代以来的话语都无不夹带着说洋不洋的扭曲。其中包括百年来的所称现代新儒家，他们试图融会中西、创建新儒学范式，其实都较为深度地陷入以西方话语结构建构和述说本不可以用西方话语结构建构与述说的中华儒学传统。在今天空前全球化、世界各文明近距离深刻接触的历史条件下，中国思想界的混乱胶着状态，已经使得意识到这样一种半中半洋的状态、甩掉西方话语结构与述说方式，将视野扩大到中西比照的广阔程度，厘清中国自己的宇宙观、思路、价值观和话语叙述结构，对自己的哲学和文明，对自己走的一条数千年延续的道路，达到自觉，充满自信，是到了势在必行的时候了！所以，拓展中西两种文明比照视野，是 21 世纪尼山新儒学的第一大义。

之所以拓展中西两种文明比照视野应作为第一大义，本人以为是历史的必然。今天的历史现状是，由于数百年来中国文明传统的叙述严重受到西方宇宙观、思维方式、价值观和叙述话语的染指，使得中国人如果不开

始进行中西两种文明的比照视野的拓展，不知己知彼地实现对中西两种文明重大结构性的差异深刻理解，就会继续对今天中国思想意识所处的彷徨与困惑的原因等于处在黑暗之中，就不能明白我们为什么今天会进入到从所未有的蒙昧之状、为什么会有这么多的不休争议、这么少的共识、这么经常的不知所措和惶惶不可终日的难堪局面。本人以为，一切都是弄不懂中西两种文明重大结构性差异而惹的祸。所以中国要意识到在今日世界格局中自己的位置，要看清自己的处境和角色，要看清眼前的迷局，要明辨眼前的道路，要有文明的自觉、自信和朝向自强的方向，首当其冲的一步，是弄懂中西两种文明重大结构性的差异。21世纪的今天恰好为我们这样做准备了成熟的条件：首先，有人类世界前所未有近距离的接触，为文明之间的对话带来了空前的契机；其次，中国成为世界经济大国的曙光在即，中国的物质能力已经成为中国在文化上开步的支撑；再者，中国作为一个大国，不能不展开对世界审视的眼光，一改内向自勉的旧性格。儒家思想传统是开放的，不是保守的，张开双臂拥抱世界是儒家思想的内在逻辑。实际上，中国已经日益显露出对世界责任的政治担当精神。要担当，就要知己知彼，就必然通过中西两大文明的比照达到对二者重大结构性差异的深刻认识。而担当世界政治责任，更需要中华文化精神的定力。而真正中华文化的定力，在今天这个思想意识多元的局面中，也只有通过对中西两大文明的比照来达到对二者结构性差异的深刻认识而产生于对中华文化的自觉、自信、坚定、图强。

二、第二大义："差异"比"相似"更重要

中国作为有数千年传统的礼仪之邦，似乎更习惯于"自扫门前雪"，只是长于讲"融会中西"、"容纳西学"，而不是善于发现和理解差别。其实不止是"融会"和"容纳"，更经常的是"全盘西化"的懒惰思想统治中国人的灵魂。导致的现实是，在一片"容纳"、"融会"、"全盘西化"之中，连一个"中体西用"的较为理性口号，也只是零零落落地喊

了而罢，没有插针立锥之地。数百年来，国人以"融会"、"容纳"、"全盘西化"为满足，只停留于发现中西文明在表面上的"相似"，还有的动辄以西方为现成榜样、亦步亦趋、以投机取巧地模仿为得意，实际阉割中华传统的革故鼎新精神。直到今天，人们仍在"中西方不是对立的、是可以融合的"说辞下，回避中西两大文明之间存在的结构差异；它仍然是一种有相当影响力的思维定式。这种思维定式对于认真研究中西文明，对达到深刻理解和深入到中西文明的差异中去的努力，构成很大的思想障碍。对这种思维定式来说，似乎"融会"、"容纳"是绝对真理，而谈差别，就是搞二元对立。人们似乎很少仔细思索，这其实不是中华传统的思维方式，而恰恰是堕入"二元对立"的陷阱思维。因为它是把谈"融会"、"容纳"与谈差别作为势不两立的对垒，其中只有一种谈"融会"、"容纳"才是绝对正确。这种思维定式之所以流行，之所以时髦，其原因恰恰是由于它是单向的、简单的、不费力的，不用多做更深更复杂思考。应当指出，不是谈差异就是搞二元对立，差异本身构不成二元对立，是二元对立的头脑把它们想成二元对立了。严格说，差别是一回事，用什么态度和做法对待差别是另外一回事。善于思考的人总需要问一问自己，难道没有差别、没有不同的东西而存在什么"融会"和"容纳"问题吗？不正是因为"差别"和"不同"才存在"融会"和"容纳"问题的吗？"和而不同"，"和"在后，不同在先，有"不同"，才存在"和"的问题。"不同"、"差别"是本身、是内因；"和"在一定的条件之下才造成、才出现，不是这样吗？"差别"和"融会"、"容纳"成为势不两立，非黑即白截然不可理喻的对立方面了吗？学理和逻辑恰恰告诉我们，真正要搞"融合"的、搞"容纳"的，你不去认识"差别"、不去对照、不去讲"不同"，所谓"融合"、"容纳"，不过是白说而已。不知"差别"为何物，是无从晓得"相似"为何物的。弄懂差别才能真正认识表面上的所谓"相似"；所谓"相似"，不应当是在"我们都是人类、所以都一样"这样简单前提条件的想当然而出的结论。如果这样的说法成立，就不需要学术了。大象的腿与兔子的腿都叫作腿，都是动物，但只是表面上、抽象意义上的"相似"，而在本质上、结构上却是天壤之般差异。所以本人以为的尼山新儒学的第二大义，就是通过中西文明的比照，发现差别，大讲结构性差别；当然，认识差别、讲结构差别的目的是为了通过态度上、方法上去对"融会"和"容纳"的努力。毋庸置疑，这种努力是把认识差别作为必然条件的。应该正确对待"中西融合"这个口号。把"融合"当成绝对，又只停留于话语而已，此外对差异缺乏认真的对待，这实际是拘泥于简单狭隘思维与反复重复现成讲话的定式而已，因而导致一种对"差异"的心理排斥，对它不求甚解与漫不经心。

三、第三大义：坚持中西文明作为两个不同范畴的视野

特别是在探讨中西两大文明问题的时候，其差异之所以特别重要，是因为人们需要首先认识到的是中西文明的叙事，是两个各自独立于彼此的范畴中进行的。什么是范畴？范畴就是叙述的题目，由于题目的不同，发生不同的逻辑、结构和使用着不同的言辞与话语。范畴问题其实贯穿在一切日常生活、社会实践（政治经济）活动的叙事言辞话语当中，只不过人们一般并不给予应有的关注。比如说，妻子问丈夫"今天怎么回来晚了"，丈夫反问"你昨天不是也回来晚了"，二人的对话就不是发生在同一范畴；这时的状况就是生成矛盾。如果是在同一范畴发生对话，丈夫必须因循"今天怎么回来晚了"的叙事题目、逻辑和话语，而不是生成另一个叙事题目、逻辑和话语，对话才能延续下去。这也说明，两个不同范畴的叙事，由于题目、逻辑、结构、言辞话语是不一样的，是不能进行对话的；如果硬是进行下去，只能是各说各话或发生冲突。

中西文明之间的对话是什么情况呢？笔者对这问题思索了许多年，逐渐作出的判断是二者之间的了解仍然基本上属于蒙昧状态的彼此不知，也可以说基本上没有发生真正的对话。二者是怎么相处的呢？主要有互相误解、自说自话和尖锐碰撞三种情况。互相误解是什么？是自以为互相都懂了对方，认为自己所说、所想也是对方所说、所想。如西

方人说"democracy"，中国人就认为是在说"民主"；反之，西方人也认为中国人说"民主"是在说"democracy"。西方人说"good-bye"中国人认为是在说"再见"；反之，西方人也认为中国说"再见"是在说"good-bye"。几乎没有人提出异议、意识到"good-bye"和"再见"只是二者之间权宜之计地互相翻译而已，二者其实并无等同意思。这是似乎无碍大事、可以通过的误解。不可通过的误解是无论中国人还是西方人都基本以为西方崇尚"individualism"（个人主义），中国崇尚"集体主义"（collectivism）；这时情形是，中国人可能对西方的"个人主义"采取批评，而西方人可能对中国的"collectivism"极力反对。但双方都几乎没有意识，事实上"individualism"并不在意思上等于"个人主义"；"集体主义"虽来自对"collectivism"的翻译，其实也并不在意思上互相对等。互相的批评其实表现的是一种彼此不可通过的误解。其毛病出在"individualism"和"collectivism"在西方文明范畴的语境中，是一对二元对立、彼此冲突的怨偶；"individualism"是以"一己"作终极目的；"collectivism"是以埋没个人、一己绝对被牺牲的。所以西方个人自由主义将中国的"集体主义"误解为"collectivism"，认为是很可怕的东西。中国对待"个人主义"不会理解到"individualism"的意义上去（即认为"一己"才是终极目的）。这里需要意识到的是，中华传统与西方个人自由主义不同的独具特色思维是，中国人的着眼点放在"关系"，是在关系之中看待"个人"的。所以个人主义无非是在个人和群体之间的关系上多考虑了一点自己；"集体主义"（不是"collectivism"）无非是多考虑一些自己所处的群体或域境。也就是说，在中国这里"个人主义"与"集体主义"不像"individualism"和"collectivism"之间那样绝对冲突；中国人会认为二者都是可理解的，不少人会常把价值放在多为群体或者域境考虑一些；但是对"群体"（或域境）绝对牺牲个人，或者个人绝对排斥、牺牲群体（或域境），都会认为是不适当、过分、极端的。

以上两种彼此可通过和互不通过的情况，都可归结为在误解之上的中西文明对话状况。这里加上一种历史、人为的刻意误解实践，那就是曾经处于中西文明之间从事翻译的一些人，为了达到受自己认识条件所制约的某种目的，有意识地造成中西言辞与话语可以存在对等意义的假象，导演了两种文明处于误解状态的近现代史。突出的例子一个是利玛窦，另一个可举严复。历史材料显示，利玛窦用很大力气研究中国古籍中的"天"，是要说明欧洲的基督教和中国的儒家思想是一致的，以此与中国上层君臣、士大夫取得共同语言。他向一些皇宫大臣传教时曾经说："上帝就是你们所指的天，他曾经启示过你们的孔丘、孟轲和许多古昔君王，我们的到来，不是否定你们的圣经贤传，只是提出一些补充而已。"① 百度百科关于希伯来和后来基督教的唯一神"耶和华"的词条值得人们注意。② 其中提到，利玛窦将天主教传至中国，为了便于传教，将华夏文化基督化，将拉丁文"deus"翻译成古汉字的"上帝"。③ 关于严复，最近国内有学者研究指出，清末的翻译西方著作除大多采用意译，很多也采用编译。不难想象，如果以白话或者"欧化"语言做翻译，"陌生化"译文就会与中国读者产生距离，"开启民智"之目的就不好实现。"开启民智"就是一种刻意。所以，清末翻译语言采用文言，诱因就是为迎合国内知识阶层，为宣传"新思想"以启迪民智。众多译者主张，译文之最重要功能是传递原文的"现代"意义，达到"改造中国精神的萎靡"之目的；相比之下，采用何种语言进行翻译则降为次要问题。严复译本的语体风格，就在于吸引更多知识人士阅读、接受新思想，达到启蒙效果。清末知识界当时被认为是保守成性，对任何外来事物皆予

---

① 王殿卿：《利玛窦——开启儒耶对话的先驱》，2012 年 5 月《第二届尼山世界文明论坛论文集》第三册，第 1188 页。

② 该词条由董乃强先生发至王殿卿先生，又由王先生转发给我。我看到后觉得很值得注意，它印证了安乐哲先生指出的传教士将中国思想传统附会到欧洲的宗教体系里去的观点，而且有更复杂的情况。

③ 拉丁文"deus"是耶和华的希伯来语表述。耶和华在不同西方语言中的表述已经很成问题。最开始腓尼基字母的耶和华与罗马字的对应是"HWHY"，但因为有从右到左书写问题，所以实为"YHWH"。后来通过亚拉姆文，再经过改造变成希伯来文יהוה。16 世纪，基督教把 YHWH 的意思跟希伯来文 hawah 相联系，并认为希伯来文 YeHiYeH 即"是（to be）"的将来时态；希伯来文 HoWeH 即"是（is）"的现在时态；希伯来文 HaYaH 即"是（was）"的过去时态。YHWH 实际上是这三种时态（to be/is/was）同时的综合时态。

以排斥，如采用不熟悉之新体，则会加剧其对新事物的怀疑。严复力主译本之"雅"和使用"汉以前字法句法"，是为让人接受新思想而传播所不得已采用的策略。典雅的文言翻译，可使那些对西洋文化不感兴趣甚至反感的，也开始阅读译作，西方进步思想才得以在中国深入人心，并对中国社会和文学变革产生深远影响。① 然而，这些译者始料不及，用今日之比较哲学方法分析，他们的刻意翻译实际上是已经对原有西方著作进行了两个不同范畴之间的结构性改变（改变了其范畴、结构、逻辑）。难怪今天我们将那时西方著作与它的中文译本做比较哲学的比照分析，发现牛头不对马嘴之处比比皆是。

第二种中西文明相处是最普遍的自说自话状况。很容易看到，直到今天，中西文明相处场合的中西方学者在国际学术会议上仍是司空见惯的各说各话现象。归咎于语言障碍，少有中国学者对西方学者在讲什么饶有兴趣；从另一方面也是同样，也少有西方学者有兴趣关心和聆听中国学者实际上到底在探讨什么。在牵涉逻辑、学理的问题上，很少见到中外学者真正在同一范畴逻辑、同一题目结构上的曲直方面形成过什么共同探讨的局面。至于第三种中西文明尖锐碰撞状况，则是发生在政治、经济利益以及军事等各种冲突情势，两种文明的叙事范畴、逻辑、结构的冲突也深刻编制在其中。中西文明迄今基本处于蒙昧不知、彼此误解状态的最突出特点就是显露在西方解读中国和中国接受西方解读、用西方话语阐述自己之中的那种西方刻意的和中国被动的西方中心主义。而现在，无论是中国还是西方，都到了应该意识到中西文明其实是两个不同题目、不同结构、不同逻辑的叙事范畴的时候了。现在以中西哲学比照分析所看到的西方文明叙事范畴应该说是"六合之外"，它的题目属于专门将"六合"（或曰"宇宙"——"the Universe"）之本原设定为一个超绝的本体之物，并且述说这个制造世界的上帝式东西究竟是"什么"（What）；它的结构是"一多二元"，也即一个超绝本体与它所制造出的一切物体作为构成的成分以及这"一"和"多"之间的二元

---

① 参见熊辉：《清末翻译语言的文言策略》，《中国社会科学报》第 359 期。

关系。其叙事逻辑则是从"一"作为超绝本体开始的、单线单向一直向下把一切物体穿成一线相连的 A 决定 B 的因果秩序关系，李瑞智先生称其为"铁路轨道式思维"（Railway Lines Thinking），这个一线相连秩序关系的另一个内涵就是"一"与"多"之间以及"多"之中的个体独立性上的二元对立关系。在这"六合"之内，不管任何物体进行叙述，都在那个六合之外的"一"的笼罩之中。在其笼罩之下的无论任何个体细节，无论你想看清楚什么、叙述什么，都脱离不开这个"一"的阴影。在叙述任何个体细节的时候所使用的任何概念与话语，都无不在述说接受这个"一"管辖之下的范畴、结构和逻辑。

相对之中，以中西哲学比照分析让我们看到的中国文明叙事却完全是另外一个范畴。如果西方文明叙事范畴是"六合之外"，中华文明则应该说恰恰是"六合之外，存而不论"。中华文明叙事题目恰恰是不论六合之外的怪力乱神，而是专论"六合之内"（或曰天地万物）；而专以六合之内天地万物为对象的数千年之论，也并非为它们先假设一个绝对的东西创造了它们，而是观察、总结、归纳："天地万物"是"如何"（How）生生不息地运行的？这个"如何"（How）很重要，它与西方的追究"什么"（What）就分成了两个范畴。中国先贤的结论是天地万物都是内在联系着的，这种内在联系归纳为一个字："道"。因此，中华文明的叙事本是一个"道"的范畴，是个讲天地万物互系不分的题目。它讲"六和之内"、讲"如何"（How）、讲的"道"都与西方文明完全不是一个范畴、一个结构、一个逻辑。这个"完全"很遗憾，很刺激人，但是没有办法：在学理上很实在。它的结构是天地万物本身作为构成成分以及天地万物本身之间不可分的关系。因此它的逻辑是"一多不分"；"一"不是超绝本体那个一，而是由于天地万物的互系不分呈现出它们的"浑然而一"。这个"一"不是与"多"单独存在、二元对立的，而恰恰是"道生一"，是无时无刻不与天地万物在一起的，是它们本身的互相延续而已。是由于互系而没有任何元素能够独立生成、独立出来成为超越其他事物的东西；没有哪一个物不是任何其他物的延伸与自然存在的必然条件。这种"一多不分"结构也同时必然是天地万物相反相成的阴阳式偶对通变结构。对"六合之内"范畴的天地万物来说，不管你对任何事物具体细节做论述，都在这一物与任何其所在的域境之内的他物构成的互系之中，所以无论你想看清楚什么、叙述什么，都脱离不开具体时间地点情势条件的域境化，在特定的域境化之中看待某件事物，这都不是讲个体性、独立性。而在叙述任何事物具体细节的时候所使用的任何言辞与话语，都几乎无不具有表述"一多不分"、相反相成结构与域境化、互系性关系的功能。在今天的人文社科领域里牵涉的学术，恐怕几乎没有可以不将中西这两大范畴作为大视野的问题。所以，今天谈到儒学的复兴、儒学的国际化，谈到21世纪尼山新儒学的前途，没有中西这两大范畴作为大视野，是不行的。

另外，鉴于这两个文明的不同叙事范畴，需特别交代的学理问题是，两个不同范畴的结构性差异本身并不构成二元对立。之所以这样，是二者都是试图对类似"宇宙的本原在哪里"相同问题的回答，所以在这个意义上又是源出一个范畴。应该说，坚持中西作为两大范畴的大视野，是十分必要的学理而并非态度上的二元对立；或者说，二元对立是态度而不是学理本身。这里非二元对立态度表现在重视差异的学理的范畴性、结构性和逻辑性，它的不可逾越性，还表现在意识到在搞清这种学理性的差异之间侈谈什么中西融合，是不准备费心的盲目性与非理性。否则正是在搞清二者之间学理性差异的基础上，我们才可做到态度上和策略上的避免二元对立化。尽管中西是两个不同范畴、不同结构、不同逻辑、不可逾越的不同题目话语叙事，我们也能看到，二者之间不是不可以交流和对话的。关键是怎么去对话；不同的只是：这种对话和交流，不是不问及彼此的各说各话，而恰恰是相互提及的参照话语叙事。这样叙事追求的效果一方面是把自己讲述得更清楚（自说自话是难以听懂的）；另一方面则是把将自己讲清楚的目的不是设在为了谋取软实力，而是让彼此达到原汁原味和更深层次理解。值得注意的是：尽管两个范畴不是可以实现渗透到彼此对方的结构中去那种"融合"，但二者之间一旦深入理解，必然发生相互借鉴（甚至于中华文明方面可产生适当的"中体西用"那样的）吸收对方可用之处、完善自己的效果。反之也是类似的可能。这种情况的标识只有一个，那就是坚持以是否与中华文明传统结构一致去看待中西文明互相影响的效果。

四、第四大义：开拓区别现代新儒学的新路径

坚持中西这两大范畴作为大视野，使我们可看清尼山新儒学的前途在于开拓区别于现代新儒学的新路径。一方面，新儒家所处的历史关头是西方现代思潮的冲击，其任务是如何在那样的情势下做到中华儒学思想传统的延续、继承与创新。为完成这样的历史使命，现代新儒家的希望寄托在对传统儒家思想进行改造，让它实现现代化，与西方现代思想实现融合；其具体实行是将西方现代性作为标尺，去衡量儒家思想传统的不适应"现代"与"进步"，之后大兴以西方现代理念的话语的重建或再叙述中国哲学和儒家思想遗产。但由于历史的局限，现代新儒家虽然进行了尝试却没有完全做到开拓出中西文明比照的视野，没有坚持将中西文明作为两个不同范畴大角度，所以尽管为在现代思潮的冲击之下保持了儒学和中华文化一种微弱的地位，历史功绩不可磨灭，却也在很大程度上由于将儒家思想传统的强塞入西方话语结构而对它进行了解构，使得儒家的思想在一套西方语言概念之中变得面目模糊或者根本呈现为支离破碎，失掉本身原有的范畴性、主体性、结构性与逻辑性（讲天下万物内在联系之"道"的范畴性、主体性及其"一多不分"与阴阳通变的结构性与逻辑性）。在不少现代儒家人物的论述中，儒学传统本身的观念与西方概念的话语杂说在一起，非理性地混淆中西不同的范畴及其结构和逻辑，搞出对两种范畴叙事传统的一种半中半洋地互相误读、误解，进行扭曲的一套现代学术。而我们今天所要做的创立21世纪的尼山新儒学，就是在看到了这种情况上再次实践对儒家思想传统的传承与创新。21世纪不再是现代，而是后现代。今天的西方不再是昔日现代思潮的激荡，而是风起云涌的后现代思潮。现在的形势才是我们等到的使得儒学传统再次光大、传承和创新的天时、地利、人和的大好

时机。这是因为，西方出现的本身思想传统的危机造成了后现代主义的崛起。而后现代思潮的矛头所向正是现代思潮当初最强劲的叙事范畴、题目、结构和逻辑，也就是对"绝对真理"、"普世价值"、"铁路线式思维"（李瑞智语）的质疑和批判。其归根结底是对传统的一个叙事整体的批判，也就是：谁说有一个"一多二元"？谁说有一个超绝本体与它所制造出的一切物体构成的"六和内外"？谁说的这"一"和"多"之间是二元关系？谁说的逻辑必然是从作为超绝本体的"一"开始、是单线单向一直向下把一切物体穿成一线相连的 A 决定 B 的因果秩序关系？谁说的"一"与"多"之间以及"多"之间都是个体独立性的二元对立关系？没有这么回事！西方后现代思想家在"后现代主义"的大旗下聚集，聚集的力量就是共同对这个关于绝对真理、关于个体性的虚构和以个人作为终极目的主义叙事故事的批判。西方后现代已经声称，中华的文化英雄老子和孔子，堪称西方后现代思想意识的人物。是这样的西方思想传统发生变化的现实和西方私人资本全球化经济的每况愈下与衰落，让儒学和中华文化面临了空前未有的光大、传承、创新的历史契机。在这一契机下兴起的 21 世纪尼山新儒学所奔赴的必须是一条与现代新儒家的区别开来的路径，必须是与西方后现代思潮对话和联手的、批判现代性的，甩开以西方话语建构中国哲学或叙述儒学老套路的新实践。在此历史关头，拓展中西文明比照的视野、坚持中西文明作为两个不同范畴，不是不问及彼此的各说各话，而是中西文明相互提及的参照话语叙事，在这样的叙事中实现将自己讲述得更清楚，为世界真正朝着适宜人类相互依存、和谐共处的美好前途敢于担当、作出贡献，才会历史地成为尼山新儒家的共同事业方向。

五、第五大义：符合儒学和中华文化传统结构，才是传承、才是创新

本人以为，从中西文明在彼此比照分析之下所显示出的两种不同的

叙事范畴、题目、结构和逻辑这一宏大视野出发，尼山新儒学的视角需要转到以是否与儒学及中华文化的传统结构相一致来看待它的延续、传承和创新。凡是如此的，就去坚持和发扬；否则是不利于或有损于对儒学和中华文化延续、传承和创新的。必须明确的是，近代流行的自由民主主义，是完全以西方现代文明结构，重创儒学与中国文化的主要危害。

创新具有必然性和自然性，不是刻意性的。不应该是人为的、为创新而创新，而应该是如不创新，就不堪称"儒学"。其中之关键，就是所谓创新是否符合儒学和中华文化传统结构。如果将儒家思想硬是运用到从西方引进的市场经济机制上，为它辩护、为它服务，这本是最粗暴的破坏儒学的传统结构，径直阉割追求人与人适当关系的结构，将它变成追求个人利益；将相反相成、偶对通变的关系变成简单的、以一己为中心的单线单向的维权问题。问题的要害之处，就是通过对儒家思想窃取、亵渎、滥用和损害，对儒家思想数千年延续而来的结构、逻辑进行解构，演出的不是作为教训的瞎子摸象，而是作为真理的瞎子摸象。①这是给人以表面"创新"假象，做相反的事。而人们的确大有误以为是创新的。而有的时候"儒学"的确是创新了而我们却对它没有意识。所以谈创新，这是需要一套以儒学学理的角度和方式才能看清的事情。怎样看得清，就是看与儒学或者中华文化的传统是否相符合，是对它范畴、题目、结构、逻辑之叙事的延续、传承还是对它的损害；确切地说，就是对儒家"忠恕"思想的追求人与人适当（一多不分）关系和事物相反相成、偶对通变关系的基本结构，是否是一种延续和传承。如果把与市场经济的结合说成是儒学的传承或创新，以牺牲"忠恕"思想的基本结构为代价，如何说得是传承与创新？

以是否符合传统结构衡量，我们反而异乎寻常地发现，马克思主义在中国的传播和实现中国化，竟然反而在深层的范畴、题目、结构、逻

---

① 瞎子摸象的教训是让人们警惕不要片面地看待事物。作为简单真理的瞎子摸象，是培养人们忘掉事物的整体，使人们将自己有限看到的一点道理，当成绝对真理去追求。

辑上，是儒学和中华文化的传承与创新。比较能够首先看到的，是马克思主义的中国化继承了儒家思想追求人与人适当关系（将个人放到与群体及所处的语境关系中去看待）和事物相反相成、偶对通变（"矛盾"的对立统一）关系的基结构。这一基本结构，恰恰是几十年来作为意识形态流行的各种时髦说辞和雷人讲法所欠缺的。回过头来看，如果不怀偏见，应当能够领略到，马克思主义是在中国文化被肢解得支离破碎状况下，向西方选择之路上中国人的历史必然取向，也是迫不得已的较好取向。所以在 21 世纪尼山儒学形成之始，正确处理马克思主义在中国与儒学及中国哲学的关系，不因为二者在革命中的表层所发生的必然遭遇而将二者在范畴、题目、结构和逻辑深层关系看待为是绝对对立冲突的，将其作为历史性必然大义，是十分重要的。

这是因为，现实环境是人们普遍在倾向上的偏颇与非理性；并不是根据学理、逻辑，将视野调整到中西文明比照的大角度上去，不是对儒学和中华文化的传统结构符合与否进行深入思考，而是出于浮躁心理情绪，把马克思主义放到对立面去看待，在它与儒学之间搞势不两立，不仅如此，还在马克思主义与自由主义之间找朋友，在儒学与自由主义之间找朋友，即便它们不能成为朋友；这反映了很不深入的学术氛围。这种不深入、不理性的氛围所能导致的要害问题是，它可危及中华民族于今天正处于的一种难堪政治。它就是，今天将儒学与马克思主义作为势不两立对待，实在是鹬蚌相争，渔人得利。这个渔人是自由主义。它已经不是学术范畴问题。这三者今天所呈现架势，不是学术架而是政治架。因为它影响的是决定中国怎么走，这个决定不是凭理性，而是凭浮躁情绪。鉴于它是政治架势，此时关注马克思主义在符合传统基本结构上构成一种对儒学的现代传承与创新，将对这个政治架势朝着有利于中国平稳度过信仰（政治）危机以及可能相伴随的社会危机，产生积极的影响。

马克思主义与儒学的契合，在学理上与操作上共有两个层次。学理上的契合，就是说的二者在范畴、题目、结构、逻辑、价值观上有构成融合的确凿性。而操作上的契合是：第一，马克思主义在欧洲出现与中国诉求相合的历史性恰逢其时；第二，政治方面人民性的契合。

笔者在各种场合多次阐述过，儒学是一种截然区别于西方文明意义的哲学。另外，毋庸置疑地，马克思思想是在众多西方思想流派之中，更多、更深地与儒学及中国哲学进行对话的，表现出比其他任何西方学派对儒学传统更大的融通性，它不能不让我们去思考马克思的思想究竟属于什么结构，它必然是马克思思想的深层结构。而为说明马克思思想属于什么结构，需要介绍西方思想传统的"第一问题思维"。"第一问题思维"是西方一种非特定严格意义的宇宙观，不以单一单向线性逻辑顺序作为前提的设定思维方式；以特殊性构成事物的秩序，具有模糊性和美学性；认为存在是非绝对质性的，其最终不可分性是不可能的；它注重非确定性，注重变化与过程性；它的抽象方式在于抽象为可能性，非秩序，是互系，以互系作为秩序，它是实在事物构成内在联系的表现。赫拉克利特是典型的西方第一问题思维者。马克思属于西方第一问题思维。最明显的认定就是马克思主义认同和赞许赫拉克利特。①

更进一步可以确切地说：马克思主义结构不是一多二元。决定马克思思想不是一多二元，关键的有三点：一是它的无神论；二是申明世界一切事物都是互相联系的；三是它的宇宙观是一切变化。是因为在这样三点上，它否认西方主流的超绝主义与二元主义，也等于否认一多二元结构。所以，马克思主义可说成是西方思想传统异军突起。马克思不是经济决定论者、物质决定者和科学技术决定论者。马克思的非一多二元思想结构导致他不可能是形而上学、二元主义的线性单向决定论者。在西方和中国都有一些人，有一种已经形成定式的说法，把马克思叫作

---

① 恩格斯在《反杜林论》中写道："当我们深思熟虑地考察自然界或人类历史或我们自己的精神活动的时候，首先呈现在我们眼前的，是一幅由种种联系和相互作用无穷无尽地交织起来的画面，其中没有任何东西是不动的和不变的，而是一切都在运动、变化、产生和消失。这个原始的、素朴的但实质上正确的世界观是古希腊哲学的世界观，而且是由赫拉克利特第一次明白地表述出来的；一切都存在，同时又不存在，因为一切都在流动，都在不断地变化，不断地产生和消失。"（《马克思恩格斯全集》第20卷，人民出版社1971年版，第23页）

"经济决定主义"或"科技决定主义"。但是，这种逻辑并不存在，马克思根本就不持有一些人们所认为他有的观点！他的自然宇宙观与非二元主义逻辑，决定着他不是决定论，也不是意志论。

在"内部联系"或"内在联系"两个概念境况上马克思不可能成为绝对论和二元论者。这也正是马克思提供给以儒学为主体的中国哲学在哲学上与它对话的可能性的地方。它能在中国被接受正是因为它的非超绝主义和非二元主义，而且也正因为中国是通过本文明的传统范畴、题目、结构、逻辑的以观关系为中心的视野，以自己的历史、经验来理解马克思或者马克思主义的。郝大为和安乐哲（David Hall and Roger Ames）指出："由于没有西方式的二元观点所建立起来的本体上的分离视野（即某些决定性的原则与它们所决定的事物是分离着的），一切事物的联系性观察就产生出一种互系模式的哲学思维和互系模式的宇宙秩序的解释。"

马克思主义在中国的落户形式，大量是对以儒学为主体哲学传统叙事范畴、题目、结构、逻辑的再阐释和再整合。虽然这种整合在表面上也呈现反传统现象，但在深层却沿袭其深层结构和逻辑，是运用现代语言在现代语境中的基本深层结构保留，换得在一套全新的现代语言体系中的弘扬。这是需要进一步细致的厘清分析工作可以认识的。例如，以"中和"思想为例，原本对人与人之关系的重视，追求社会和谐和对大同理想的追求，在其现代形式的中国化马克思主义中是"为人民服务"，是将"仁"视为众生平等，将"礼"视为做好本分事而阐述的。有人曾说："官，民，士平等为仁；人民安心做好本职工作，造导弹，扫大街无高低贵贱，又同时敬老爱幼为礼。"这就是儒家思想的现代表述和发展。刘少奇会见时传祥的典型事件展示的是：人只有社会分工不同，没有由于职业而导致的社会不平等。新话语不仅阐述了和谐，而且还阐述了和谐的根本条件。比较近现代众多西方思想学派涌入中国，只有马克思主义在中国生根开花，正是因为它与儒学及中国哲学有更大结构性的融通性。通过对马克思主义与儒学传统进行中西比照分析，可清楚确凿地看到二者的学理性一致，而且在实践上也不是互相倾轧的，而是可以统一起来的。如果什么时候出现了将二者对立了起来，那是我们自己头脑错误地走向了二元对立，我们的理论和实践出问题了。

六、第六大义：迎接人类第二次的文艺复兴与启蒙

21世纪尼山新儒学应该有为实现人类第二次文艺复兴和启蒙创造人文条件的大义。第二次文艺复兴和启蒙是区别于仅具欧洲意义的第一次文艺复兴和启蒙。第二次是地球上全人类的，更是以东西方汇合为特征的，它是复兴人类传统文明有利于全类生存与持续发展的精神，是一种和谐的态势。它表现人类的重视精神发展，不是物质与技术的单打一发展，而是物质与精神的结合发展。属于欧洲的第一次文艺复兴与启蒙，是西方的打倒宗教迷信，恢复古希腊的人文精神。属于全人类的第二次，则是打倒对科学的迷信，让人从科学主义的奴役下解放出来，把关系颠倒，让科学成为人的工具，以地球任何地方的人走到一起，共同发展、共同繁荣为目的。打倒科学主义不是打倒科学，而仅是打倒以科学作为手段的极端主义及其反自然倾向，提倡科学的人类主义，以人类的生存和发展为目的。也就是说，把科学作为世界观，作为为人类服务的方法论。这需要恢复和发展西方的第一问题思维，提倡以它作为指导的与第二问题思维的结合。纠正知识至上主义，提倡对智慧的追求。这个伟大的时代，将不再是以西方单一价值系统为主宰的一统天下，而是世界各民族文明文化的参与与对话，多种人文价值交流与互动的生动活泼状态。

第二次文艺复兴和启蒙将是从现在开始的今后一个历史阶段。它包括西方的后现代意识（也即包括对西方现代性的批判和对思想文化传统的觉醒），同时包括东方文明与思想文化的崛起。西方和东方都有一个寻找历史、重新审视传统和恢复自己传统中的优秀精神元素的意识。这个时代的客观条件是全球化的条件，就是全球化带给人类面临的各种各样的不可回避的未来生存和发展问题。这些问题已超出追求现代性所赋

予人类的能力。换句话说，恰恰是一味追求现代性及科学主义的迷信带给了人类今天的危机。在中国，它就是重新强调儒学及中华文明传统的追求人与人、人与自然的适当（一多不分）关系和事物相反相成、偶对通变关系的基本结构和逻辑，再也不能让任何教条束缚我们的思想；更现实地就是不能让西方的"普世价值"教条禁锢我们的思维；不能让被历史经验证明失败的古典自由主义和新自由主义成为我们的教条。需要打破西方话语结构，需要拒绝用西方话语结构硬性强加于东方思想文化。现在势在必行的任务，是创建后现代时期的新话语结构，使用现代语言阐释儒家与中华文化意义的博大精深之处。这个后现代时期的新话语结构，就是中西方两大文明叙事范畴整体比照的话语结构，也是与儒学与中华文化相一致的范畴、结构、逻辑。

第二次文艺复兴与启蒙包括后现代时代的儒学发展。它发展的目的在于与西方后现代意识的对话。它要求对儒学精义实行现代语言的阐释。儒学是个博大的体系；所谓体系，是说它具备中华哲学思维结构之中的内在性、互系性、逻辑性、系统性和开放性。这个博大精深的体系，是以中华文化的宇宙观（天下观）、通变思维、互系性语言体系、万物浑然为一的价值观为内涵核心延展与深入的。尼山新儒学，应是这一系列范畴理念为结构建设起来的体系。这个体系含义为"互系与延续"的"一"，是凝聚中华民族心理最根本的依赖。是它使得中华文化的传统美德最终免于西方"普世价值"的解构，最终使中华文化找到自己的语言和话语，不是在失语之中消亡，而是找回属于中华民族自己的精神。

应当说，西方文化从未放弃对中华文化的渗透，其中有一百多年来中国人使用西方语言概念和话语结构解释和解构儒学和中华思想文化的原因。大量的使用如本体论、超越、宇宙等这样的概念用于讨论儒学和中国哲学，就是不可回避的例证。正是由于一直到今天，以西方视角、标准、思维、话语审视儒学仍流于一种人们不假思索的习惯；尤其知识精英已将这种文化思维作为评判、取舍儒学乃至中华文化的习惯标尺，才有必要提出，百年余养成的这种文化范式，在多大程度上可标榜为现代进步，又在什么意义上成为误导和束缚人们思考的枷锁？开始对这两个问题进行理性的反思，是在这样的意义上，酝酿一场新的思想解放，开始人类走向新文明思想启蒙的步伐。它必然是一次更为深刻、地覆天翻的思想文化变革。要推动它在中国的开始，它一定是今后一两代人文化思维定式的转变；接着，则是难度极大、相当长期的由几代人无怨无悔地投入与奉献，然后达到文化思维创新、实现儒学历史命运的根本转变，期盼东方文明复兴的喷薄初上的曙光。

美国中西方比较哲学家安乐哲教授提出必须从以往对孔子与中华文化的"西化"认知模式中跳出来，复归以儒家自己的思维方式去理解自己的精神。许嘉璐则提出，中国学者如有所作为，就要推动中华文化真正走向世界，必须从百年来形成的西化思维定式中解放出来，"卸下镣铐跳舞"。西方未来学者奈比斯特也提出："抛开西方人的视角和态度，用中国人的眼光看待中国。"在这个意义上，推动的中西方的真正互相理解，将对整个人类文明的未来发展，具有划时代意义。现在已有不少学者在人类需要一次新的文艺复兴和启蒙运动的议题上进行思考。让这一动议成为尼山新儒学的大义。本人在这个问题上所想到的，就是第二次文艺复兴也非对东西文明范畴进行比照分析不可；要进行这样的比照分析，非在结构、逻辑上进行不可；要比照结构和逻辑，非有"一多二元"和"一多不分"这样的整体性视角不可。没有贯穿东西文明叙事范畴的比照分析，问题就讨论不清楚，认识总不能到位。

要让儒学和中华文明的"和而不同"理念走向西方，因为西方"一多二元"结构逻辑的偏颇已不适应全人类生存发展前途，而恰恰儒家和而不同思想的"一多不分"，可对"一多二元"给予补正，提供另一种更宽阔的思维路向。"一多二元"和"一多不分"的差异，实际一直阻碍着中国与西方的沟通。这个障碍的拆除，不是只要会几句外语就可以解决的。历史已经显示，"翻译"并不等于"沟通"。中国需用西方能够听懂和理解的方式和语言介绍自己，西方则需用一种态度转换角度，才能理解中国。将这两个结构逻辑的差异搞清楚，沟通与相互理解的障碍才得以拆除。尼山新儒学需担当这个重任，首先自己需搞清要从"一多二元"和"一多不分"的差别看问题，然后达到能从此视角、以此种方法将儒学的精义向世界传播。

七、第七大义：争占中西文明比照视野的学术制高点

21 世纪尼山新儒学要争占利于在本世纪儒学光大、传承、创新的中西文明比照视野的学术制高点。此制高点非所有人都可达到，只为具攀登制高点气质的人们所设。"会当凌绝顶，一览众山小。"杜甫诗句是具攀登制高点气质心胸的绝妙譬喻。它是说，必须有广阔的胸怀，使众山可尽收眼底。也是要大气，要充分展示海纳百川的儒家胸怀，有最广大包容之度，团结一切可团结之人。尼山是所有热爱儒家思想人的尼山，它来者不拒，向所有崇尚、践行孔子思想的人开放。

无人不晓"子在川上曰，逝者如斯夫，不舍昼夜"，它与"道法自然"意义相通。21 世纪尼山新儒学要成就一番事业，必秉承自然之意。成功是自然之理、自然之道。顺自然之理而趋，遵自然之道而行，国则自治，人则自正，而新儒学自成。儒学原为人、社会、宇宙之自然道理。儒者自己即是此种自然而然、能动和与他人他物互系不分。自然、不刻意为之品格，为自然状态之表现。倘若果与现代文明有所染指，将失去此种气质。相对于他人，你将重区分、自视属于外力，你要有为，要刻意，要与他人构以单向上下关系。而一旦处此状态之"有为"、刻意，你将掐断与他人他物的"法自然"之道，掐断与儒学德心道义之缘分，臆想"他"物可由你"所为"而左右，实是已发生对自己的异化，绝于自然。直白些说，即是尼山新儒学不行极端、不立山头，虽在制高点，不是制高点。

然而，循自然之理而行，不是与敢于担当精神左错。而是充分展示大义浩然之气与敢于担当精神，此也当是尼山新儒学本涵之义。就是说，懦弱不是儒家，儒者眼里不揉沙；要有斗争精神。儒家倡导的不是一团和气的和谐。问题关键之点不是讲还是不讲斗争，而是绝不回避斗

争。反映儒家本质的话是：不讲斗争就是不讲"义"，更谈不上"仁"。至关重要点是向谁斗争、如何斗争，绝非不斗争。争占中西文明比照视野的学术制高点，也是深谙与娴熟掌握中庸之艺术；如同对待眼睛那样，谨慎认真对待儒学学问叙事与付诸实践在特定情势地点与时间相合的恰到好处。儒学的包容性、从容性、开放性、创新性、担当精神是攀登学术制高点儒者的气质。

八、第八大义：学习辜鸿铭，投身儒学的国际化事业

我最近才越来越意识到，今天谈中华文化自觉、文化自信，谈儒学国际化事业的话题，如果不提起辜鸿铭，不能说是在该在的路上；所以，今天在这儿谈论21世纪尼山新儒学兴起，也必须鲜明地提起辜鸿铭。也可以说，尼山新儒学如果意识不到辜鸿铭对于我们要做事业的意义，也等于自己还没有弄清楚打着"21世纪新儒学的旗帜"，我们要做的究竟是什么。笔者这样想的缘由是，中国需经过一个将西方文明搞懂的过程。它首先是个人完成的，同时是全民族的过程。有些个人首先完成这个过程，等众多人完成了它，形成了主流意识，便是全民族完成了这个过程。其实中国迄今有众多个人已经一个接一个地完成或正在完成这个过程。辜鸿铭当是完成此过程之第一人。对全民族来说，这个过程仍在进行当中，尚未完成。大量现象表明，许多人物仍处在一百多年前的蒙昧无知阶段。辜鸿铭对全中华民族走完这个认识过程，至少有五点启示：第一，中国对西方文明的蒙昧，其标志恰恰是对辜先生的误解、偏见、不屑一顾与嘲讽；第二，辜鸿铭的先知先觉，将自己同胞远远甩在后面；第三，中华文化自觉，非有贯通中西文明的彻悟不可；第四，在中西文明贯通之意上，一百个胡适也比不上一个辜鸿铭；第五，儒学的国际化事业需要辜鸿铭式的贯通中西的人才。

辜先生是学贯中西第一人。他是能与俄国思想家列夫·托尔斯泰以书信讨论世界文化和政治的人。他被印度圣雄甘地称为"最尊贵的中国

人"。他因为翻译"四书"中之三部，与泰戈尔同在 1913 年被提名诺贝尔文学奖。他所著《尊王篇》、《春秋大义》、《中国人的牛津运动》、《为祖国和人民争辩》等书目、文章，有的被列为北大哲学系必读篇目。辜先生以"19 世纪中国最著名大哲学家"的名声，享誉欧洲、日本。十几岁时，辜先生从西方最经典的文学名著入手，以背诵方法迅速掌握英文、德文、法文、拉丁文、希腊文，以优异成绩被爱丁堡大学录取，得到校长、著名作家、历史学家、哲学家卡莱尔的赏识。之后，辜先生赴德国莱比锡大学等著名学府研究文学、哲学，声名显赫。他的著作成为学校指定的必读书籍。在欧洲留学 14 年，掌握 9 种语言，获得 13 个博士学位，成为精通西方文化的青年学者。许多西方人士对这样的成就感叹不已。

不料回归祖国之后，辜先生怀着一颗呵护中华文化忠诚的心，却被误解为中国封建文化的保守主义者。追其缘由，就因为他记着义父语重心长的教导："我若有你的聪明，甘愿做一个学者，拯救人类；不做一个百万富翁，造福自己。你可知道，你的祖国中国已被放在砧板上，恶狠狠的侵略者正挥起屠刀，准备分而食之。我希望你学通中西，担起富国治国的责任，教化欧洲和美洲。""能够给人类指出一条光明的大道，让人能过上真正是人的生活！"还因为年轻的他，亲身见证了 19 世纪中叶欧洲从资本主义走向帝国主义，拜金主义泛滥，物欲横流，道德沦丧，将掠夺钱财、奴役他人当作梦想的现实。辜先生见到欧洲志士仁人致力于寻找可抵御社会败坏的精神武器，使得他们关注到沉睡的东方中国。辜先生经历这样西方的历史社会文化背景，带着导师——英国爱丁堡大学校长，英国著名作家、历史学家、社会批评家——卡莱尔的影响，听从了父亲说得明明白白的"回到东方来做个中国人"的遗嘱。

辜鸿铭是驳斥"黄祸论"第一人。当 19 世纪末欧洲上空盛刮"黄祸论"之风。德皇威廉二世画了一幅《黄祸图》送与俄国沙皇尼古拉二世，危言耸听地说中国代表的黄种人将是欧洲之威胁，欧洲白人需联合对付黄种人。针对西方弥漫的此种反华论调，辜鸿铭发表英文《文明与混乱》，在理论上指出"黄祸论"的无稽之谈，揭露西方的霸道政治，足显其文化英雄的本色。辜鸿铭是捍卫东方文化第一人。1891 年，俄国皇太子尼古拉及希腊亲王一行游历中国抵达武昌，辜先生随张之洞招待迎接。宴会上，当尼古拉与希腊亲王用俄、法和希腊语窃窃私语地诋毁中国文化乃至张之洞，未料竟为辜鸿铭听懂且当场戳穿，致使现场所有外国人错愕不已。事后好久尼古拉仍心有余悸，感叹"各国无此"辜鸿铭式"异才"，以致临别时竟送辜鸿铭刻有皇冠的怀表以示崇敬与歉意。

辜鸿铭是让中国文化走出去第一人。1883年他发表题为"中国学"的英文文章，成为第一次让中国文化走出去的人。19—20世纪，他史无前例地作出让中国文化走出去的工作，先后翻译《论语》、《中庸》、《大学》为英语，相继在海外刊载、印行。1901—1905年间，他发表《中国札记》，强调东方文明的价值。1909年他出版英文《中国的牛津运动》，在欧洲尤其是德国产生巨大影响，一些大学哲学系将此书列为必读参考书。1915年他的英文著述《中国人的精神》引起轰动，之后被译成德文、日文等多种文字。在德国掀起"辜鸿铭热"，一些高校和学术机构成立"辜鸿铭俱乐部"。他的名字在欧洲几乎变得家喻户晓。西方流传"到中国不可不看辜鸿铭"，就是由此而来。不仅如此，辜先生还把不少英文报刊作为评论西方问题、阐扬"周孔之道"的地方。许多西方人读他的文章感到既惊讶又佩服。

辜鸿铭的顶天立地中华文化英雄气概，表现在他针对八国联军侵华事变，用英文写就《尊王篇》（*Papers from a Viceroy's Yamen*）。辛丑议和，列强叫嚣拆毁大沽口炮台，辜鸿铭大声疾呼：我提醒世界注意，在中国存在一个更危险的炮台——传教士炮台。我斗胆预言，假若这一炮台不引起世界应有的关注，很快甚至连外国人在中国谋生都不可能——除非抢！鲜有人知：北京沦陷，八国列强最初所定议和条件竟包括"惩办慈禧太后；光绪皇帝亲赴德国向德皇赔罪；赔款白银9亿万两"等。而除关于慈禧与皇帝款项外，李鸿章准备悉数答应。为此，辜鸿铭愤慨不已，当面指责李鸿章"卖国者秦桧，误国者李鸿章"。此外，辜先生亲自与联军统帅交涉，作英文《尊王篇》，《清史稿》记载："汤生以英文草《尊王篇》，申大意。列强知中华以礼教立国终不可侮，和议乃就。"

辜鸿铭备受有识之大家的尊重。美国海军将军艾文斯1902年从美国"肯塔基"旗舰向辜先生致信:"我亲爱的先生:承蒙您厚爱,送书给我,请允许我向您表示谢意。我怀着浓厚的兴趣读完了您所写的每一个字,我相信我受益良多,最后,我在许多深怀兴趣的问题上站到了中国人一边。"① 吴宓以"极热烈之爱国主义者"之言盛赞辜先生。如此评价说:"盖辜氏久居外国,深痛中国国弱民贫,见侮于外人,又鉴于东邻日本维新富强之壮迹,于是国家之观念深,爱中国之心炽,而阐明国粹,表彰中国道德礼教之责任心,乃愈牢固不拔,行之终身,无缩无倦。"②"自诸多西人观之,辜氏实中国文化之代表,而中国在世界唯一之宣传员也,顾国人之于辜氏乃不重视,只知其行事怪僻、思想奇特,再则服其英、德、法等国文字之精通而已。"③ 共产党人先驱李大钊说:"愚以为中国二千五百余年文化所钟出一辜鸿铭先生,已足以扬眉吐气于二十世纪之世界。"④ 国学大家罗振玉说:"乃知天之生君,将以为卫道之干城,警世之木铎,其否泰通塞固不仅系于一人一国已也。"又说:"至君论事于二十年以前,而一一验于二十年后,有如蓍龟,此孔子所谓'百世可知',益以见其学其识洞明无爽。"⑤ 林语堂也备至推崇:"有深度及卓识,这使人宽恕他许多过失,因为真正有卓识的人是很少的。"⑥

辜鸿铭是走出庐山看庐山,文化自觉第一人。他践行的是一条"走出庐山、回过头来识得庐山真面目"的道路。走出庐山,是走出中华文化的"庐山",到西方文明内部去,在西洋"庐山"里边去认识它,将它搞懂,这才算是"走出庐山"。然后,再从已经认识西洋"庐山"的基础,与它比照,从西洋"庐山"方向(也是从外部)回首注目中华"庐

---

① 《辜鸿铭文集》(上),黄兴涛等译,海南出版社 1996 年版,第 185 页。

② 转引自辜鸿铭:《中国人的精神》,黄兴涛、宋小庆译,海南出版社、人民出版社 2010 年版,第 218—219 页。

③ 转引自辜鸿铭:《中国人的精神》,黄兴涛、宋小庆译,海南出版社、人民出版社 2010 年版,第 217 页。

④ 转引自辜鸿铭:《中国人的精神》,黄兴涛、宋小庆译,海南出版社、人民出版社 2010 年版,第 178 页。

⑤ 《辜鸿铭文集》(上),黄兴涛等译,海南出版社 1996 年版,第 212 页。

⑥ 夏丹、孙木犁选编:《辜鸿铭作品精选》,长江文艺出版社 2004 年版,第 2 页。

山"无限风光的壮美。是这样才算是完成"识得庐山真面目"的过程，既有身在此山中的看待，也有外在地去看待它的视野。这样达到真正认识它，才能找到什么是中华文化的"自我"。辜先生出中华"庐山"，入西洋"庐山"，又回首、返归中华"庐山"，感悟发现了什么才是中华文化的独具特质（或曰"文化自我"）。辜先生是真正搞懂西方文明第一人，也作为中华文化自觉第一人。

辜鸿铭提出了如何评估文明价值的以人为本标准。他说："要估价一种文明，我们最终要问的问题，不是它是否修建了和能够修建巨大的城市、宏伟壮丽的建筑与宽广平坦的马路，也不是它是否制造了和能够制造漂亮舒适的农具、精致实用的工具、器具和仪器，甚至不是学院的建立、艺术的创造和科学的发明。要估价一种文明，我们必须要问的问题是，它能够造就什么样子的人（What type of humanity），什么样的男人和女人。事实上，一种文明所造就的男人和女人——人的类型，正好显示出该文明的本质和个性，也即显示出该文明的灵魂。"① 辜先生指出：中国人的性格和中国文明的精深、博大和淳朴，还要加上一个优雅，是很大程度上，除了古希腊及其文明以外，很难在别的地方再找到的。② 他的结论是："正是中国，存在一笔无法估价的、迄今为止毋庸置疑的巨大的文明财富。这笔财富，就是真正的中国人。"③ 无独有偶，17世纪末德国哲学家莱布尼兹早在200年之前就对中国人的文雅和西方的粗鲁进行了对比，堪称与辜先生有相同的发现，可与辜先生互为佐证。

辜鸿铭一针见血指出现实的症结"认错题目"中国自清末起就开始"认错题目"。本人以为，其根本原因是，中华民族整体来说尚不存在基于贯通中西而对西方应有的必要认识，而盲目崇拜西方使得中华

---

① 辜鸿铭：《中国人的精神》，黄兴涛、宋小庆译，海南出版社、人民出版社2010年版，"序言"第1页。

② 辜鸿铭：《中国人的精神》，黄兴涛、宋小庆译，海南出版社、人民出版社2010年版，第2—3页。

③ 辜鸿铭：《中国人的精神》，黄兴涛、宋小庆译，海南出版社、人民出版社2010年版，"导论"第7页。

文化失去自我、自信，堕入自卑、自悲、自残、内乱。正如辜先生所说："中国的文人学士，在欧洲现代物质实利主义文明的破坏力量面前无能为力，正如当年英国中产阶级面对法国革命的思潮和理论时束手无策一样"；"当前的危险，不是人们顽固地拒绝一切，一味地抱住陈规故套不放……而是他们太过轻易地便以某些新奇之物相取代，或者连陈规新矩一并蔑视，以为随波逐流即可，毋需麻烦自己去考虑什么理性和上帝的意志。"① 辜先生还解答了中国为什么现代在技术上不如西方的原因，还未曾有过第二人有过如此透彻的见地。他说："余少游西洋各国，习其语言文字，因略识其沿革立国缘由。夫西洋近百年来风气盛开，讲智术，精造器，惟生齿日繁，故航海东来，于是东洋诸国因亦多事。我中国自古圣人教民，重道不尚器，故制造器械，皆远逊西人。"② 辜先生还痛心疾首地指出："主要是那些暴发的买办阶层和一部分卑劣的文人学生，那些具有粗俗的中产阶级庸人智慧而缺乏像满族贵族那样高贵天性的人——主要是他们这些暴发户和卑劣的文人士大夫，——渴望欧洲文明的物质享受，因而叫嚣要欧化中国"③；"天下非无士也，似士非士者杂之，而有士如无士也"④；"中国未经外人瓜分，而固已瓜分矣"⑤。

辜鸿铭对中国自咸丰同治而来源自对中西之肤浅理解而导致之恶性循环生动概括："窃谓中国自咸同以来，经粤匪扰乱，内虚外感，纷至迭乘，如一丛病之躯，几难着手。当时得一时髦郎中湘乡曾姓者，拟方名曰'洋务清火汤'，服若干剂未效。至甲午，症大变，有儒医南皮张姓者，另拟方曰'新政补元汤'，性燥烈，服之恐中变，因就原方略删减，名曰'宪政和平调胃汤'。自服此剂后，非特未见转机，而病乃益将加剧焉。势至今日，恐殆非别拟良方不可。"⑥ 辜先生对他所处时代的

---

① 《辜鸿铭文集》（上），黄兴涛等译，海南出版社 1996 年版，第 279—280 页。
② 《辜鸿铭文集》，岳麓书社 1985 年版，第 44 页。
③ 《辜鸿铭文集》（上），黄兴涛等译，海南出版社 1996 年版，第 325 页。
④ 《辜鸿铭文集》，岳麓书社 1985 年版，第 35 页。
⑤ 《辜鸿铭文集》，岳麓书社 1985 年版，第 33 页。
⑥ 《辜鸿铭文集》，岳麓书社 1985 年版，第 51 页。

概括，我们还用加什么额外之字来描述今日眼前之状么，我以为不用！

在很大意义上，辜先生时代的争论仍然是今天的争论，造成辜先生时代动乱的也仍然是今天在发生动乱的隐患，一切似乎都尚在继续……这也是我们处于今天应担当的儒学国际化、让中华文化走出去之所以将辜鸿铭先生作为先驱与榜样的必要性。否则我们绝对不会意识到自己在做什么。辜先生的命运和孔子很相似，活着的时候，甚至死后很多年，并不被人们理解，甚至被当作怪人。孔子活着时候，也不曾被世人理解。今天，如果中华的此种悲剧已成过去，应当不难理解，辜鸿铭所倡导的真正是世界的。辜先生苦口婆心地向西洋解释中国儒学的"好公民宗教"理念。先生以为在贯通中西视角下，它才是新文明的秘密。这也被今天西方后现代思想家到中国两千多年前的孔子、老子那里去汲取后现代思想的营养的现象所印证。

辜先生一百余年前说的话，今天还是并不过时。任何想真正了解这个世界的人，想为儒学、中华文化乃至这个世界做事情的人，是不能不看辜鸿铭对中西方的分析的。中国需要理解当今这个世界，辜鸿铭的著作就仍然是不可或缺的课本。在认清中西方的问题上，在中国文化会对西方和世界具有什么价值的问题上，中国至今没有超过辜鸿铭的人。辜先生是真正智慧中国人的楷模，他的历史功绩是不可估量的。先生在中国人心中尚未获得他本应获得的尊重。正确评价与对待辜鸿铭，是考验中华民族对自己文化走出去是否已经成熟的标志。

中国亟须尽快完成全民族的对西方文明充分认识的过程。中国亟须尽快培养全民族对中华文明的自觉、自信、自强意识。中国亟须尽快培养全民族的将中华文明讲述给别人的能力，帮助人们如实地了解中国的现状，让世界对中华文明充满理解与尊重。"不仅可以解决中国问题，而且可以防止文明的彻底毁灭"[1]。这样辜老先生说得多么好啊！践行辜鸿铭的道路，做辜先生的后人，我以为是21世纪尼山新儒学之最根本之大义。让我们投身儒学的国际化事业，让尼山成为世界的！

---

[1] 《辜鸿铭文集》（上），黄兴涛等译，海南出版社1996年版，第98页。

书院与当代教育

尼山铎声

书院再兴与中华文化复兴

王殿卿 *

内容提要：中华文化复兴，必有儒学的复兴；而儒学的复兴，须有书院教育的再兴。书院再兴可能有助于高等教育的改革，从而推动中华文化的复兴。纵观历史，中华文化的历史命运与中国的国情及国际地位息息相关，因此中华文化的复兴教育是中国教育的新拐点。古代书院教育可使中华文化良性循环及丰富发展，可见书院文化功能之长，可能正是当今教育，尤其是高等教育之短。因此，取古之长，补今之短，可能是教育改革的一个重要切入点。中华文化与中国书院教育，两者相辅相成，命运相通。中华文化的生命力，决定着书院教育的生命力。为适应国人文化自觉与中华文化复兴的大势，一些著名大学开始建立或恢复"孔子研究院"、"国学院"、"儒学院"、"国学研究所"等新组织及活动。由此发展趋势可见，书院元素在当今学术活动中开始复苏。

关键词：书院；中华文化复兴；书院教育；儒学；国学

回顾中国教育文化发展史，对于书院教育，应有客观公正的评说。而今，探讨书院教育再兴，可能有助于高等教育的改革，建设属于中国的学校教育，从而提升国人的人文素质，推动中华文化的复兴。当

---

* 王殿卿，北京东方道德研究所名誉所长，尼山圣源书院常务副院长，国际儒学联合会儒学普及委员会副主任。

然，中华文化复兴，必有儒学的复兴；而儒学的复兴，须有书院教育的再兴。

一、中国教育新拐点

唐代张九龄论及书院说："文王多士，周室以宁；武帝得人，汉家为盛"①。然而，书院教育的功能，不仅是造就人才，还在承传与繁荣民族文化。汉代以下的教育，尤其是自唐至晚清的书院教育，对于传承与发展以儒学为主体的中华文化，有巨大贡献。

重视各种技术人才培养，忽略承扬民族文化，是近代以来发生的一种教育误导或严重失误。在"重器轻道"、"重理轻文"的背后，是教育的中华文化主体性逐渐消失，中国教育如果自觉不自觉地"去中国化"，学校就极易沦为全盘西化的工具。一旦失去自己民族文化主体性的教育，就难免不蜕变为"殖民地"或"后殖民地"的教育。若造成此种教育现状，何以培育中华民族"文化认同"、"文化自觉"、"道德情操"、"爱国情感"和"民族精神"，何以实现中华文化乃至中华民族的伟大复兴。

近百年来中华文化的历史命运，与中国的国情及国际地位息息相关，弱国无外交，而弱国的文化，也必然成为弱势文化。在强势文化的残酷冲击下，教育也难以幸免，直至沦为强势文化的工具，使得两三代国人疏离了自己的民族文化，造成当代难以弥合的文化断裂。

中国书院教育，源于盛唐，毁于晚清，它与中华文明共存荣。秦统一六国，行"书同文、车同轨"，使中国成为统一的国家，而"重武夫，轻士人"，"焚书坑儒"等毁灭文化的历史过错，成为后世之师。汉代"罢黜百家，独尊儒术"，使中国有了统一的思想。唐代盛世，文化繁荣，书院问世，使中国有了统一的教育。宋代"四大书院"，标志书

---

① 转引自邓洪波：《中国书院史》，东方出版中心2004年版，第54页。

院教育的新发展。明代，尽管有百年损毁，书院教育仍然达到繁荣与辉煌。清代，书院教育由官办推向普及，经教会书院的过渡，走到 1901 年，清政府仓促"改制"，中华文明史上延续 1300 余年的书院，全部改为新式学堂，"兼习中学、西学之学校"。这对延续中华文化命脉，是一种"釜底抽薪"、"矫枉过正"。从此，中国教育进入全盘引进欧美教育的新纪元。

中国书院教育已消失百年，欧美教育在中国也时兴了百年；强势文化对中国已冲击百年，中华文化亦断裂百年。进入 21 世纪新的百年，随着中国人的文化新觉醒，对东西文化观念的新转变，以往百年的历史，可能面临一个新的拐点。

二、书院教育的智慧仍可借鉴

1300 岁的中国书院教育，凝结着世世代代中国人的教育智慧，其中有跨越时空、超越偏见、用之不竭的教育资源，更有可供今日书院再兴的经验教训。

(一) 背景

唐代盛世，文化繁荣；各方富户，重视参与；知识群体，文化自觉。这"天时"、"地利"与"人和"，是书院诞生与发展的前提条件。而今的中国，已经具备了再兴书院的条件。

(二) 体制

中国书院教育，虽有民间与官府两个系统，但是，以民间书院为主贯彻始终，这符合国情，更具中国特色。

如此文明大国，兴办教育之主体应在民间与官方并举。大凡盛世，文化繁荣，多是民间书院教育发达所致。官府办学"教育一统"，往往束缚兴办教育主体的积极性，制约了教育本性的自由发展。明代，曾有百年用官办学校取带民间书院，将学校教育与科举考试相捆，造成两者俱败，导致民怨与不满。而今，教育管理"衙门化"，"统一型号"、"批量生产"人才，甚至成为"升学、考级"的工具。此种教育体制，已经陷入一种恶性循环。即使有民间办学，也只是公立学校的"克隆"，甚至沦为盈利赚钱的工具。因此，一种不受官方教育制度约束，不以盈利为宗旨，只重质量、不计学历，民办或民办公助的书院教育，一种与当代公立学校交融、互补和并存的书院教育，似乎是当今教育改革的一种新视野与新需求。

（三）功能

书院教育，自唐代开创以来，其社会功能，就在自身发展中不断丰富与完善。

书院，以书为主。藏书、著书、印书、讲书、读书。书的生产与保存，是书院的学术功能；讲书、读书，是书院传播文化的教育功能。

书院，以大师为中心。大师或创办书院，或在书院讲学，均以书院为学术基地，著书立说，培养弟子，成就人才，形成学派，承扬文化，成为先进文化思想的辐射源。

书院，以当地为根基。借地域文化之资源，普及文化，规范百姓，移风易俗，使子孙后代受益。当年岳麓书院的发展，使得"湖湘坚持兴学、发展文化事业的社会风气，敢与礼乐之邦的洙泗、邹鲁比高低"①。此种社会风气的形成，正是岳麓书院在宋代"三兴官学"的冲击下得以保存和延续千年而不衰的重要原因。可见，一所书院对于当地的文化发展，尤其是培育当地人才，落地生根，对于自身的生存与发展之重要。

---

① 转引自邓洪波：《中国书院史》，东方出版中心 2004 年版，第 90 页。

书院，以满足社会的人文需求为己任。多数建在风水宝地、名胜之区，以便寄情山水、择胜而居、聚处士人、游宴会友、吟诗作文、学术交流、相期会讲、潜心读书、修身养性、隐居藏修、天人合一，以满足不同地区与不同层次的读书人，对文化教育的需求。

总之，中国古代书院教育，在于继承、发展、丰富和创造中华文化，在培育、修炼、成就人才，以实现文化的再传与再兴，使中华文化良性循环，不断发展与繁荣等方面，充分展现了丰富多彩的文化功能。书院文化功能之长，可能正是当今教育，尤其是高等教育之短。因此，取古之长，补今之短，可能是教育改革的一个重要切入点。

（四）特色

其一，学者为主，官府支持，富绅赞助，独立运作，是书院生存与发展的基本模式。皇帝为书院赐匾，地方官员划拨学田，富绅解囊相助，成为中国书院发展的突出特色，至今仍可参照。

儒家士人，往往是创办民间书院的主体。他们多是怀着"为天地立心，为生民立命，为往圣继绝学、为万世开太平"的心愿，以承扬儒学为己任，或弃官从教，或避世就教，或择胜而居、潜心学术，或寄情山水、天人合一。书院现象，是一批批、一代代崇尚自由的知识精英，发自内心、文化自觉的一种产物。

其二，一家为主，自由讲学，百家争鸣、百花齐放，是书院的学术范式，也是它能够繁荣学术的基本条件。

唐代书院，产生于儒释道三者竞相发展，相互沟通，彼此影响的时代，也就为宋代取三者之长，整合理学，发展儒学，承传中华文化奠定了基础。而今，书院再兴，不仅要继续关注儒释道三者的新发展、新交融，而且必须直面当代多元文化，尤其是"中"、"西"、"马"三者之间的区别与联系，以拓展儒学的内涵，并展现其新的历史价值。当代书院，可以为承扬传统文化、整合新文化搭建新平台。

其三，学规、章程，规范和约束书院运作与师生言行举止，形成良好教风、学风，是书院管理水平高低的体现。学规、章程，首先确立书院宗旨和方针，为师生立志、求学明确方向；其次规定进德立品、修身养性的程序和方法；再次是读书、治学的路径与方法。这些内容，一般是书院主持人多年从教、治学实践经验的结晶，一腔心血凝结而成的肺腑之言。《白鹿洞书院学规》影响深远，就是典型例证。

（五）教训

民办，是书院活力的来源。若是官办，或进入统一的教育体制，它的运作自由、学术活力将受到限制。

书院，永远是一种学术与教学的组织形式，不应是政治，尤其是政党政治的工具，更不应当成为盈利赚钱的"学店"。

明代后期，书院讲学大盛，讽议朝政，激怒朝廷，招致了嘉靖、万历、天启三朝，连续百余年，多次禁毁，给书院发展以极大冲击。"成于讲学，毁于讲学"，可能是书院发展史上的一个教训，值得借鉴。书院须得政府支持，官方依托书院弘扬民族文化。

三、书院再兴的历史依据

千余年历史表明，中华文化与中国书院教育，两者相辅相成，命运相通。中华文化的生命力，决定着书院教育的生命力。只要中华文化存在，就有书院教育存在的价值。在书院发展史上，已经历了三个百年沉寂与生死存亡。

（一）第一个百年

北宋初期的半个世纪，急需休养生息，尚无力顾及文化教育事业，由此，民间书院继续发展并扮演着替代官学的角色。随着北宋社会经济的发展，呈现新的繁荣之后，就有了发展官学的实力，自庆历四年至宋室南迁（1044—1126 年）这近百年间，连续掀起兴办官学的运动，逐步形成了从中央到地方的完整的学校教育体系，完成了官学替代书院的历史过程，名列天下的"宋初几所著名书院，在官学运动中，或被废弃、停办，或被改作他用，或被僧道所占，或被改为州府之学，几乎全部覆灭。…… 书院在宋初获得的那种显赫声名丧失殆尽"。[①] 北宋后期，书院失去了政府的支持，表面上冷落，实际上在数量与影响上，都获得了新的发展。在主流学校系统之外，衍生出"墨客游览、骚人方格、学者著述、大师传道等不同类型、各有特色的书院"[②]，为南宋书院的发展，书院与理学的一体化，奠定了基础。

古文运动的领袖人物欧阳修在 1049 年，于颍州（今安徽阜阳）知州任上创建西湖书院。范仲淹于 1041 年任延州（今陕西延安）知州时创建嘉岭书院。理学创始人，也都是通过创建书院，著书立说，讲学论道，成就人才。程颢于 1075—1080 年任扶沟县知县期间，建"明道书院"或"大程书院"。程颐则于 1082 年，在洛阳伊川创建"伊皋书院"。二程弟子杨时，在无锡讲学 8 年（1114—1129 年）建"东林书院"，亦称"龟山书院"，他的学说，经罗从彦、李侗而传至朱熹，开创了理学全盛的新时代。[③]

（二）第二个百年

元末 20 余年的残酷战争，毁坏了宋元以来的大多数书院。白鹿洞书院在 1351 年（元至正十一年）毁于战火，此后 87 年无人过问，至 1467 年（明成化三年）名儒胡居仁在此讲学，才走上复兴之路，从毁到兴历经 110 余年。[④] 明初以官学结合科举制度推行程朱理学，使书院

①　邓洪波：《中国书院史》，东方出版中心 2004 年版，第 106 页。

②　邓洪波：《中国书院史》，东方出版中心 2004 年版，第 109 页。

③　参见邓洪波：《中国书院史》，东方出版中心 2004 年版，第 108 页。

④　参见邓洪波：《中国书院史》，东方出版中心 2004 年版，第 272—273 页。

进入了近百年的沉寂。

1368 年，明太祖朱元璋"因元之旧"令山东曲阜立洙泗、尼山二书院，各设山长毅仁主持。当年下令"改天下山长为训导，书院田皆令入官"①。

这是一种降级、断粮"灭绝书院的措施"。

明初奉行"治国以教化为先，教化以学校为本"的思想，大力提倡和发展各级官学教育，也严重制约了书院教育的发展。

极力提倡科举，实行八股取士，又将科举与学校结合，"科举必由学校"，学校储才以应科举。士人为博取功名则唯有去就学校，书院教育则日渐冷落，官府也就无意再兴书院。

尽管经历种种制约，书院教育在民间一直流传，地方官绅与士人，仍然用各种办法恢复和建设书院。到明中叶自 1465 年（成化元年）至 1521 年（正德十六年），先后近半个世纪的恢复，书院又有了生机。其间，王守仁（阳明）、湛若水（甘泉）对书院的发展有突出贡献。

（三）第三个百年

从清末 1901 年的教育"改制"，至今又是一百余年。这一百年，中国文化的历史命运每况愈下，逐渐成为被否定、被边缘、被批判、被打倒、被革命、被取代的对象。五四运动提倡新文化，反对旧文化，将中华文化笼统地列入了旧文化。为回应这种误导，在 20 世纪的 20—30 年代，曾经有过一段国学复兴的新历程，当时的"国学教材"，相关著述，以及造就的人才，都对 40—50 年代有着直接影响。然而，随着日本对中国的 8 年入侵，以及后来连年内战，国学复兴的新希望彻底破灭。60 年前，钱穆、唐君毅、张丕介等先生，在香港创建新亚书院。反映了当时知识精英创办书院、复兴文化的心愿。然而，这也只是在有限、特定空间的一种，具有远见的试验。

---

① 邓洪波：《中国书院史》，东方出版中心 2004 年版，第 274 页。

1949 年以后，在中国大陆，中华文化被批判和否定的历史命运并没有改变，直至"文化大革命"，则成为被扫进历史垃圾堆的"四旧"，"批林批孔"、"评法批儒"，对中华文化的内在伤害与破坏"史无前例"。

直到 1992 年邓小平的南方谈话，选择了"中国特色"和"走自己的路"之后，国人才从百余年向西方学习的历史教训中开始反省。选择国家发展道路的背后，是一种文化的选择。西方社会各种政治制度在中国之所以不能落地生根，主要是西方文化在这块土地上始终是水土不服。尽管一代代"进口"价值观念，但是流淌在五千年文明养育的十多亿中国人血液中的中华伦理与民族精神，却难以被置换。

近 30 年来，国人自上而下，自下而上，在文化反省的基础上，对自己的中华文化有了新的自觉、自信与自尊。以儒家思想为核心的中华文化，再次成为中华民族凝聚力与创造力的源泉；以儿童诵读经典为起始的国学热不断升温；弘扬中华文化，建设民族共有精神家园，成为全党全民共识；随着中国国力的增长，中华文化开始复兴；随着中国国际地位的提升，中华文化开始走向世界；在中国大陆有 3 亿人学习英语的同时，一个世界性的"汉语热"正在形成；当年被打倒的"孔家店"，而今摇身一变 300 余所"孔子学院"遍布世界；2008 年北京奥运会的开幕式，将孔子及其思想传遍全球，影响之广，历史空前。

中华文化在这百年生死存亡的挣扎之后，又开始了新生。

中国书院，历经三个百年生死存亡的历史，表明中华文化强大的生命力，书院与中华文化生死与共。这正是当今书院得以再兴的历史依据。

四、当代书院何以再兴

书院再兴，将是一个过程，至少要先有 50 年的恢复过程。而今，是否可以说，已经开始或已经进入了这一过程。

书院元素在大学里孕育而生

近 30 年来，大陆高等学校的教育内容，不断增加中华文化的元素，从课程设置到相应机构的变革，都为提升大学生文化素质提供了条件，也给中国书院元素融入大学教育，开辟了一定的空间。

20 世纪的 80 年代，在马列主义理论课的基础上，逐步开出了"思想品德课"或"德育课"，其中有《人生哲理》、《思想修养》、《职业道德》等课程。进入 90 年代，不少大学，开出了"国学经典"等人文讲座。进入 21 世纪，国学讲座以及国学社团，逐步成为满足大学生文化成长需求的一种热点。

为了适应国人文化自觉与中华文化复兴的大势，一些著名大学，开始建立或恢复"孔子研究院"、"国学院"、"儒学院"，"国学研究所"，2006 年国际儒学联合会与中国政法大学，联合成立了"国际儒学院"。这些新组织，不仅招收相关专业的学生，主办相关学术讲座、学术活动，还向社会开办了各种名目的国学培训"大讲堂"。如此发展趋势，使人看到中华文化与书院元素，同时在当今大学教育中得到了新生。

书院元素在当今学术活动中开始复苏

近 30 年来，以部分文科大学或专业为龙头，国际儒学联合会、中国孔子基金会、中华孔子学会、炎黄文化研究会等相关学术团体，联合各界召开了一系列中华文化学术研讨会，其规模与数量远远超出历史上的盛世，对于转变国人的文化观念，提升文化自觉，推动中华文化大发展、大繁荣，起到了积极作用。然而，这种学术研讨会，一旦天长日久，也产生了困惑。一则，只是相同专业、彼此熟悉的学者之间研讨，一时难有新的学术火花和学术长进；二则，仅限于少数学者之间的讨论与交流，难以将新的学术见解转化为更多国人的共识；三则，学术活动的时间有限，地点又缺乏相对稳定性，不利积累和增强成果的权威性。有鉴于此，人们开始探索学术研究的新模式。一种"以会带班"的模式出现了，学术研讨会与培训或讲座同步举行，请出席学术会议的部分学者，给培训班讲课，使学术研究的最新成果就地转化，得以迅速传播。

这种学术研究与普及教育相结合的模式，正是古代书院优良传统的现代展现。书院元素，正在当今学术活动中开始复苏。

五、从孔孟之乡开始试点

在现行教育体制之外试办书院，将是一个艰辛的过程，然而，试点已经开始。

2007年6月，出席国际儒学联合会，在北京召开"第一届儒学普及工作会议"的20余位学者发起，在孔子出生地，山东省尼山夫子洞附近，泗水县的圣水峪乡，创办"尼山圣源书院"。

经过一年的筹备，2008年，10月8日尼山圣源书院成立了。以杜维明、安乐哲、钱逊、牟钟鉴、丁冠之、杨祖汉、刘国强等为代表的60余位海内外学者，出席了成立庆典，并分别为第一届学员作了学术讲座。

首先，尼山圣源书院是一种"民办公助、书院所有、独立运作、世代传承"的当代书院。

民办，是一群海内外认同儒家，研究儒学，或关怀儒家传统，志同道合的学者，自动走到一起，没有利益的计较，没有人事的摩擦，坚持以文会友、以友辅仁，用儒家的精神办儒学的事业，展示儒家仁和的气象。一支以55—75岁为主，近百人的教师队伍正在形成。

公助，山东省济宁市和泗水县党政领导高度重视、积极支持书院的建设，把这件事当作建设文化大县和建设新农村的重要工作予以推动。为书院划拨100亩土地，承担建筑规划设计与建设，投入启动与运作资金，提供临时教学、学术与办公等活动空间，配备专职工作人员。

书院还得到我国港、澳、台学者和企业家的多方支持和赞助。香港中文大学新亚书院的校友会，先后来人考察，出席成立庆典的代表当场捐资赞助。台湾学者也从学术、师资等方面给予多方支持。书院，有可能成为两岸四地学术交流的一个新平台。

其次，它是一种"学者论道、教授会讲、自由听课、不计学历"的当代书院。

今年6月，书院将首开名家论道。以美国夏威夷大学安乐哲教授及其弟子为主体，举办"东西文化比较的新视野——安乐哲师生论道"，主议题为"金融危机及其文化启示——东西文化比较看儒家思想意义"。

西方在20世纪30年代，崛起一支东西文化比较学派，郝大维、安乐哲是今天的重要代表人物。郝、安的特殊贡献是东西两大思想传统视角，宏观整体比较的方法论。他们指出二者之间世界观、方法论、思维方式、价值观、语言体系的结构性差异。这种方法使得东西方在社会生活、人文行为、文化艺术、科学技术、经济、政治、军事、外交等各种领域具有切实可比性。安乐哲先生东西文化比较新视野的儒学和其他中国传统思想的研究硕果累累。他数十年耕耘，如今桃李满天下，成为一支国际儒家研究的有生力量。

此次名家论道，也是一次名师会讲，已决定将尼山圣源书院，作为研究生培养基地的山东大学、南京大学、中央民族大学、中国政法大学国际儒学院，都将派学生来听名师会讲。

今后，将参照此种标准与模式，连续举行"尼山圣源书院名家论道"。

最后，它是一种"服务当地、承传文明、培育人才、造福子孙"的当代书院。

第一届"国学系列讲座"班已经开学，40名学员是来自本县的干部和教师，他们将用一年的时间，比较系统地听取有关专家的辅导和讲座。前来出席成立庆典的杜维明等8位专家，分别就中华文化走向世界、儒家思想与和谐世界、儒家经典导读与应用、儒家思想大众化、儒家伦理与个人道德修养等专题，先后为学员和全县500位干部、教师上了大课。8场报告震动了全县。请名家大师下乡与基层干部教师面对面"普及国学"、提升本地人民群众的国学水平、建设新型和谐的儒学价值示范之乡、是尼山圣源书院首要办学宗旨与功能。

此种"国学讲座"以及"儒家经典"研修班、师资培训班，还将长期为济宁地区的更多干部、教师、学生服务，帮助孔孟之乡逐步再现礼仪之邦，成为儒学示范之乡，并能代代相传。

当今中国大陆，以及海内外，每年都有不少相关专业的退休教授或官员。从一个人的学术生命来看，60 岁左右正是"风华正茂"新的学术青春，他们若能投入书院再兴，至少可以延长 15 年左右的学术生命，在学术成果、培育人才，以及身心愉悦、健康长寿等方面，都会有新起色。建设当代书院，就可以为他们提供和创造这种条件。欢迎有更多的学者，投身中国书院的再兴。

新亚书院的创校简史及其文化教育理想

——本中国传统书院之优越以融合西方大学导师制

刘国强 *

内容提要： 本文介绍和评述了新亚书院的创校历史与文化教育理想，强调指出，20 世纪 40 年代末 50 年代初，中国风云变幻，因缘际会，群贤集香江，遂创立新亚书院。新亚的文化教育理想是，继承宋明书院讲学精神，保存及发扬中国文化，融合中西文化优点。

关键词： 新亚精神；文商；融合；发扬；沟通

新亚书院是钱穆、唐君毅、张丕介先生所创办，新亚是以发扬中国文化为理想，"新亚精神" 亦为人所乐道。以下对新亚书院的创校历史及其文化教育理想作简要报告说明。

一、新亚书院的创校简史

（一）中国风云变幻急，因缘际会，群贤集香江

1840 年鸦片战争，是中国近代历史的分水岭，西方文明挟其

---

* 刘国强，香港中文大学新亚书院教授、尼山圣源书院副院长。

船坚炮利轰开中国的门户，中国文化无法抵挡，节节败退。由自强运动张之洞的中体西用至五四运动的全盘西化论，中国知识分子对中国文化已日渐丧失信心。由推翻清朝建立民国后，到袁世凯称帝，张勋复辟，再到军阀割据，然后日本军国主义侵华，可以说是国无宁日。

加以其间西方帝国主义列强的侵凌，中国几有亡国之虞。

1945 年 8 月 15 日，日本无条件投降，第二次世界大战结束。但跟着 1946 年六七月间国共全面爆发内战，时局动荡，不少学人便南来广州，再至香港。

当时局势紧张，可说是风云变幻急。是时，钱先生与唐先生同任教于无锡江南大学，因为广州私立华侨大学创办人王淑陶先生邀请，便一同到了广州的华侨大学任教。

当时不少学人也到了广州，如张晓峰、谢幼伟、崔素琴、熊十力、陈寅恪、吴俊升、牟宗三、徐佛观（徐复观）、陈荣捷、谢扶雅、罗倬汉等。其后不久，大部分人都相继到了香港。钱先生和唐先生，于 1949 年秋随同华侨大学迁回香港（华侨大学初创办于香港）。

（二）穷困难阻文教情，亚洲文商，新亚现前身

在中国文化危急存亡之际，钱先生接受张晓峰的邀请，在港与谢幼伟、崔舒琴一起创立亚洲文商夜书院，于 1949 年 10 月 10 日正式开课。当时只租赁九龙佐敦道伟晴街华南中学之三间课室，在夜间上课。每晚上课三小时。当时钱先生任校长，并邀请了唐君毅、张丕介两先生任教。唐先生介绍了程兆熊先生来任教，程先生不久便受召往台，在台为亚洲文商招收学生二十人左右，加上当时的在港已招的约四十名学生，共有学生六十人左右。教授只有六位。为了安顿由台来"留学"的学生，还得在附近之炮台街租得一空屋，做学

生宿舍。①

（三）岳峰慨然允资助，文商改组，新亚书院生

钱先生在香港新认识的来自上海的建筑企业家王岳峰，对中国的传统文化，极为热心，愿尽力相助。1950年春，王岳峰先生出资在九龙深水埗桂林街顶得新楼三楹，即桂林街61、63、65号，三四楼两层，每单位中，一单位每层300平方英尺左右，故合共一千八百平方英尺左右，以供学校做新校舍。

三楼三单位中，一单位是学生宿舍，另两单位各间隔成前后两间，故共四间，张丕介先生夫妇，唐君毅先生夫妇，及钱穆先生各居一间，另一间做办公室及他们的膳堂。四楼三单位共间成四间课室，两大两小。

校舍略见改进，钱先生把亚洲文商夜书院改为日校，重新注册，更名为新亚书院，新校仍由钱穆先生任校长。1950年3月初正式迁入桂林街。所以新亚书院之名是于1950年3月正式成立，实质是由亚洲文商夜书院开始。新亚书院成立后，钱穆先生仍任校长，唐君毅先生任教务长，张丕介先生任总务长，赵冰先生任董事长及法律顾问，其时出任教授的除钱唐张赵四位外，还有吴俊升、任泰东、刘百闵、罗香林、张维翰、梁寒操、卫挺生、陈伯庄、程兆熊（自台来港）、罗梦册、杨汝梅诸先生。新亚书院开始设六系：文史系、哲教系、新闻社会系、经济系、商学系、农学系。农学系第一年开设后，因计划中的附属农场未能设立，故中途停办。新闻社会系开设后，校舍不敷，也暂停办。钱穆先生同时任文史系系主任，唐君毅先生任哲教系系主任，张丕介先生任经济系系主任，杨汝梅先生任商学系系主任。

---

① 参见钱穆：《师友杂忆》，《八十忆双亲、师友杂忆》合刊，（台北）东大图书公司1983年版，第247页。

（四）岳峰破产新亚危，募捐兴学，愿学效武训

王岳峰先生因其企业受致命打击①，维持学校首两月日常经费后便不能继续供给新亚，使新亚顿陷入经济危机。正如张丕介先生所说：

"当时负责学校的是钱、唐二先生与我，焦急万分，教授薪金可以暂缓支付，而课程必须继续；房租必须按月支付；少数工读生的生活费不可减，也不可少，更不可停。如何是好？于是我们三人，连同若干文化教育界的朋友，决定用武训行乞兴学的方式，四出劝人捐募，一百也好，一千也好，必须募到维持学校生存的最低数字。港九两地的朋友，莫不热心协助，但他们多半也自顾不暇，捐助一两次，便无能为力了。我们不停地撰写论文，向报纸和杂志投稿，领取微薄的稿费，虽是零星收入，也聊胜于无。这时新亚书院之穷，穷出了名，我们的艰苦奋斗，也成了少数人的话题。"②

张丕介先生说当时新亚是学效武训行乞办学之精神。③

1950 年冬，钱先生赴台北筹款，得蒋介石召见，从总统府办公费项下节省出费用，每月资助新亚 3000 元港币。

（五）流亡学生日渐增，束修微薄，困乏显精神

新亚书院于 1950 年 3 月创立后，当时的学生，大多为大陆来港的青年，尤以调景岭难民营中来者占大多数。1951 年，全部学生只有 80 多人。学费收入仅占全部开支的 20%。④

新亚的教授，只支上课钟点费，无专任薪水，院长、系主任的职务

① 张丕介：《新亚书院诞生前后》，见刘国强编：《新亚教育》第 48—49 页。（本书为内部资料，主要收集了钱穆、唐君毅、张丕介三位创办人及新亚书院其他知名教授的演讲内容及相关论文）

② 刘国强编：《新亚教育》，第 49 页。

③ 武训（1838—1896 年），原名武七，清山东堂邑（今聊城）柳林镇武家庄人，21 岁开始行乞兴学，创立崇贤义塾，临清义塾。

④ 《师友杂忆》，《八十忆双亲、师友杂忆》，（台北）东大图书公司 1983 年版，第 250 页。

兼任，不另支薪，他们的收入是当时香港的教授平均收入的六分之一至三分之一左右。

1951年，英国学者林仰山任香港大学中文系主任，邀请钱先生往任教，钱先生以新亚仍在艰困中，不能离开，遂介绍当时在新亚任教的罗香林、刘伯闵往兼任。

（六）桂林街若大家庭，艰险奋进，师生并肩行

由1950年3月新亚成立，直至1954年，是新亚书院的桂林街时代，其间新亚的学生，任教的老师，与及协助新亚发展的校外人士，皆莫不津津乐道此时期的"新亚精神"。①

大陆流亡的学生，有强烈的国家观念和民族思想，学校作为一个大家庭，向往中国文化传统，难民学生多半没有能力缴学费。

当时书院不雇佣工人，学校的杂务，由学生负责，获少许津贴，行工读制，使学校成为一些学生食宿之所。

不少学生以书院为家，食宿皆在此。有在学校天台寄宿，或蜷曲卧在三四楼之梯间。钱先生遇上晚上八九时回校，梯间上早已睡满学生，路不通行，需多次脚踏幞被而过。②入学时难民学生，衣衫褴褛，营养不良，有病情严重的，如患肺病，书院为其接洽私人医生，免费替他们治疗，或送入医院。

1951年夏，第一届毕业生三人（包括余英时、唐端正），虽然贫穷，仍隆重其事，假湾仔六国饭店举行毕业典礼，全部师生及眷属朋友，共五六十人参加。③

1952年夏，第二届同学毕业之际，钱先生作了新亚校歌歌词。一些同学如列航飞、唐端正，亦效法师长，办了新亚夜校，该年有学生

---

① 刘国强编：《新亚教育》，第51页。
② 《师友杂忆》，《八十忆双亲、师友杂忆》，（台北）东大图书公司1983年版，第250页。
③ 张丕介：《新亚书院诞生之前后》，《新亚教育》，第53页。

80 余人，夜校的运作全由新亚同学负责，也维持了多年。

（七）议办分校往台湾，惊声堂塌，钱夫子头破

1951 年冬，可说是新亚祸不单行，钱穆先生应台籍数友之邀，再赴台议办一新亚分校，作为退路，离台前应邀在刚落成的淡江文理学院之惊声堂讲演。演讲完毕，在答问期间，不料惊声堂顶部水泥大块坠落，击中钱先生头部，坐前座听讲的立法委员柴春霖被击中胸部死去。钱先生则需留院数月养伤。钱先生被击中头部时唯 1952 年 4 月 16 日，年 58 岁。

（八）商业登记誓反对，宁为玉碎，教育岂牟利

1952 年，香港政府颁布商业登记条例，勒令所有港九私立学校需到工商署办理商业登记。新亚同声反对，以新亚的办学宗旨并非为牟利。钱先生当时正在台中伤头后疗养，得新亚函告事件，便写信给赵冰董事长，斩钉截铁，谓若最后要作商业登记，则宁可停办新亚，宁为玉碎，不作瓦全。赵冰先生径向香港政府争取豁免，经过了一年，终于成功使新亚书院注册成为香港首间不牟利学校，只需向法院登记，无需作商业登记。

（九）文化讲座百四十，史无前例，社会讲学倡

自 1950 年冬季至 1954 年，新亚书院每逢星期六晚上七时至九时，在桂林街校舍四楼的大教室举行文化讲座，于四五年间，举行凡 139 次。① 每次听讲者每有 40 人至 80 人，由唐君毅先生主其事。② 讲者不

---

① 此为唐先生的计算（见孙鼎宸编：《新亚文化讲座录》，新亚书院 1962 年版，唐君毅序。张丕介先生在其《新亚书院诞生之前后》一文，则说演讲达 150 次。（见刘国强编：《新亚教育》，第 52 页）这里以唐先生所说为准。

② 孙鼎宸编：《新亚文化讲座录》，新亚书院 1962 年版，"钱穆序"。

少是由大陆来港的学者及到访新亚书院的学者，学有专精，不少知名学者，如印顺法师、左舜生、夏济安、饶宗颐、谢扶雅、董作宾等，新亚书院无经济能力一一聘任，故创立史无前例的新亚书院文化讲座，并非纯学院式的讲会，而是开放与社会人士听讲，正如唐君毅先生所说："在启迪听众对中国文化问题，世界学术之一般认识，及人类前途之关心。"钱、唐、张三位创校人讲演的次数最多。

（十）亚洲雅礼两协会先后援助，否极见泰来

1953 年初夏，美国耶鲁大学历史系主任卢鼎教授（Harry Rudin）来港，受耶鲁大学雅礼协会之托，在香港、台北、菲律宾等地选择资助对象。卢鼎教授会见了钱先生。雅礼协会决定资助新亚，每年 25，000 美元。

1953 年秋，美国亚洲协会由艾伟（Jame Ivy）主持。艾伟亦至新亚见钱先生，最后亦表示愿资助新亚。后遂资助新亚研究所之成立，设在九龙太子道。

1954 年秋，自得雅礼协款，新亚书院即在九龙城嘉林边道租一新校舍，较桂林旧校舍为大，学生分于嘉林边道及桂林街两处上课。

其后，因卢鼎教授在美为新亚多方接洽，得美国福特基金会捐款，为新亚兴建校舍。1956 年 1 月 17 日，新亚农圃道第一期新校舍举行奠基典礼。典礼由当时港督葛量洪主持。第一期之新校舍于 1956 年暑期后落成并迁入。

（十一）社会要求增大学，打破前例，中文大学立

由于香港社会对大学学额要求不断加强，1958 年香港政府最后接受拟创办一新大学，并拟就新大学之纲领，凡二十余条款，主动邀请新亚书院参加及给予意见。香港政府委任英国富尔敦爵士为主席，成立委员会研究设立新大学。富尔敦委员会建议成立一联邦制之大学。

1963 年新大学创立，由崇基学院、新亚书院、联合书院组成，是为联邦制之大学。最后接纳钱穆先生的建议，称为香港中文大学。钱先生并坚持第一任大学校长必须由中国人出任。新亚书院宗旨所强调的"发扬中国文化、沟通中西文化"亦成为香港中文大学的创校理想。

二、新亚的文化教育理想——继承中国书院传统、融合中西文化优点

（一）创校宗旨及理想——继承宋明书院讲学精神

新亚书院在 1950 年 3 月的招生简章中明确说明其办学宗旨：

> 上溯宋明书院讲学精神，旁采西欧大学导师制度，以人文主义之教育宗旨，沟通世界东西文化，为人类和平社会幸福谋前途。

钱穆先生 1949 年在亚洲文商书院开学典礼讲话时便曾强调：

> 我们的大学教育是有其历史传统的，不能随便抄袭别人家的制度。中国传统教育制度，最好的莫过于书院制度。私人讲学，培养通才，这是我们传统中最值得保存的先例。

唐君毅先生在 1960 年 3 月 2 日的第十六次月会对同学的讲话中也提道：

> 本校之称书院，其原意在承继宋明书院讲学之精神。但我们今天的学校距宋明书院之理想尚远；盖宋明书院之教育，是不注重学生的出路的。跟随朱子或王阳明的学生最主要的是先要立定志愿，所谓为往圣继绝学，为万世开太平。此是超职业的。当时的学生难亦可去应科举；但第一流的学生是看不起科举的。[1]

中华文化有不可磨灭的价值，其优胜处固可从多方面或从不同方面

---

[1]　唐君毅：《对未来教育方针的展望》，见刘国强编：《新亚教育》，第 132 页。

加以说明。就其教育传统而言，中国从孔子开始，便在官学传统以外，开辟了私学的传统。在孔子以前，学在王官，只有官学，那时官学的传统，最主要意义在维护封建制度，维护贵族的地位与利益。孔子有教无类，明确教育意义立本于内在之明德，非在外之权爵，孟子更明确言天爵人爵之别，贵乎天爵，天爵即实现天所赋之德，故儒家言学必至于天，使人人皆可安身立命，即使人在追求权、势、利、用之外，有更高之价值与向往。

秦灭六国，废封建，设郡县之制，用法家，任人维能（能者不必"贤"），以吏为师，教育无独立意义，只附于君之势与术之下，为君所用，然暴秦短祚，理所必至。汉初文景二帝，采黄老之学，在战国纷乱之世后，与民休养生息数十年，实有智者儒者之怀。[①] 至汉武帝，一方雄才大略，一方兴文革弊，纳董仲舒议，罢黜百家，独尊儒学，儒学被立为官学，设五经博士，从学五经博士者，为博士弟子员。儒家经典成为官学，与仕途结合，下焉者亦使儒学纯为利禄之途。魏晋南北朝，政权更替多，玄学盛行，教育时兴时废。唐朝盛世，教育兴盛且多元化，所以唐代科举取士，文武各科兼备。唐代中期，书院出现，最早的丽正书院，为皇帝集贤论学之所。后发展至唐末，民间书院兴起，至宋元明各朝书院大盛，以迄于清。或帝王君主，有受儒学影响，所办官学，亦有强调为学做人之重要，但古代官学之最终目的，是选拔官吏，以助君主统治。而中国传统书院，执掌之"山长"、"洞主"，大皆硕学鸿儒，以传道教人成圣贤为目的。所以钱穆先生才有说，"中国传统教育制度，最好的莫过于书院制度。"

（二）创校宗旨及理想——保存及发扬中国文化

继承宋明书院讲学精神，这是集中在教育传统上来说的。在更广阔面上来说，便要保存及发扬中国优秀的文化。中国文化的核心是重人

---

① 看《史记》司马迁所述文景二帝，亦不无爱民之心、儒者之怀。

的人文精神，故在 1950 年的招生简章上即注明："以人文主义之教育宗旨"。钱先生在 1954 年 2 月对第三届毕业同学便勉励他们说：

> 我们学校之创办，是发动于一种理想的。我们的理想，认为中国民族当前的处境，无论如何黑暗与艰苦，在不久之将来，我们必会有复兴之前途。而中国民族之复兴，必然将建立在中国民族意识之复兴，以及对于中国民族已往历史文化传统自信心复活之基础上。我们认为，要发扬此一信念，获得国人之共信，其最重要工作在教育。

又在同年欢迎雅礼协会代表致词时说：

> 新亚书院的宗旨，就在于挽这一文化的危机，就在于要中国的青年重新认识自己的文化，从这上面培养起我们所必须有的独立精神。而且只有如此，中国文化才能成为世界文化的一部分，被他人所尊重。发扬中国文化，沟通中西文化，以丰富世界文化，这是我们新亚要负起的责任。

唐君毅先生也说：

> 我们原来的理想是将我们的学校，其中心精神在继承并发扬中国固有的传统文化，并注意中人在现代的遭遇的问题。……新亚之诸学系虽各自分别成系，而其精神则是以中国之文化社会经济文学艺术……问题之探讨为其共同致力之目标。我们以中国之问题为中心，并非我们的态度保守。我们试放眼看看香港，乃至看看整个世界，讲学问而能以我国问题为中心的实在没有多少。讲学问亦应向多方面平衡发展，当世界之其他讲学问者偏向彼方时，我们不妨略偏向此方。[1]

唐先生早在 1952 年 6 月《新亚校刊》创刊号中也曾强调：

> 此二三百年亚洲的地位之降落，亚洲人应负责任。中国之百年来之弱，中国人应负责任。古老的亚洲、古老的中国，必须新生。我们相信只有当最古老的亚洲古老的中国获得新生，

[1] 唐君毅：《对未来教育方针的展望》，见刘国强编：《新亚教育》，第 132 页。

中国得救，亚洲得救，而后世界人类才真能得救。中国文化之一贯精神，是生心动念，皆从全体人类着眼。所以当此国运飘摇之际，我们仍不愿只自限我们之精神于自己之一国家。而我们亦许在一时尚谈不到有大贡献于新世界。世界上此时亦唯有包括中国在内之古老的亚洲，最迫切的需要新生。这当是新亚定名的本义。而为新亚师生愿与一切中国人，一切亚洲人，共抱之一遥远的志愿之所在。

此上所引只是新亚创办人相关言论的一小部分，足见他们的胸怀广大，非如西方学者李云生（Levenson：Chinese Confucianism and Its Modern Fate）所评儒学在今天只不过是一种怀乡情结的显现。

当代学校教育的困境与书院教育的机遇

张　践*

内容提要：当代书院的复兴，是由于当代教育体系存在以应试教育为主的严重弊端，而这些弊端的根子又在于社会发展水平的滞后。体系内教育难以在短时期内得以改善的弊端，就给体制外的书院教育预留了广阔的发展空间。青少年教育、社会公益活动、企业家国学班、师资补习班、学术研讨是当代书院的几种主要类型。

关键词：书院；教育改革；民办教育

书院是中国古代特有的教育制度，书院教育的功能，在古代主要是科举制度的补充。当今中国，书院文化再一次兴起，根本原因也在于当今教育制度的困境。

一、当代教育体系内的问题

每年的"两会"上，教育往往成为社会的众矢之的、教育收费高、中小学学生课业负担重、大学教育质量没有保证、教师科研缺少创新……这些话题已经提了很多年，但情况没有明显的改观。笔者虽非职

---

* 张践，中国人民大学继续教育学院教授，尼山圣源书院副院长。

业教育学学者，但是毕竟多年从事教育工作，希望从切身感受谈一点对于当今教育制度弊端的看法。笔者认为，当今教育的困境，问题表现在教育体制内，根本原因则在教育制度之外。

当今教育费用高，除了政府投入少，社会贫富分化、城乡差别大等一般性的社会原因外，更为严重的是城市中的择校费问题。对于现代城市居民而言，高中和大学的正规收费并不高，城市居民最头疼的，则是没有任何标准的、无边无沿的中学择校费。为什么政府提供了大批廉价的公立中学，却有很多家长还热衷于择校呢？原因其实并不在于普通教育资源的匮乏，而在于优质教育资源的短缺。对于大多数城市居民而言，现在考大学已经不是什么难题，北京市今年的高考录取率已经达到了80%，甚至有些高校已经担心生源枯竭问题了。那干嘛要在小升初和中考时花费巨额的择校费呢？关键在于要让孩子考上北大、清华等名牌院校，至少也要上一本。为什么一定要考名牌大学呢？仅仅是因为这些大学的较高的教育质量吗？大多数家长未必了解学科的性质和教育质量判别的标准，他们考虑的是将来的就业问题。从20世纪末开始，国家已经从大学生包分配改为双向选择，自主择业。高考时考生和家长竞争名牌大学，其实是在为孩子争夺将来的就业饭碗。

中学择校热的必然结果，就是使各中学之间开展了一场旷日持久的高考升学大战。一所中学要想成为能够被家长青睐的重点中学，唯一的标准就是考生有多少能够考入名牌大学、重点大学。而达到这一目的的唯一手段，则只有千方百计地给学生施加学习压力，提高学习成绩。加课、考试、排名……所有能提高高考成绩的方法都使上了，其结果就是造成了学生课业负担过重的问题。这个问题喊了多年，素质教育反而变成了另一种加重学生负担的考试。2010年5月12日，《北京青年报》报道，北京一名初中三年级学生因课业负担过重惹轻生自杀。媒体频频报道这样的事件，意在引起社会各界人士的注意。改革考试制度的呼声一浪高过一浪，但是单一知识考核型的考核制度依然坚不可摧。问题何在？根本原因依然在教育体制之外，就是我们社会至今仍然没有一种比知识考核更为合理的人才选拔制度。如果放弃了完全由国家控制的高考，那大学升学就会变成一场金钱与关系大战，社会将会变得更不公平。所以民意测验的结果显示，那些深受高考之害的考生和家长，也都反对废除高考制度。

那么，经过艰苦的高考大战进入高等教育校园的学子们怎么样呢？除了少数为了出国、绿卡奋斗的学生，大多立即来个大放松。翘课、打游戏、谈恋爱、挣外快……依然勤奋读书的反而成了"凤毛麟角"。有一件事情最能说明大学生们的学习状况，就是每每快到学年结束时，网络上各种代写论文的广告就会满天飞。800元至10000元，无论是本科论文还是博士论文，都可以搞定。为什么在高中阶段还在拼命奋斗的学生，考上自己心仪的大学反而不认真学习了呢？原因依然在校园之外。四年寒窗之后，学子还要面对残酷的就业大战。这时候与升学不一样，比拼的不再是学习成绩，而是各种社会关系了。父母的关系、老师的关系、学校的关系……总之与学生的在校学习成绩关系不大。只要有关系，成绩是很方便造假的。哪个学校不想让自己的学生获得满意的工作岗位呢？

最后则是学校中教师的工作状态了。在高等院校中，教学反而成为考核、提拔的软指标，教师们比拼的是"科研"。近年来，由于实行工程化的指标管理，科研成果并不是比较学术含量多少，社会贡献大小，而是比较谁的科研项目多，谁的论文发表在核心期刊上，核心期刊还要分成 ABC 等技术等级。于是，为了拉项目而走关系，为了发论文而交论文发表费已经是普遍现象。去年有学者统计，自然科学基金，70%以上的项目都被有校长、院长头衔的学者拿走了。谁都知道，大学的校长、院长行政事务繁忙，他们哪有时间做科研呢？没有关系，反正他们手下年轻教师、学生有的是。于是一些所谓的著名学者占有大多数的科研基金，但很少有几项是他们自己完成的。所谓的科研项目真像工程一样，大包转二包，二包转三包，其水平也就可想而知了。那么，这些项目是如何验收结项的呢？没有关系，反正是专业知识，了解的人有限，圈子里不是同学，就是朋友，找几个不错的关系写个优秀结论，大家皆大欢喜。结果国家花费了大量科研经费，收获的却是一大堆"豆腐渣工程"。难怪钱学森同志在晚年仍然在为中国的学术创新担忧。没有了科研创新能力，中国何以赶超发达国家？究其原因，依然在教育体系之外，就是我们的社会没有形成一套对于科研人才评价的客观体系。

二、当代书院教育发展的思路

综上所述，当代体制内教育面临的问题，核心还是一个人才的选拔、使用问题，而这些问题又不在教育体制之内，是一些根本性的社会问题，不可能在短时期内解决。这也就为书院教育的发展预留了广阔的空间。除了一些属于文化博览性质，作为古代已经逝去的书院的保护和展示，当代书院从形式上来看，大约可以分成五种：第一种属于学龄前及学龄教育，大约相当于幼儿园和小学的水平；第二种属于针对青少年的公益性的文化传播；第三种是企业家国学班；第四种是学校国学师资培训；第五种则属于研究性的书院。这五种形式的书院，都是对公立教育制度缺陷的补充。

第一种是以幼儿和小学生为对象的书院，其生源结构表现出一个共同的特点，即能够送孩子到书院接受教育的家长，大多也同时具备让孩子绕过高考这个社会人才选拔、使用体系的能力。他们或者将来打算把孩子送到国外读书，或者准备让孩子接手家族的企业，总之，不必像社会上大多数群众那样，需要从竞争中寻找生存的空间。所以，从一定意义上来讲，现在的书院，就是将来中国私立学校的前身。这种私立学校不同于现在已有的民办大学，那些民办大学都是在教育部门的严格监管下，完全参照公立大学的模式办学，然后由国家统一主持若干门科目的考试，通过者发放与公立大学同样的毕业证书。这种民办大学只能在公立大学招生能力不足的情况下成为公立大学的补充。一旦公立大学充分扩招，这种没有独立办学宗旨和办学特色的民办大学几乎就没有生路了。可是现在民间的书院，大多有自己独立的办学宗旨，完全依靠社会公众的自愿选择而生存，完全有可能在市场的左右下，为自己找到一条生路。南方科技大学就是这方面的一个实验者。

第二种是针对青少年的公益性的传统文化传播活动，近年如雨后春笋般地发展起来。中国传统文化在近代中断百年以后，当代社会又出现了复苏的趋势。这种文化的复苏，是伴随着中国经济的发展而出现的一种文化自觉。一个民族不能没有自己的文化，民族是一个开放的系统，应当海纳百川，充分吸收世界上一切优秀的文化知识，但是每一个民族的文化其根基还在于自己历史的深厚土壤中。近年来，很多家长都感到，社会上的种种不良现象，都是由于道德瓦解造成的。而恢复优秀的道德传统则是重建民族道德体系的重要资源。他们开始像重视绘画、钢琴、外语一样，也把自己的孩子送到各种以国学知识为主要内容的书院中接受教育，希望他们能够从小树立正确的人生观、价值观、世界观。一些公益性的学龄儿童课外业余的国学知识学习班，也是当代书院文化的重要形式。例如，北京的一耽学堂、北京王财贵读经教育推广中心、天津明德国学馆、广东的金泉书院等，这些学堂的共同特点是利用业余时间，在学校德育教育之外，为一些儿童，也包括一些家长进行国学知识的普及。在社会产生了很好的影响，成为儒学普及的重要方面。

第三种属于企业家国学知识的补习班。近代以来，中国传统文化教育逐步退出了教育领域，特别是经过了文化大革命的冲击，现在教学领域中几乎没有多少传统文化内容。近年尽管已经加上了一些，大多也是文学艺术性质的。而国学中涉及世界观、价值观、人生观的内容，则微乎其微。但是随着全球化的进一步发展，人们越来越感到"我们是谁?"成了一个不可绕过的问题。自由、平等、博爱，科学、民主、人权等被西方学者说成是普世的价值，越来越表现出西方文化的性质。可以说西方国家这一套"普世价值"理论，基本都是建立在基督教文化背景之上的，离开了上帝创世说，任何"天赋人权"都变得非常可疑。那么，中国人在经济上日益实现现代化的今天，必然也越来越关注自己的精神生活问题。企业家们关注国学，除了需要国学的管理智慧以外，更关注自己的精神世界的建设。那些以企业家为主要对象的书院，正好在这个角度成为官办教育的补充。

第四种是一些从事中小学教育的领导干部和教师，他们从自己的切身体会中感到优秀的传统文化资源，正好是当代学校德育的重要补充。几十年来我们的正规教育体系，一直也都在强调德智体全面发展，把德育放在教育工作的首位。不过在整个教育体制围着高考升学率转的时代，德育也完全变成了功利的工具。同学们学习这些道德理论知识，不外是一块升学的敲门砖，考试完成也就还给老师了，根本达不到入头脑、进心灵的目的。可是由于传统文化教育在正规教育体系中断多年，大多数中小学教师本身对于传统文化典籍阅读都有问题，所以一些以中小学教师为对象的书院，也越来越受到青睐。例如，国际儒联与香港新亚书院、北京东方道德研究所，联合举办过两期教师四书读书班，每期两年，利用周末时间集中读书，在北京及外地的部分教师中产生了重大影响。山东尼山圣源书院，从 2009 年开始，每年举办教师四书读书班，邀请台湾长期中学四书教育的教师到大陆传经送宝，受到了大陆教师的欢迎。香港中文大学新雅书院，对于大陆传统文化的普及和恢复，进行了大力的支持，不仅在经济上赞助国际儒联主办的教师四书读书班，而且每年在香港举办一期一个月的游学活动，每次有几十名教师到香港集中学习，产生了很好的效益。

第五种书院是继承了古代书院的传统，以学术研究和讲学活动为主。当代的大学教学和科研活动，几乎都集中在公立的大学和科研院所，少有以民间书院形式进行研究、教学活动者。这方面山东尼山圣源书院是一次开拓性探索。尼山书院创办五年来，大小举行了 5 次国际学术研讨会，2010 年 8 月，首届"尼山世界文明论坛"在尼山圣源书院举行，产生了重大的国际学术影响。国际上一些著名的专家学者云集尼山圣源书院，如安乐哲、罗思文、李瑞智、顾彬、许嘉璐、杜维明、成中英、牟钟鉴等。他们的讲学打破了现行教育体制中的课程中心制，实行学者中心制，以知名学者的研究为中心，传播儒学知识，在社会上产生了重大影响。2011 年 7 月，安乐哲、罗斯文和田辰山为二十多位美国从事汉语教学的师资，举办了为期四周的比较哲学讲习班。在孔子出生地学习儒家经典，使美国学者亲身体会了儒家文化的氛围，受益匪浅。2011 年 9 月，山东大学、武汉大学、四川大学和台湾"中央大学"的几位教授，带着四十多位博士到尼山会讲，重现了当年岳麓书院朱张会讲、鹅湖书院朱陆会讲的风采。打破了现行教育体制以学科为中心的习惯，恢复了以教授为中心的传统，也是一次非常有益的尝试。这些活动都可以看成是对现行大学教学、科研体系的补充。

本文只是根据笔者手中掌握的有限资料，对当代书院复兴进行的一些粗浅分析，肯定很不全面、深入。同时，当代书院的发展本身，也是一个不断变化的过程，需要不断跟进分析，所以也难以尽言。不过我相信，书院文化在中国中断百年以后，近年来又表现出强劲的复苏势头，这是一个谁也无法改变的历史趋势。当代书院文化应当如何走，总体而言还处于探索的过程中。任重而道远，有赖我辈的尝试、实践。愿书院文化在中华文化复兴的大潮中，成为体制内教育、科研事业之外的另一种重要形式。

特　稿

尼山铎声

尼山圣源书院创建回顾与未来展望

王殿卿　　陈洪夫

尼山圣源书院即将迎来五岁的生日。2008 年遵循党的十七大精神，书院在泗水县圣源山庄宣告成立。2013 年的今天，在落实党的十八大精神，文化兴邦的号令之下，庆祝它的五周年。尽管它创建与起步，只有短短五年，但其各种举措却历历在目，值得回顾，并且对其未来抱有美好的期待。今日尼山圣源书院的一切，都是天时、地利、人和的结晶，它面对未来，路程崎岖，任重道远。作为与书院结缘，并为之付出微薄心力的我们，挂一漏万写些回忆与希望，与师友和同道分享。

一、创建、定位、起步

尼山圣源书院，位于山东曲阜以东 25 公里的尼山脚下、洙泗之滨。尼山是孔子诞生之"圣地"，洙泗乃孕育儒家思想之"圣源"，它标志儒家思想生生不息、代代相传的生命活力。书院西邻尼山夫子洞，南距颜母山，均在千米之内。这里是办教育、建书院，继绝学、开太平，建设国学教育的辐射源，是普及儒学，教化万民，化民成俗，造化人才，建设文明，开展世界不同文明对话与融通，让中华文化再次走向世界的最佳圣地。

2007 年 6 月，国际儒学联合会在北京召开了首届儒学普及工作座谈会。会后，出席会议的二十余位专家，共同倡议创建尼山圣源书院。经过一年的论证与筹备，2008 年 10 月正式挂牌成立；2009 年 6 月奠基、破土动工；2010 年 9 月第一期工程落成，开始在新校址办学；2012 年 5 月第二期工程竣工，已经初步具备办学的基本条件。

孔子诞生 2500 余年之后，在他的原始故里，千年尼山孔庙、尼山书院之旁，又落成一座尼山圣源书院，它将给当今盛世与复兴中华文化，留下一个历史的新记忆。

书院成立以来，在山东省、济宁市、泗水县的领导与支持之下，在海内外众多学者以及社会贤达的参与和支持下，顺利创建，开始起步。

书院，坚持"民办公助，书院所有，自主运作，世代传承"的办学体制；本着为往圣继绝学，为万世开太平，用儒家思想，办儒家事业的精神；循着"当地政府支持，社会贤达赞助，学者群体办学"的路径；立足尼山，着眼国内，面向世界，联络国内外学者，继承和发展中国书院教育的优良传统，通过尼山论道、尼山会讲、尼山师训、尼山论坛、尼山体验、儒学之乡等载体，探索儒学的当代使命及其发展，为儒学在海内外的广泛传播，培育人才与教师等方面，作出力所能及的探索。

前四年，已先后举办十余次国际国内学术研讨会，先后有 200 余位海内外学者出席；举办 5 届书院会讲，来自海内外著名大学的近 200 位硕、博士生出席；与当地泗水县县委、县政府合作，为全县 100 余名干部，举办了为期一年的"国学大讲堂"；与台湾孔孟学会合作举办海峡两岸读《论语》教《论语》师资研修班，已连续举办 4 年，为十余个省市培训了 750 余位中小学教师；请安乐哲等当代比较哲学学者，来书院举办"国际尼山儒学与中华文化师资班"，用英语讲解"四书"等文化经典，每期一个月，已举办两年，为海内外培训了 40 余位教师，对于如何培养一代"儒学使者"，做了有益的探索。

尼山世界文明论坛组委会，将"论坛"的永久会址，设在尼山圣源书院。为书院的历史担当及其发展，起到了重要指引与关键性的支持。

四年多来的主要办学活动

（一）尼山论道

建设儒学研究的新重镇。

与香港中文大学新亚书院等单位，合作举办和承办 6 次国际、国内学术研讨会，近 200 位海内外学者出席。围绕中华文化的复兴，对儒学的当代发展与担当，对中国古代书院教育的智慧及其发扬等，开展了多方面的研究。在当代探索儒学创新之路，众多研究新成果的基础上，为开创 21 世纪以"尼山"为标志的"尼山新儒学"，搭建学术平台。

（二）尼山会讲

培养高端人才的流动站。

与海内外有关大学合作，探讨培养国学人才的新模式，主动提供优势资源互补的平台，成为跨校合作、综合培养高端人才的流动站。与山东大学、武汉大学、四川大学以及台湾地区的"中央大学"、淡江大学等，先后举办 5 届书院会讲，来自海内外著名大学的 200 余位硕、博士生出席。各位博士生导师，背着干粮，带着学生，云聚于此，几位导师轮番登台，讲解自己最新研究成果与思考，引发参与的师生思考与论辩，激发新思维，形成新理路，达到"教学相长"，提高教育实效。这是古代书院"以人物为中心"，出成果、出人才的优良传统。

（三）尼山杏坛

面向当地的国学大讲堂。

书院所在地，山东省泗水县全力支持书院建设，无偿提供 100 亩建设用地、硬件建设资金，以及组织、人力的保障与支持。与县委、县政府合作，为全县 100 余名干部，举办了为期一年多的"国学大讲堂"。10 几位著名学者"下乡讲国学"，效果良好，深受欢迎。

（四）尼山师训

培训国学师资的新基地。

1. 举办"海峡两岸读《论语》教《论语》师资研修班"

借助台湾《中国文化基本》（四书）课程的教学与教育丰富资源，与台湾孔孟学会合作举办"海峡两岸读《论语》教《论语》师资研修班"，"台北市教育局"帮助选派，从事《论语》教学 10 年以上资深的中学教师，来书院任教。已连续举办 4 年，为十余个省市培训了 750 余位中小学教师，以提升国学教育的水平与质量。

2. 举办"国际尼山儒学与中华文化师资班"

与北京外国语大学东西方关系中心、美国夏威夷大学合作，请安乐哲等当代比较哲学学者，来书院举办"国际尼山儒学与中华文化师资班"，用英语讲解"四书"等文化经典，每期一个月，已举办两年，为海内外培训了 40 余位"儒学使者"，旨在探索中华文化再次走向世界的进程中，"是用西方思维与话语讲述中国，还是用中国思维与话语讲述自己"。

（五）尼山论坛

不同文明对话的新道场。

1. 南有博鳌亚洲经济论坛，北有尼山世界文明论坛

尼山世界文明论坛组委会，将"论坛"的永久会址，设在尼山圣源书院。2010 年 9 月，2012 年 5 月，已经先后举办两届论坛，都在书院开幕，并承办了 5 个分论坛，千余位海内外多元文化的学者、各界代表云聚于此，开展不用文明的对话，使得和而不同、世界大同的儒家核心价值，从尼山传向世界，这是孔子及中华文化在 21 世纪从尼山出发，再次走向世界的新标志。

由全国人大常委会原副委员长许嘉璐先生撰文，著名书法艺术家欧阳中石先生手书的"尼山世界文明论坛碑"，碑长 9.6 米，高 1.5 米，采用尼山青石，坐落于尼山圣源书院。

许嘉璐在碑文中称，"中、美、英、法、德、意、日、韩诸国儒学及基督教学之俊彦欢聚于尼山之麓，共论和而不同与世界和谐，此全球化中不同文明对话于中国之始也"。他认为当今"精神、社会、环境危机四布，浮躁、欺诈、仇恨遍地"是"人类危乎殆哉"，智者鲜有"不思以解者"。碑文强调"儒圣孔子诞生之所，国人心中之圣地。孔子所倡和而不同、己所不欲勿施于人、仁者爱人、孝悌为仁之本、修齐治平诸论，久为国魂"，"自当献于世界"。"而他国文明之精华亦应为我所取"，"如是，则世界之和平有望矣"。

2. 承办海内外有关单位、团体举办国际学术会议

2012 年 11 月书院承办了由国际儒学联合会、中华孔子基金会、清华大学哲学系主办的"儒学与全球伦理"国际学术研讨会。

（六）尼山寻根

儒家文化寻根的新平台。

1. 海内外人士、青少年学生，儒家文化寻根体验基地

近两年已经接待一些海外孔子学院的学生、香港中小学学生、国内企业管理人员，来书院扎营、培训。山东大学已把本院作为有关国家孔子学院学生的体验基地。

2. 海峡两岸文化寻根问祖的新平台

孔子第 79 代嫡长孙衍圣公、奉祀官孔垂长先生一行，于 2012 年春冬，先后两次考察书院。2012 年 4 月，国民党名誉主席连战先生为书

院报告厅"明德堂"题匾。2012 年 5 月 23 日，国民党副主席蒋孝严先生来院，为海内外博士生论坛演讲，并为书院题字留念。

书院近四年来的主要活动

2008　儒家思想与和谐社会论坛

2008　泗水县干部教师国学大讲堂

2009　东西方文化比较新视野安乐哲师生论道

2009　第一届海峡两岸——读《论语》教《论语》师资研修班

2010　尼山论道——儒学的继承与创新

2010　第一届尼山世界文明论坛

"和而不同与和谐世界——儒学与基督教和谐对话"

2010　儒学名家圣源论道——"百年儒学与东方文明复兴"

2010　第二届海峡两岸——读《论语》教《论语》师资研修班

2011　钱穆与新亚——当代书院建设研讨会

2011　尼山会讲：何谓中华心

2011　海峡两岸四地中华文化博士论坛（会讲）

2011　第三届海峡两岸——读《论语》教《论语》师资研修班

2011　首届国际尼山儒学与中华文化师资班

2012　 第二届尼山世界文明论坛——

"和而不同与和谐世界：信仰·道德·尊重·友爱"

2012　第二届尼山世界文明论坛分论坛——海内外博士生论坛

2012　第四届海峡两岸——读《论语》教《论语》师资研修班

2012　第二届国际尼山儒学与中华文化师资班

2012　第一届尼山新儒学——探索儒学创新之路国际学术论坛

2012　第一届儒学与全球伦理国际学术研讨会

二、天时、地利、人和

尼山圣源书院，能有今日的创建与发展，绝非偶然，它是天时、地利、人和的产物。

（一）天时

中国书院教育有千余年的历史，是历代中国学者、社会贤达、各级官府共同创造的中国式教育。书院在普及儒学、承传中华文明，培育民族精神，造化人才，孕育大师等方面，功德千秋。

1901 年，清政府下令全国的书院一律改为学堂。延续千年的中国书院教育，开始被西方教育制度所取代，开启了学校教育"去中国化"并全盘西化的历史新篇章。百年之后，在中国大地上，各式各样的书院再次萌生，这究竟是一种"倒退"，还是中国教育的再次复兴。

1991 年，苏联解体，它给"走俄国人的路"以及百年效法西方社会发展模式的思维，画上了句号。1992 年邓小平的南方谈话，代表中国人选择了"走中国自己的路"，建设有中国特色的社会主义。选择社会发展道路的背后，是一种文化选择，中华文化理所当然地成为中华民族凝聚力与创造力的源泉，中国未来发展进步的精神动力。于是，1993 年，北京大学季羡林、张岱年、汤一介等学者，带头开启了"国学热"。1997 年党的十五大，在文化反思的基础上，提出了"文化建设"；2002 年党的十六大，进一步提出，弘扬中华文化，承接中华美德，培育民族精神和以诚信教育为中心的精神文明建设的新任务；2004 年在韩国创办了第一所孔子学院；2007 年党的十七大，明确提出弘扬中华文化，建设民族共有的精神家园，推动中华文化大发展大繁荣；2008 年北京奥运会将孔子及其思想传向了全世界；2012 年党的十七届六中全会和第十八次代表大会，在论证中华文化复兴与中华民族伟大复兴之间辩证关系的基础上，提出文化兴邦的新战略。

这 20 余年中华文化回归与再兴的历史，就是尼山圣源书院，以及众多书院在全国各地破土萌生的天时。天寒地冻无生机，春雨天暖万物生。

文化兴衰，教育有责。任何民族的文化承传与发展，都要依靠本民族的教育。一个历史时代，所采用的教育制度、教育内容、教育方式方法，能够显现其教育文化的选择性。教育本身的文化自觉，直接影响一代代国人的文化意识与自觉，以致族群归属与国民身份的认同。只有一代代国人文化历史意识的增强和人文素质的提升，才有实实在在，持续长久的文化大发展、大繁荣。

中国百年的教育史，是全盘否定以书院教育为代表的中国教育传统，全盘引进外来教育的历史。从"学好数理化，走遍天下都不怕"到"学好英语，可以改变命运"，重外轻中、重智轻德，不断淡化学校教育中华文化主体性，所带来的深层忧虑，促使人们反思中国百年的教育史，在 21 世纪能否回首开发两千余年中国教育所积淀的智慧，恢复中国教育的中华文化主体性，在总结和吸纳外来教育有益经验的基础上，建设中国教育之道与外来教育之器，道器新整合，建设中国特色的新教育。

历史对于中国教育的新要求、人民对于中国教育的新期待，使得尼山圣源书院以及众多书院应运而生。正在兴起的民办公助的书院教育，将与公办的体制内教育，遥相呼应，推动 21 世纪中国教育的新发展。

（二）地利

在 20 世纪 30 年代以后出生的两三代人当中，只有那些直接或间接读过《史记》的人，知道孔子的诞生地在尼山，陬邑昌平乡。今日尼山的孔子家庙，已有千余年的历史，宋元明清香火不断，而在 20 世纪的百余年中，随着孔子及其儒学的历史遭遇，人迹寥落，甚至"文化大革命"毁孔"头头"谭浩兰也未来此。20 世纪末，随着孔子被"平反"，曲阜"三孔"逐步成为世人朝圣之地，使得尼山也逐渐日有寥寥人气，残垣断壁、满目荒凉的景象开始改观。尼山圣源书院的创立、尼山世界文明论坛的开幕、连接日东高速公路与尼山的"圣源大道"的修通，再次激活这里的文化资源，来此朝圣者日益增多。目前济宁、曲阜正在开发"尼山圣境"的文化项目，将使这里成为东方的"麦迦"。尼山圣源书院也将与拟建的诸多书院合作，形成一个"活态"继绝学，开太平的东方书院之城，成为当代儒者弘道明德新道场。在尼山世界文明论坛的推动之下，以尼山为标志的孔子及其儒学，必将以全新的面貌从此出发，再次走向世界。

泗水县，地处尼山圣地与洙泗圣源，得天独厚，迎来发展的历史新机遇，有了"中国泉城，圣源泗水"的新定位，找到未来发展和走向世界的文化新支点。一个财政收入并不丰裕的泗水县，要支持创建一所无法带来直接经济效益的尼山圣源书院，颇费踌躇。但是，县委、县政府的领导集体，数次召开专题会议，反复论证，最后决定，书院不仅要建，还要建好，要建成百年精品。从书院用地、经费投入到人力支持等方面，都作出了具体规定。书院征地，涉及几十户农民土地转换，可听说是为"老祖宗"办事，所有村民都在相关合同上，按下了自己的手印，以表示拥护，一个多月时间，转换工作就顺利完成。在书院建设的关键期，县里领导日夜守在工地指挥，巨细无遗，汗流浃背，令人感佩，永存记忆。而今，这座从圣水峪乡的田地里生长出的书院公路通达、林木繁茂、屋舍俨然、典雅素净，正在改变着当地的文化景观，也锻造着泗水县一张烫金的文化名片。

正是位居这块世界独有的风水宝地，尼山圣源书院才能够得到海内外各界的关注与认同；正是有了泗水县政府和 60 万父老乡亲的支持，尼山圣源书院才得以落地生根。

（三）人和

2007 年冬，丁冠之老师在创建书院的论证会上就提出，书院的领导班子"要找准人，这是人和。人和做到了，可在一定意义上改变天时和地利。书院这个班子，要有共同信仰，共同的目标"。他不仅说了，且身体力行，在他出任尼山圣源书院执行院长期间，就是依照这个思想，完善、团结、建设书院的领导集体。从书院院长牟钟鉴教授，到所有领导集体成员，以至办事机构的人员，都以"用儒家精神，办儒家事业"的思想为指引，将为孔子与儒学能够做些事，看作自己的责任与追求，对于历史赐给我们得以实现这种追求的机会，百倍珍惜。五年多来，书院领导集体，没有职务高低，只有师友情谊；没有名利计较，只有尽职奉献；没有摩擦消耗，只有配合默契；没有议而不决，只有说干就干。可以说，"人和"既是书院组织模式的一种追求，更是书院创建与发展的"永动机"。

办好书院，需要联络与凝聚各方人士、团体、机构的力量。冠之老师特别强调，"研究儒学的人不怕多，人越多，对儒家文化的弘扬就越有利"，办好书院，需要"大家一起干"。"我们办书院的初衷，就是团结海内外儒学同仁，弘扬儒学，而不是搞排外的小圈子，我们这把年纪，这种事是不屑为也不愿为的，要'君子群而不党'，在泗水办书院，对曲阜是'众星拱月'"。这种宽广的"人和"思想与实践，使尼山圣源书院，得到了"尼山世界文明论坛"组委会、山东大学、南京大学、中央民族大学、中国政法大学、武汉大学、四川大学、香港中文大学新亚书院、台湾中华孔孟学会、马来西亚孔学研究会等海内外高等学校、学术团体的认同与支持，集聚了众多海内外学者和社会贤达，纷至加盟，为书院的创建与发展，开创出"人和"的广阔空间，奠定了广泛而坚实的社会基础。

三、班子、生源、经费

事在人为。有了天时、地利、人和，如何把书院办好、办下去，尚需付出艰辛，任重道远。

五年来，在书院的定位与宗旨、任务与模式、操作与运行等方面，有了一些探索，初步有了一些思路，这只是起步，尚需再探索。形成书院自身特色，有了自己的品牌，产生了教育实效，得到社会认同，能够立足社会，在中国教育发展史上有一定作为与影响，需要时日，至少需要30年，需要两代人连续奋斗。

首先，是"班子"，一个有信仰、有责任、有活力的领导集体和教师团队。这支队伍与体制教育内不同的是，不仅在学养上求高尚，在年龄结构上，55—60岁以上退休的教职员工，而且是"背着干粮给孔子打工"的志愿者群体。五年来，尼山圣源书院，自牟钟鉴院长以下，所有领导成员都是"义工"，来书院讲座的海内外教授，也基本上是"义讲"。面对依靠各方资助和捐助，来维系书院前行的"财政"，只能坚持勤俭办院，作出奉献。如此"高调"的局面，能否维系，能否有变，是对新的领导集体的一个挑战。

其次，是"生源"，一个具有"人气"意义上的"生源"。学术研究，各种论道、论坛，需要有学者的"人气"；造化人才，举办"会讲"，需要有关高校、研究机构及其导师的合作，使生源、经费、文凭，得以保证；为海内外培训国学师资，也难在"生源"，体制内的国学教育，刚刚松动，未设专任教师，大量"兼任"教师，是否有来书院接受培训的需求，即使有需求，学校有无此种培训计划与经费，都是制约"生源"十分现实的因素；尤其是，面向海外培训"儒学使者"的"生源"，难度更大。既无"文凭"的引力，也无"时尚"的服务，如何广开"生源"，是书院面对的挑战与考验。

再次，是"经费"，探索建构一个政府为后盾，社会贤达赞助，多种渠道筹措办院经费的体系。

五年来，书院的创建与运作的主要经费，是泗水县投入的，省市投入了一些重要项目的经费，在社会贤达赞助部分中，首推香港中文大学新亚书院校友会主席陈志新先生，他先后资助百余万港元，成为尼山论道、师资培训等项经费的主要来源，令人敬佩，功德无量。实践表明，当地政府支持、社会贤达赞助，学者群体办学的格局，已有轮廓。进一步深化探索，使其不断完善与稳定，仍需时日。

作为"民办公助，书院所有，自主运作，世代传承"的尼山圣源书院，从本质上讲，是一个社会公益教育的机构，与公办教育相比，它没有政府合法的教育拨款；与一般民办教育相比，它不是学历教育，没有稳定的学费收入；与一些特高收费的"高管"版相比，它不以盈利为宗旨。有关培训，即使象征性地收些学费，也带有很大程度上的"公益性"，在开创阶段，只能尽量少亏钱，能勉强收支平衡，就谢天谢地了。至于尼山论道等项学术活动，尽管坚持规模小、层次高、花钱少的原则，也需要全额投入。

经费，是书院发展的基础。古代书院在官府支持下，多数靠"学田"维系生存与发展。而今，政府对于书院建设尚无政策，就给它的未来发展造成艰难。

我们始终寄希望那些对于儒家思想及其弘扬的社会贤达，尤其具儒家情怀，并通过运用儒家思想管理企业而获得发展的企业家，能够关注与支持这种"公益性"的书院建设，并与书院良性互动。香港中文大学新亚书院校友会主席，香港富邦海运有限公司董事长陈志新先生的真情赞助的善举，应成为内地，尤其是山东籍企业家的学习榜样。一个企业若每年捐助50万元，有这样的5个企业，坚持10年、20年，一所在教育界立定脚跟、作出贡献、受到认同，影响深远的现代书院，就算办成了。这是当代企业家的一种文化自觉和文化责任，是中国企业在中国教育顶层设计部分，具有战略意义的"慈善公益"行动。当今，中国书院处处萌生，需要大批企业家的参与加盟。

企业与书院联盟，共同振兴中国教育。对此，如能有广泛社会认同，形成社会风气，对于中华文化的复兴，进而实现中华民族的伟大复兴，就有了更大的希望。

过去五年，尼山圣源书院所举办的学术活动与各种培训，从层次、规模、效果、影响来看，不比一些高等学校的相关系、所、院的同类活动，相差多少，但它所投入的经费比较少，不仅毫无浪费，而且并非国拨。如此社会办教育的模式，似乎应当引起政府的关注与支持。也是书院继续探索的重大课题。

痛悼冠之兄

牟钟鉴

他的精神永存——丁冠之先生去世已有三年多了，每当人们回顾尼山圣源书院的历史和重申办院宗旨的时候，就会想起他，感念他为书院作出的开拓性的重大贡献。他的榜样一直在鼓舞着书院的同仁们继续奋进，人们不会忘记他，他的精神是不死的。当此书院建院五周年之际，朋友们建议在院刊上发表我当年写的《痛悼冠之兄》一文以资纪念。

——牟钟鉴记于 2013 年秋

冠之兄突然去世，对我是沉重打击。日间恍惚，夜不成寐；悲痛之余，浮想连翩，百感交集。我年过七十，亲友亡故，所阅已多，渐趋麻木，而冠之兄的不告而辞，却使自己哀痛彻骨，情感难以平复。我俩相识已有四十余年，虽住处相距千里，而能心心相印，声气通达，近年则由于创办尼山圣源书院，友谊有了新的升华，彼此的心贴得更近了。年来我生胃病，不能正常参与书院工作，冠之兄一再安慰我，要我好好养病，他主动分担了我的工作，不顾年高，不辞辛苦，奔走于济南和泗水之间，为书院的建设出谋划策，贡献了重要的智慧。今年 1 月 16 日他亲赴泗水参加书院工作会议，18 日即感身体不适。我在北京与他通话，要他注意休息，但不认为情况有多严重。春节后通过电话，他谈论的是书院的工作。后来他住院检查，3 月 8 日，因医疗意外事故而辞世。冠之兄比我年长七八岁，但身体硬朗，神采奕奕，比我精力充沛，所以噩耗传来，我毫无思想准备，一下子掉进了冰窟，无法接受这一残酷的现实。当我想到他近来为书院操劳，是不是过累了，我就更加痛心。但是，事实毕竟是事实，人死不能复生，早晚要加以面对，如《兰亭序》所云："修短随化，终期于尽"。冠之兄的生理生命已经结束，可是他的精神生命仍然活着，活在他的亲友心里，活在他的学生心里，活在关心书院事业的人们心里，他做到了老子所说的"死而不亡者寿"，他仍然和我们在一起。

一、风雨同舟

1966 年春，我从北大来到哲学社会科学部不久，便认识了在哲学所的冠之兄。一起经历了"文化大革命"十年浩劫，一起下放到河南息县"五七干校"，一起遭受莫须有的"清查516"运动的迫害，一起返回北京住在学部 7 号楼。冠之兄家属在农村，长期过着单身汉的生活。给我的印象是豁达、乐观、正直，有豪爽之气，从不隐瞒自己的观点。碰在一起，指点江山，品评权威，纵论古今，既入情入理，又见解独到，共同语言很多，感觉酣畅通快。后来一起参加孔子基金会的活动，在克服反传统的文化激进主义和弘扬中华文化优秀传统上有了新的共识。他善于言说而慎于动笔，我喜欢听他在朋友聚会时的谈吐，生动幽默，总能触到问题要害而抓住听者的心。谈到"五七干校"，不像杨绛写的《干校六记》都是些鸡毛蒜皮，钱钟书称之为"大背景的小点缀，大故事的小穿插"，而是干校的中心工作，即整人运动和劳动改造。有时也有直接的谴责，如说"文化大革命"把人变成鬼，有的变成狰狞鬼，有的变成屈死鬼。更多的是幽默，把知识分子的苦难用故事的方式讲出来，而故事的文学性是人们用活生生的地狱般的经历铸成的，这不是普通的幽默，是乐观的学者对人生苦难的解读和超越。我佩服他超人的记忆力和语言的艺术。而在我，"文化大革命"和"干校"的历史，除了几个永生不忘的镜头，其余在细节上已经模糊一片了。经历了"文化大革命"，大家变得成熟起来，开始用自己的眼睛看人，用自己的头脑想事，用自己的腿脚走路，终于成为独立的人。

哲学社会科学部升格为中国社会科学院，规格高了，却不能解决一批学者的两地分居问题。哲学所好几位山东籍的学者回到了山东省社科院，冠之兄回到了山东大学。从此我与冠之兄平时见面的机会少了，只能在学术活动中相遇了。

二、心心相印

20世纪80年代到90年代，中国孔子基金会的活动很多，不断举办国际、国内、两岸学术会议，编辑出版中国孔子基金会文库、儒学年鉴、中国儒学百科全书等。我俩作为基金会理事和编委会委员，经常在一起碰面。在这些学术工作中，冠之兄无疑是核心成员，在实际上起骨干作用。他总是在面临困难问题时挺身而出，理出解决问题的思路，拿出可行的好办法，使工作顺利开展。久而久之，冠之兄在基金会内部树立了很高的威信，大家有事都愿找他商量，心理上很依赖他。同时他从不计较名利权位，遇到利益分配与矛盾，总是躲着走，始终保持着一颗学者纯朴的心，这更使大家敬重他。

后来中国孔子基金会几经人事变动，发生了许多曲折，由北京迁到济南，变化很大。每遇到问题，我总是第一个想到要与冠之兄通电话，倾听他的意见，并总能较快达成共识，确定自己今后的态度和行动。这样的坦诚沟通已延续多年，彼此越来越知心了。使我赞佩的是，他为人磊落、顾全大局，有老子不争之德。他经常说的是两句话：一是不掺和人事纠纷，不谋取个人利益，不打听小道消息；二是守住学术本分，只要有需要，便做一点力所能及的学术工作。我俩一致认为，随着老年的到来，要自觉后撤，让位子腾地方，提携青年学者，学术事业才能持续发展。他这样想也这样做了，他在山大教师和《文史哲》主编的岗位上工作多年，十分注意培养和提拔青年人才，造就了一支有生气的学术队伍，而且形成非常融洽的师生关系。我每次到山大见他谈学术，他都找年轻人来参加，在一起平等探讨学问，我感受到他有很强的凝聚力，一点儿也不孤独。我俩都享受着师生之情的快乐，这是当老师的最大幸福。

三、情系人文

冠之兄和我都是那种有朋友却没有圈子的人。君子之交淡如水，也柔如水，韧如水；不炽热，也不变异。中国古人重视朋友一伦，认为朋友之道以诚信为本，朋友之义在以友辅仁，朋友之情贵在相知。我与冠之兄平日来往不多，每次接谈，中心话题就是文化，中华文化如何继承，儒学事业如何开展。可以看得出，冠之兄的心事全系于人文，他想得很多，也想得很深。近来重读冠之兄与炳罡合写的《儒学的继承与创新》一文 ①，该文对儒学的继承创新问题有相当系统而深刻的分析，是难得一见的谈此类问题的好文章。作者将以往学人关于文化继承的思考，归纳为六种：批判继承法，抽象继承法，选择继承法，创造性转化，宏观继承法，自我坎陷说。指出，对此要加以综合创新。作者对批判继承做了说明，强调批判是手段，继承才是目的。而要继承与创新，必须做好：一是客观的理解，二是结构和意义的解析，三是现代整合与因时转换。文章对每一环节都有很精彩的论述，也有操作层面上的设计，可知作者用心甚苦，是下了大功夫的。例如作者讲现代整合时说："以往的历次儒家整合只是道德理想主义的自我调整和转换，这次整合则意味着儒家文化的脱胎换骨，蜕变为一新的形态。""使道德的归道德，政治的归政治，自然的归自然。"讲因时转换时指出："因时转换有两种：一种是对前人思想抽象意义的一种转换，一种是对前人思想的活的精神的引申、发挥、诠释。"这里面包含了许多真知灼见。文章的写作方法本身就体现了继承与创新，它的精神是民族的又是开放的。

①　载中国孔子基金会学术委员会编：《海峡两岸学者首次儒学对话》，齐鲁书社 1993 年版。

四、老当益壮

最近几年，由于参加创办尼山圣源书院，冠之兄焕发出一种新的生命活力，精神升华到一个新的高度，展现出光彩夺目的智慧和能量。书院是一群志同道合的学界朋友与有人文理想的泗水县领导群体合作创办的，目的是为弘扬中华文化拓出一条民间办书院的路来。在体制上确定了：民办公助、书院所有、独立运作、世代传承，十六字方针。在宗旨上，强调服务当地，面向世界的方向。在思想上，坚持用儒家的精神办儒学的事业。书院开局很好，两年多来做了许多工作，得到社会各界和港台朋友的称许和支持，书院事业呈蓬勃发展之势，形成和谐向上的良好风气，这是集体努力的结果。不可否认，其中冠之兄是起了重大作用的。他是创院群体中年纪最大的一位。已接近八十的人，却不辞辛劳，为书院殚思竭虑、设计运筹，又身体力行，以自己的威信，带领中青年学者，一起推动书院各种活动，成为书院的重要精神依托和一面旗帜。前些年我忙于中央民族大学985工程，后来又生病调治，不能很好履行院长职责，心实不安。好在冠之兄承担起执行院长的重任，在北京则有王殿卿教授统理。我们三个年长的人在一起共事，坦诚相待，随时商量，取长补短，互有纠正，以成为常态，而冠之兄身居山东，就近书院，见事真切，主持日常工作，尤为辛劳。使我深有体会的是冠之兄对书院大事的深思熟虑。有这样几点，是他特别关注的：第一，强调团结，书院内部的团结、山东与北京两地学者的团结、书院和外部社会的团结。有事多商量，以和为贵，以大局为重，避免无谓纠纷。在曲阜市历史文化区里，尼山圣源书院对曲阜是"众星拱月"，不做老大，协调好各方面的关系。第二，事业为重，义务奉献。节约办学，俭朴自律。主要成员不拿报酬，以义为尚。只要把书院办好，就是我们的最大满足。对于其他为书院工作的人员和请来的学人，则要适当按劳付酬。第三，坚持独立运作与开放包纳相结合。不拘一格，广揽人才，广纳财源，广求合作，但书院方向不能改变，书院主体不能失落。第四，不务虚名，不凑热闹，多做实事，多为当地社会发展和文化教育事业提供有效帮助，使书院成为泗水社会事业的有机组成部分，取得省市领导的支持。只要得到当地干部群众的认可，书院就是成功的。冠之兄的上述思想也成了大家的共识，从而保证了书院的健康发展。

五、留世遗言

我有幸保存了最近一年中冠之兄给我的几封电子邮件，现摘录几段，以见其真情。2009 年 5 月 14 日："'君子群而不党'，我们办书院的初衷，就是团结海内外儒学同仁，弘扬儒学，而不是搞排外的小圈子，我们这把年纪，这种事是不屑为也不愿为的。"2009 年 10 月 31 日："钟鉴兄、王老师：值此中秋佳节，恭祝阖家幸福、健康、快乐！祝牟兄早日康复！丁冠之。"我回信说："冠之兄：看了您的节日祝贺信，很感动。我比您小，却让您来信，而自己却疏于问候，很惭愧。……感谢吾兄与朋友们的关怀。您也要注意保重。牟钟鉴。"2009 年 11 月 25 日："王老师并转钟鉴兄：王老师发来的北京学者会议纪要稿已拜阅，……济南方面，我将与炳罡等有关先生在北京意见的基础上，提出参考意见，以便沟通。我初步有以下几点不成熟的想法：一、书院要做的事情很多，但一定要抓住重点，原来已经开展的工作要坚持下去，如：为泗水干部开办的讲习班要继续办下去，为当地培养研究生的工作也要有考虑；'四书'班去年办得效果很好，可考虑办一至两期；陈局长、金校长建议举办国学讲座的意见可考虑纳入计划。二、一期工程竣工庆典与论道一起举行。三、…… 四、有几条必须坚持的原则：1. 书院是开放的，与任何单位的合作，在双方自愿互利的原则下，我们都持欢迎态度，但书院的主体地位不变；2. 鉴于书院经费有限，要坚持勤俭办院的原则，……3. 必须坚持使泗水受益的原则，……现在儒学的'魂'仍游离在学术会议上，学者的著作里，远没有附在民众的体里。如果我们能抓几个点，与县里道德文明建设结合起来，将功德无量。……我赞成牟先生的意见，书院得天时、地利、人和，目前天时、地利都无问题，只要书院同仁一如既往地坚持人和，我们的事业就无往而不胜。冠之"2010 年 1 月，我因病未能于 16 日去泗水开会，22 日冠之兄发来一信："老牟：泗水开会回来就感冒，至今天才给你写信。泗水会议开得很成功，今年的工作已确定：一、8 月召开书院一期工程竣工典礼和学术论坛。学术会议由郭沂负责。二、泗水国学班拟扩大规模，举办国学大讲堂，吸收泗水周边地区同志参加，以扩大影响。这个讲堂的内容不限于儒学。在国学班学员中挑选优秀者，举办研究生班，并与济宁联系，吸收他们参加。此项工作由颜炳罡负责。三、继续举办'学《论语》，教《论语》'讲习班，请台湾教师授课。这个班去年办得很成功。由王殿卿老师负责，我和于建福协助。四、在泗水农村和街道选一两个点，普及论语，推进道德文明建设。此项工作泗水方面非常支持，由分管精神文明建设的许副书记协调，工作由骆承烈、林存光负责。五、筹办《尼山圣源书院学刊》，由郭沂负责，你任主编。六、分管书院建设的刘县长，改任政协主席，有更多时间关照书院建设，经许书记提议，任院务委员。这次会议，泗水领导十分重视，几大班子一把手先后出席会议，书院工作已列入县里工作议程。书院一期工程可望在今年六月竣工，宾舍框架起两层。我们的工作只有与泗水的文化和经济建设结合，书院才能在泗水扎下根。今年气候异常，请多保重。丁冠之。"

从这几封电子邮件中可以看出，冠之兄对书院建设是多么投入，在生命的最后阶段，他把整个心思都用在书院上了，思考得那么周到细密，规划得那么明确有序，展现出一位当代儒者以文化事业为己任、知行合一、集思广益、开拓进取的刚健中正气象。这些信也是留给我和朋友们的遗言，是书院的宝贵精神财富。我们纪念冠之兄，最重要的事情就是真正实现他的心愿，把书院建设好，在文明建设中发挥积极作用，并且能持续发展，使儒学的魂早日回归民族之体。书院不会忘记他，朋友们不会忘记他，泗水的干部群众不会忘记他，他的生命和事业已经与泗水尼山圣源书院紧紧联结在一起，他是永存的。

2010 年 3 月 20 日

责任编辑：段海宝

版式设计：汪　莹

图书在版编目（CIP）数据

尼山铎声："当代儒学创新发展"专题／尼山圣源书院编．

　－北京：人民出版社，2013.10

ISBN 978－7－01－012661－6

I.①尼…　II.①尼…　III.①儒学－发展－研究　IV.①B222.05

中国版本图书馆 CIP 数据核字（2013）第 234340 号

尼山铎声

NISHAN DUOSHENG

——"当代儒学创新发展"专题

尼山圣源书院编

人民出版社 出版发行

（100706　北京市东城区隆福寺街 99 号）

北京瑞古冠中印刷厂印刷　新华书店经销

2013 年 10 月第 1 版　2013 年 10 月北京第 1 次印刷

开本：710 毫米 × 1000 毫米 1/16　印张：22.25

字数：315 千字　印数：0,001－2,000 册

ISBN 978－7－01－012661－6　定价：52.00 元

邮购地址 100706　北京市东城区隆福寺街 99 号

人民东方图书销售中心　电话（010）65250042　65289539